日本とロシア

忘れられた交流史

Япония и Россия: забытая история контактов
（XVII в. – 1917 г.）

シュラトフ・ヤロスラブ
Ярослав Шулатов

柏書房

ロシア人初・日本人初の世界一周（一部）を描いた地図、大槻玄沢『環海異聞』（石井家所蔵）より

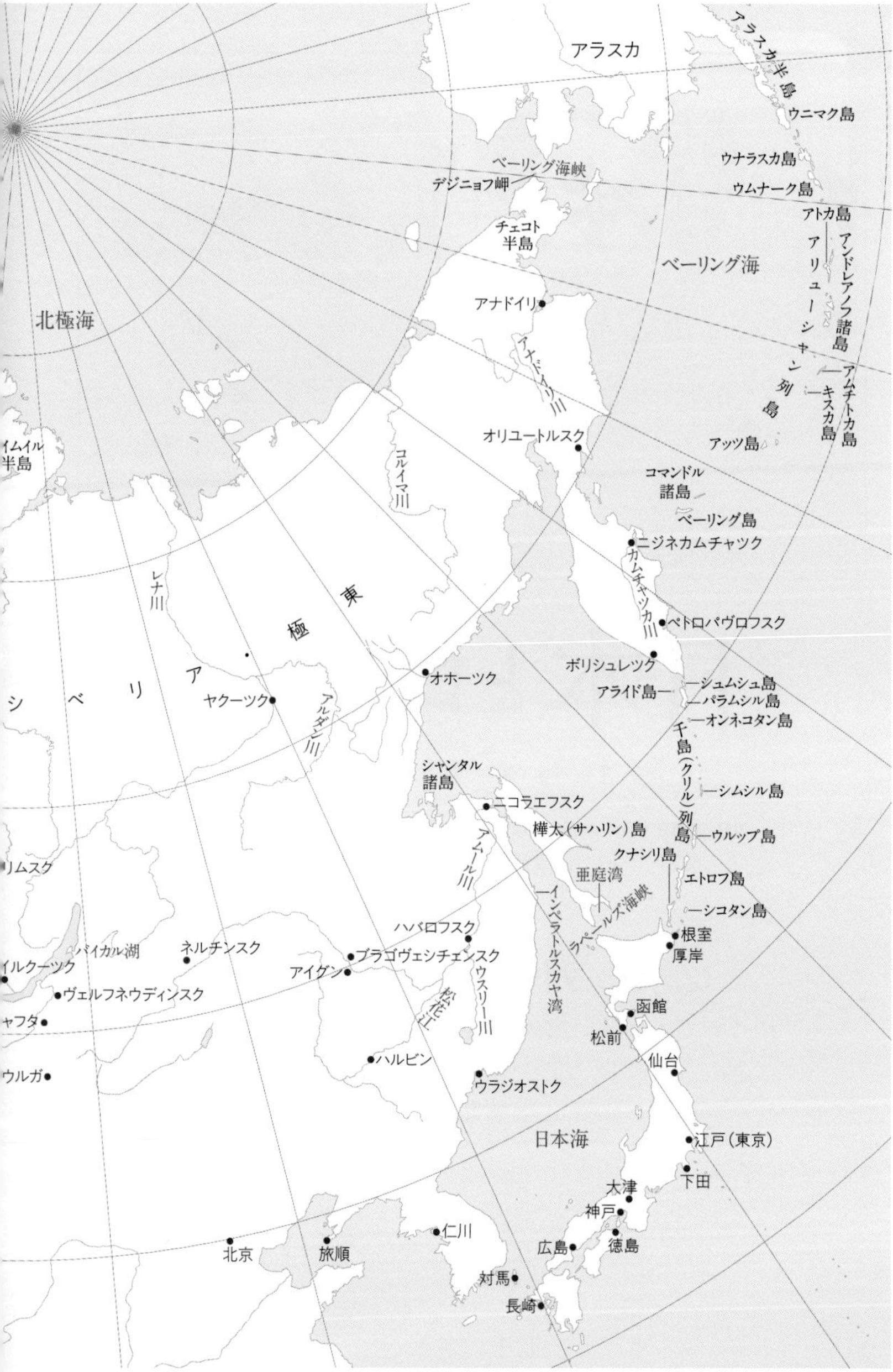

アラスカ
アラスカ半島
ウニマク島
ウナラスカ島
ウムナーク島
アトカ島
アンドレアノフ諸島
アリューシャン列島
アムチトカ島
キスカ島
アッツ島
ベーリング海峡
デジニョフ岬
チェコト半島
ベーリング海
アナドイリ
アナドイリ川
北極海
オリュートルスク
コルイマ川
コマンドル諸島
ベーリング島
ニジネカムチャツク
カムチャツカ川
ペトロパヴロフスク
ボリシュレツク
イムイル半島
レナ川
極東
シベリア
オホーツク
ヤクーツク
アルダン川
アライド島
シュムシュ島
パラムシル島
オンネコタン島
千島（クリル）列島
シムシル島
シャンタル諸島
ニコラエフスク
樺太（サハリン）島
ウルップ島
アムール川
クナシリ島
亜庭湾
エトロフ島
ラペールズ海峡
シコタン島
イルクーツク
インペラトルスカヤ湾
バイカル湖
ネルチンスク
ハバロフスク
ブラゴヴェシチェンスク
アイグン
ウスリー川
根室
厚岸
ヴェルフネウディンスク
キャフタ
松花江
函館
松前
ハルビン
仙台
ウルガ
ウラジオストク
日本海
江戸（東京）
下田
大津
神戸
仁川
徳島
北京
旅順
広島
対馬
長崎

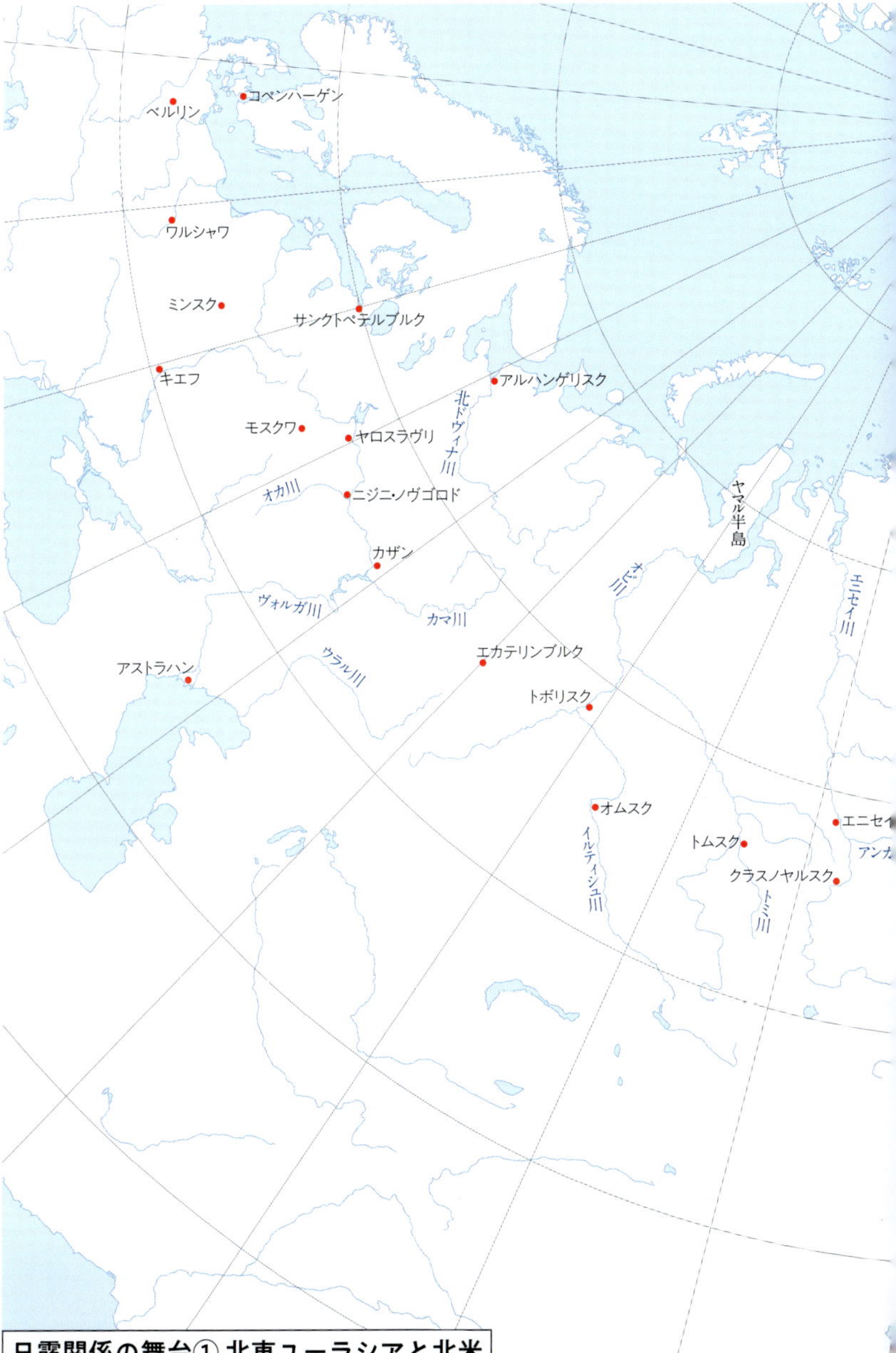

日露関係の舞台① 北東ユーラシアと北米

秋月俊幸『日本北辺の探検と地図の歴史』（北海道大学出版会、1999年）などをもとに作成

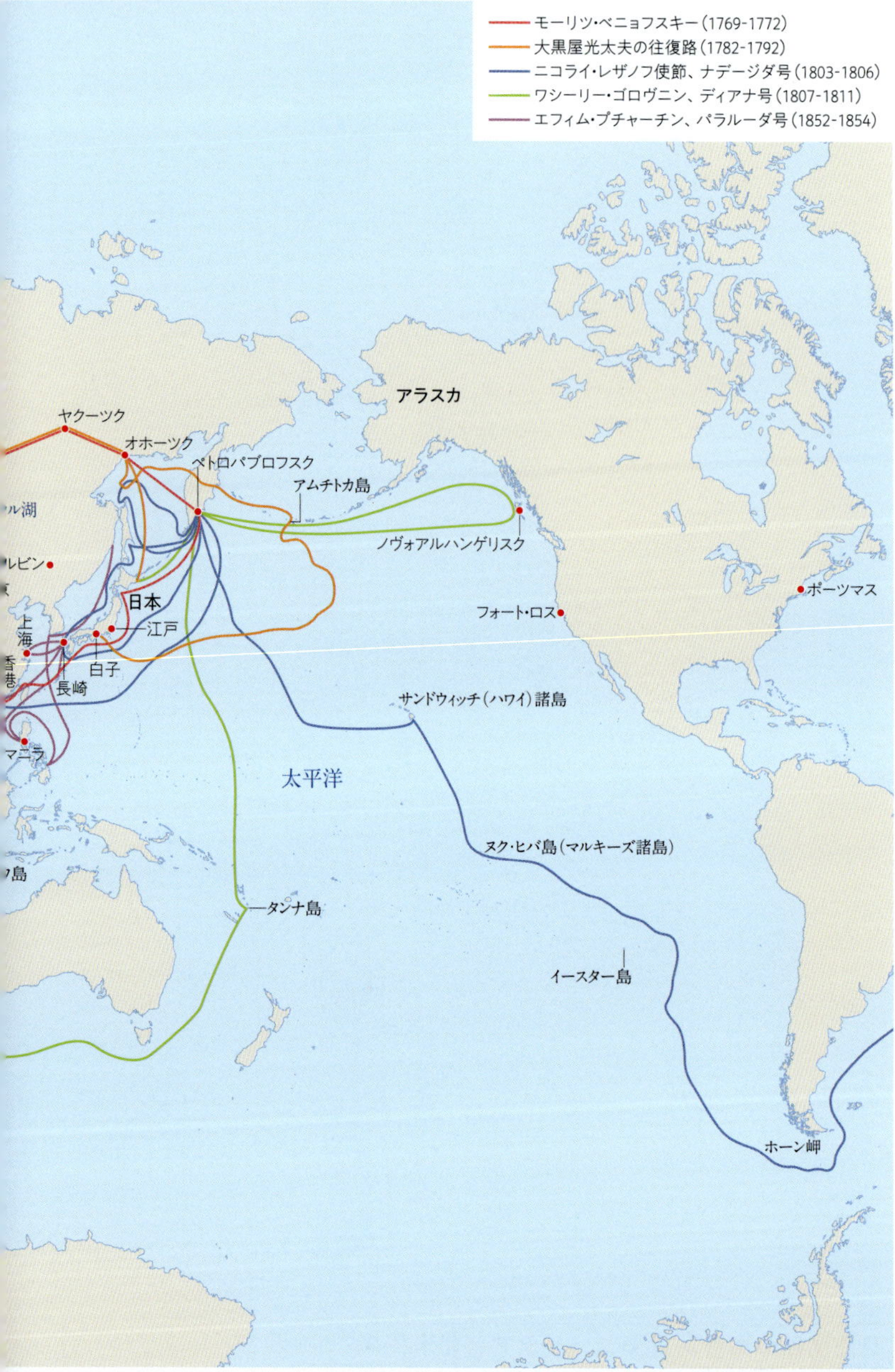

モーリツ・ベニョフスキー(1769-1772)
大黒屋光太夫の往復路(1782-1792)
ニコライ・レザノフ使節、ナデージダ号(1803-1806)
ワシーリー・ゴロヴニン、ディアナ号(1807-1811)
エフィム・プチャーチン、パラルーダ号(1852-1854)
アラスカ
ヤクーツク
オホーツク
ペトロパブロフスク
アムチトカ島
ル湖
ルビン
ノヴォアルハンゲリスク
日本
江戸
上海
香港
白子
長崎
ポーツマス
フォート・ロス
サンドウィッチ(ハワイ)諸島
マニラ
太平洋
ヌク・ヒバ島(マルキーズ諸島)
タンナ島
島
イースター島
ホーン岬

日露関係の舞台② 世界

各ルートは航海記録や回想録などをもとに作成

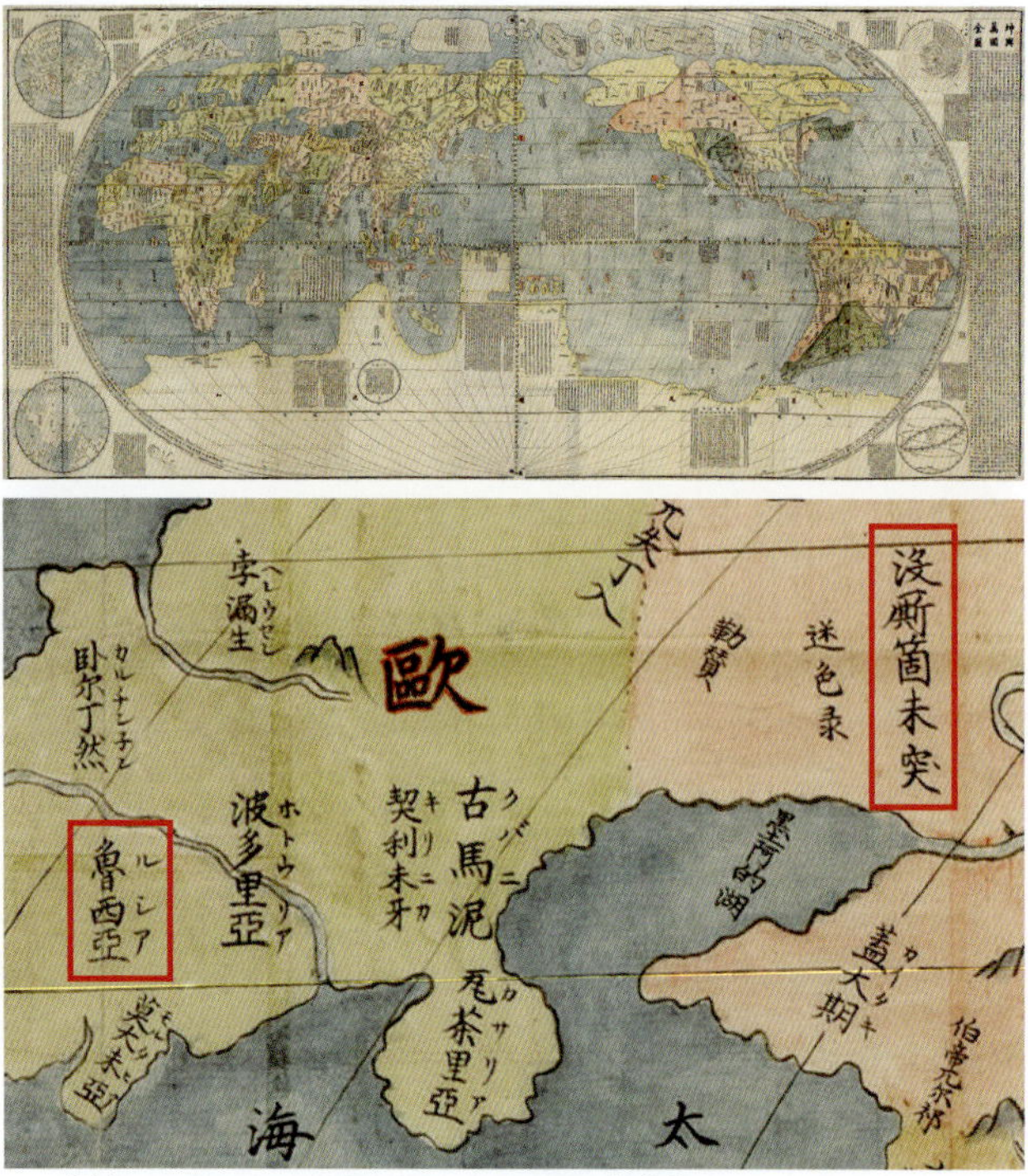

①『坤輿《こんよ》万国全図』（17世紀初期）における「魯西亞《ルシア》」と「没厠箇未突」（＝モスコヴィア）［東北大学附属図書館所蔵狩野文庫、3/9389/2より抜粋・加工］

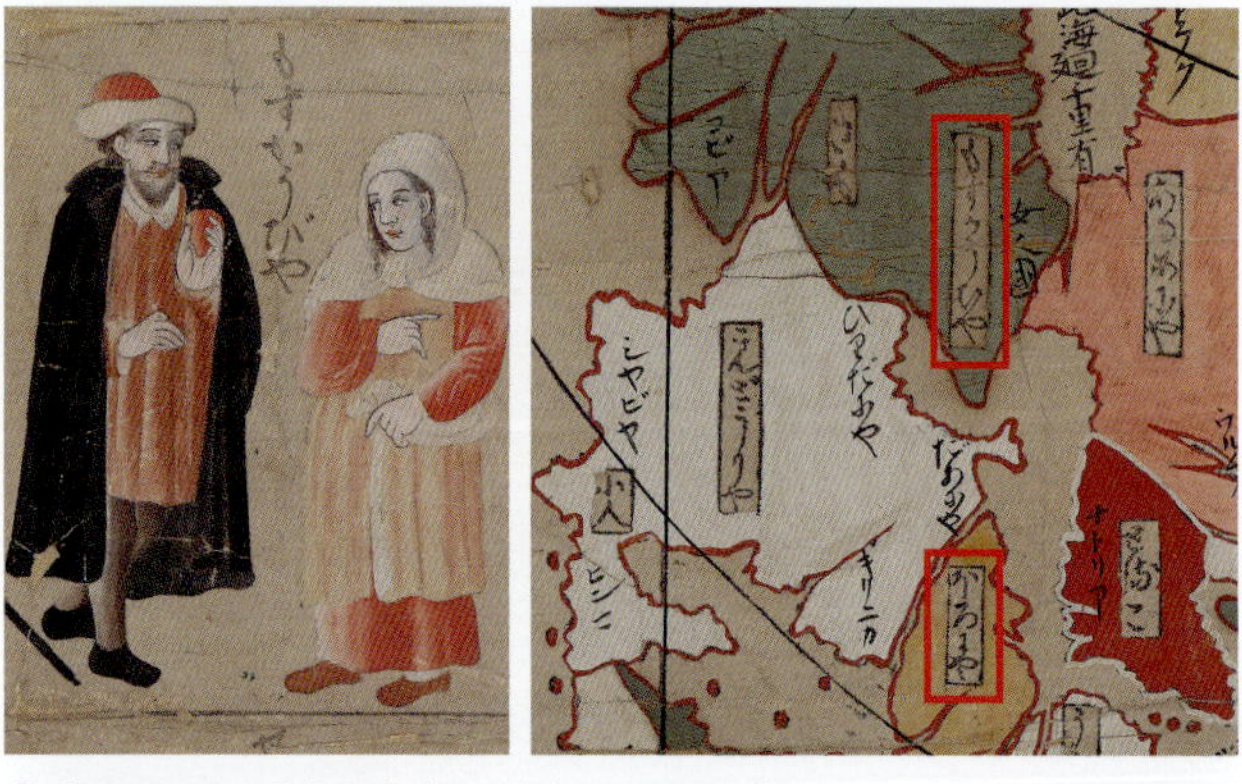

②『万国総図・人物図』（1645年）における「ほろしや」、「もすかうひや」（右）と、「もすかうびや」のカップルらしき男女（左）［下関市立歴史博物館所蔵。一部拡大し、赤枠追加］

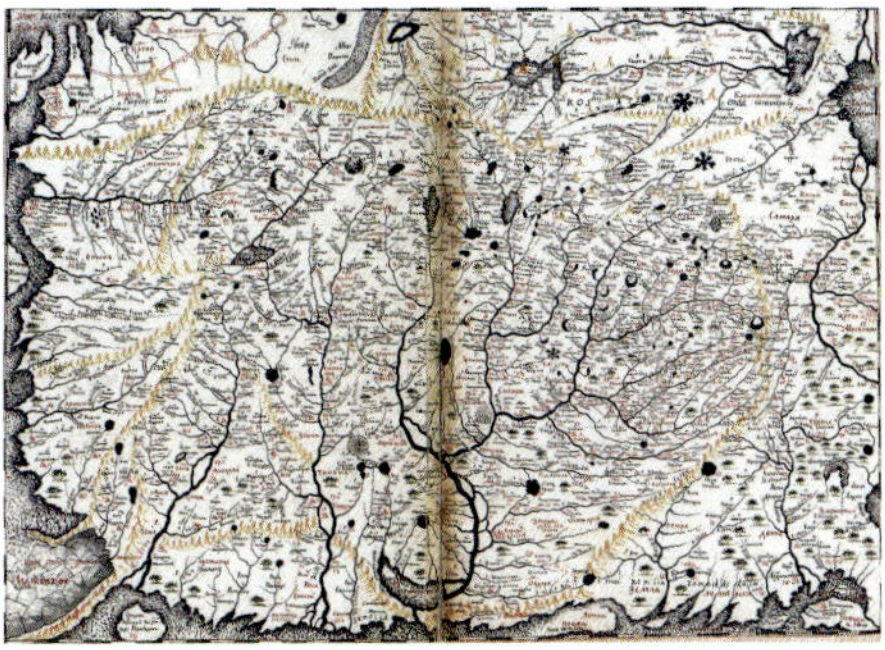

地理学者レメゾフが作成した地図

③上：最初の詳細なシベリア地図（1697-1700年ごろ）。地図の向きは北から南へ向かっており、左上に島国「Апония《アポニア》」（＝日本）が見える

④下：アトラソフの報告に基づいたカムチャツカ地図（1701年ごろ）。地図の向きが北南から南北に変わったのに加え、カムチャツカ半島の真下に日本の島々が描かれ、クリル（千島）列島はない［全てロシア国立図書館（サンクトペテルブルク）所蔵］

⑤探検家コズイレフスキーなどによる情報を元にして、探検家シェスタコフの指導下で作成された地図（1726年以前）。右上がカムチャツカ半島、その下にクリル（千島）列島が連なり、中央下に日本（Nifon）とされる陸地がある

⑥測地学者イェヴレイノフらが作成した地図の仏訳（1722年）。カムチャツカに隣接した島の一部には、「Isles du Japon」（＝日本諸島）と書かれている

⑦左：ベニョフスキーら（19世紀の肖像）［近藤守重『辺要分界図考』、早稲田大学図書館、ル07 03607より抜粋］
⑧右：林子平（19世紀の肖像、大槻磐渓 画）［早稲田大学図書館、文庫08 A0254より抜粋］

⑨工藤平助『加摸西葛杜加《カムサスカ》国風説考』（1783年）の世界地図における「魯齋亜《ロシア》」（赤線）［東京大学史料編纂所所蔵、S近藤重蔵関係資料-2-11より抜粋］

⑩ロシア側資料に描かれた、日本人（松前藩）とロシア代表者の面談。東蝦夷（厚岸）にて（1779年9月）［ゲオルク・アウグスト大学ゲッティンゲン所蔵］

⑪日本側資料に描かれた、ロシア代表ドミトリー・シャバリン。東蝦夷（厚岸）への来航時［近藤守重『辺要分界図考』、早稲田大学図書館、ル07 03607より抜粋］

⑫根室滞在のラクスマン使節と大黒屋光太夫たち（1792-93年）［『幸太夫と露人蝦夷ネモロ滞居之図』1793年、早稲田大学図書館、リ05 09317より抜粋］

⑬右：日本に帰国した光太夫と磯吉［桂川甫周『漂民御覧之記』1793年、早稲田大学図書館、ル02 03392より抜粋］

⑭左：洋服姿の光太夫と磯吉、将軍家斉への拝謁。江戸城内吹上御物見所（1793年）［石井民司『日本漂流譚』第2、学齢館、1893年、法政大学所蔵］

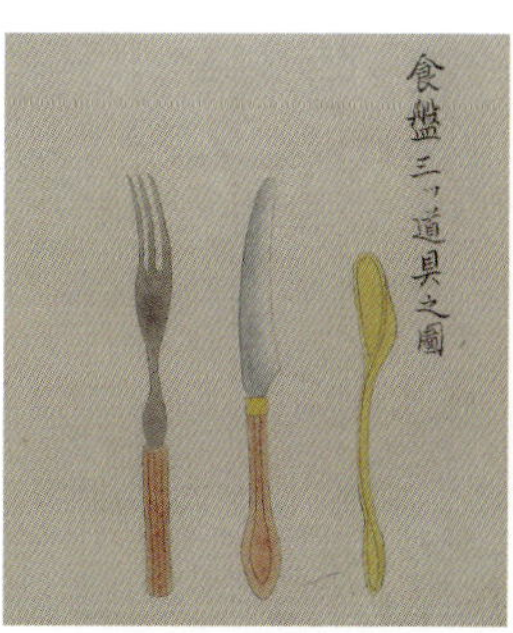

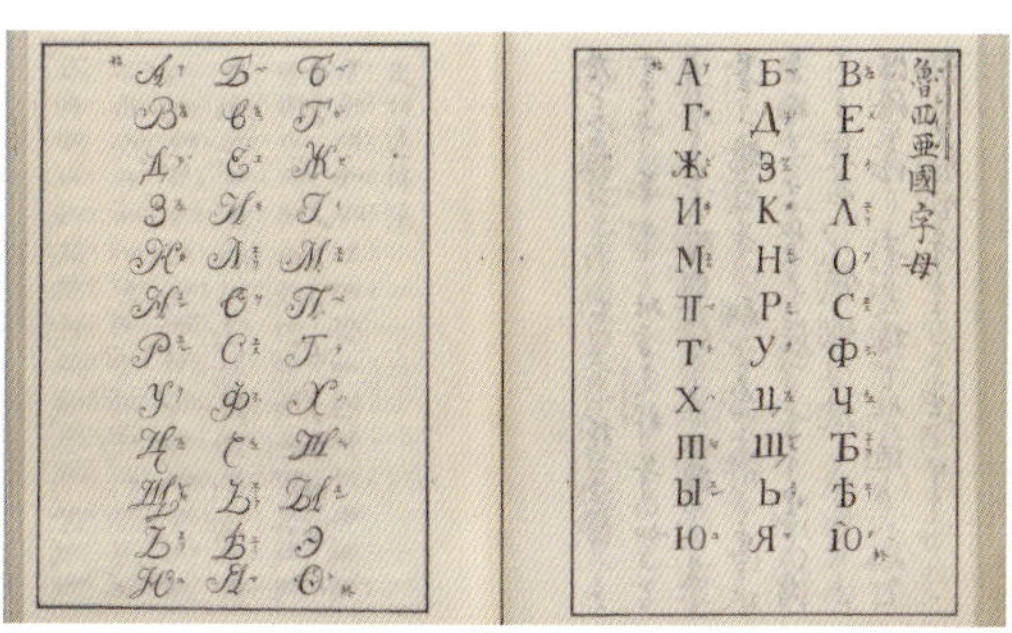

⑮左：漂流民たちがロシアから持ってきた洋式の食事道具［大槻玄沢『環海異聞』、早稲田大学図書館、文庫08 A0202より抜粋］

⑯右：漂流民たちが書いたロシア語のアルファベット（右：活字体、左：筆記体）［桂川甫周『北槎聞略』巻六、1794年、国立公文書館デジタルアーカイブより抜粋］

⑰右上：ロシアを出発する前にサンクトペテルブルク観光中の漂流民たち［大槻茂質『環海異聞』早稲田大学図書館、ル02 01368より抜粋］

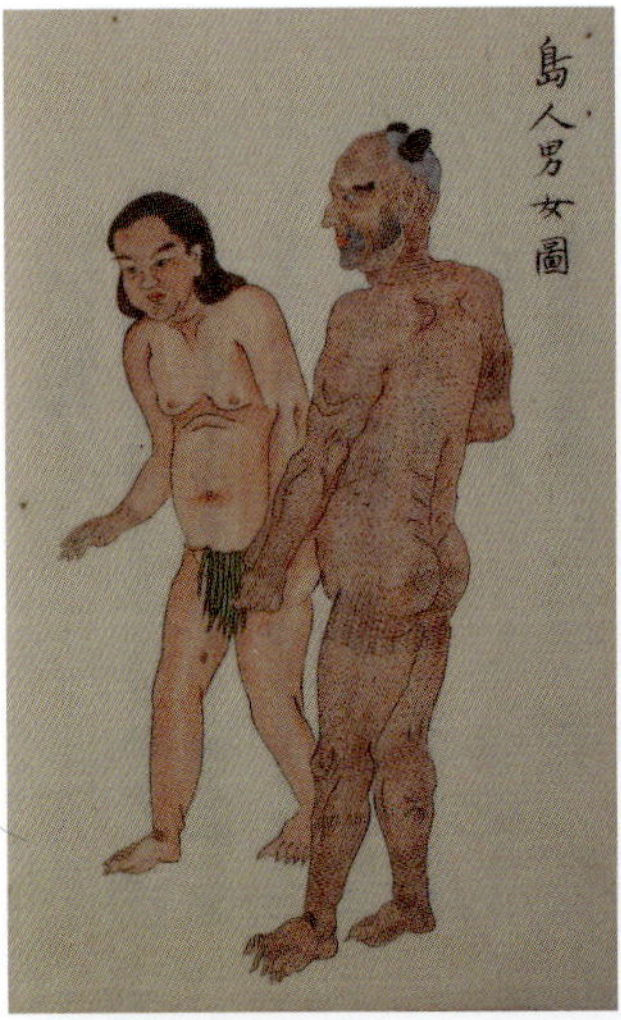

⑱右：漂流民たちがロシアで見た観覧車［同、文庫08 C0006より抜粋］
⑲左：全身に入れ墨を施した全裸の先住民（マルキーズ諸島）［同、ル02 01368より抜粋］

⑳上：世界一周するロシアの船と南極海周辺の氷山［同、文庫08 C0006より抜粋］

㉑右：漂流民たちが旅中に見たワニの「ガルカルゼル」［同、文庫08 A0202より抜粋］
㉒左：長崎におけるロシア人の停泊施設［同、ル02 01368より抜粋］

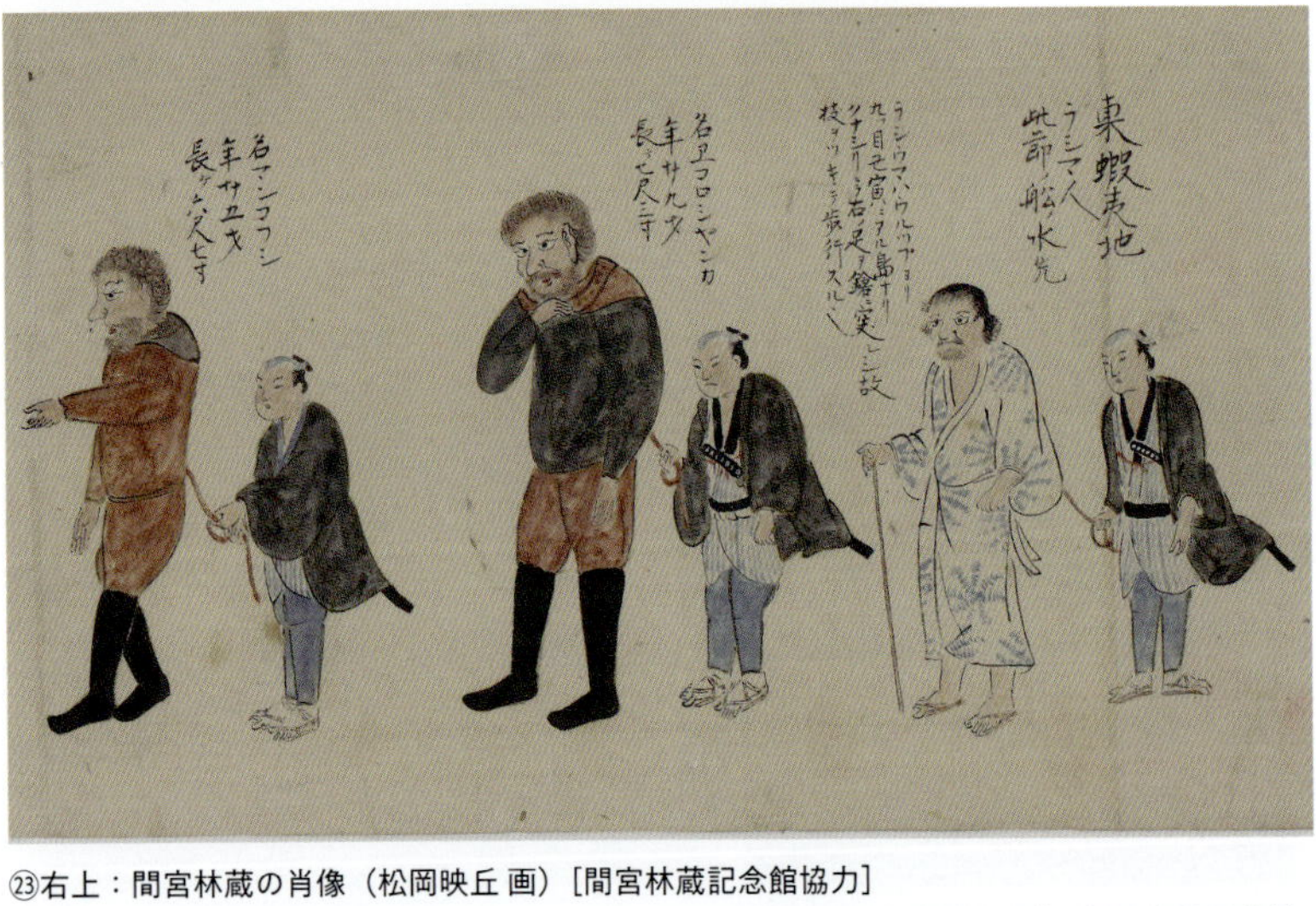

㉓右上：間宮林蔵の肖像（松岡映丘 画）［間宮林蔵記念館協力］
㉔左上・下：クナシリ島で捕まったゴロヴニンたち［『俄羅斯人生捕之図』、稲田大学図書館、リ05 09315より抜粋］

㉕プチャーチン使節の「パルラーダ号」で開催された宴会の様子［『魯西亜使節長崎渡来図画』、稲田大学図書館、リ05 09321より抜粋］

㉖右：日本側から見たロシア代表（右から：リソフスキー、プチャーチン、ポシエット、リムスキー＝コルサコフ）［公益財団法人東洋文庫所蔵］

㉗左：ロシア側から見た日本代表（右から、顔が見える列：中村為弥、古賀謹一郎、松本十郎兵衛、川路聖謨、筒井政憲；背中：森山栄之助。モジャイスキー 画）［ロシア中央海軍博物館所蔵］

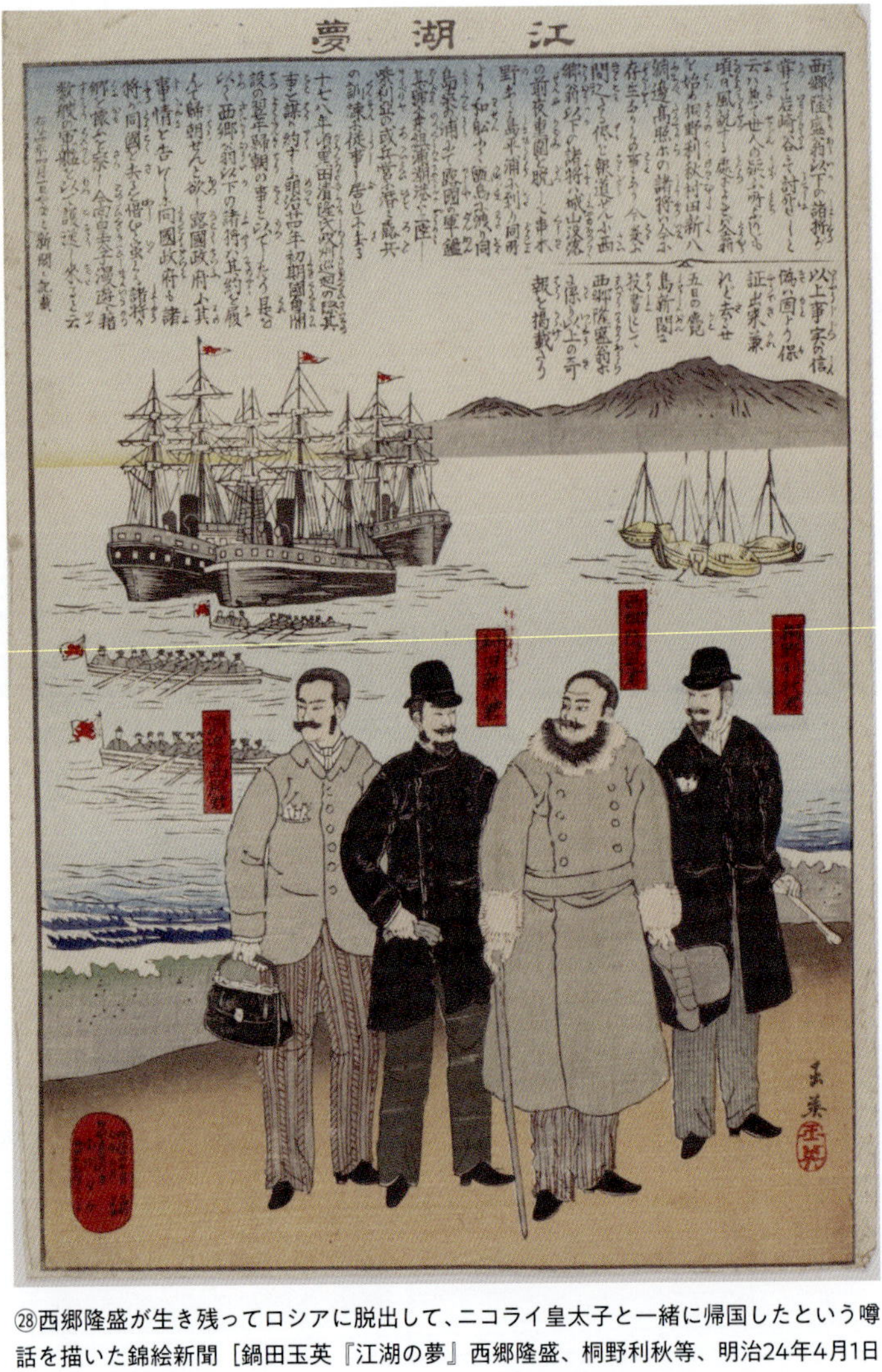

㉘西郷隆盛が生き残ってロシアに脱出して、ニコライ皇太子と一緒に帰国したという噂話を描いた錦絵新聞［鍋田玉英『江湖の夢』西郷隆盛、桐野利秋等、明治24年4月1日やまと新聞記事記載、版元 小川タケ、1891年、慶應義塾図書館所蔵、201X@446］

日本とロシア

忘れられた交流史

はじめに

日露関係の出発点
――忘れられた交流、その多面性

日本における「日露関係」のイメージ

今、日本でこの本を開いている読者のあなたは、「ロシア」と聞いてどんなイメージを思い浮かべますか。当然、生まれ育った地域や世代によって差はあるでしょうし、暗い政治や豊かな文化など、悪いイメージも良いイメージも、様々あると思います。ある種の「多様性」が存在すると言ってよいでしょう。

このように、「ロシア」のイメージは複数である一方で、「日露関係史」（日露関係の歴史）については、多面的であるとは言い難く、特に日本では暗い印象が強いです。ここ十数年、私は日本各地の大学で教壇に立ち、ロシア近現代史・国際関係史を教えてきました。折に触れて「日露関係」に関する聞き取り調査やアンケートも実施しましたが、学生や受講生が連想するのは「北方領土問題」が断トツ。長年この問題が日本の対ソ・対露政策の中心にあり、日本の対露観（ロシアに対する認識）において支配的な位置を占めていたので、当然の結果かもしれません。ちなみに領土問題のほかは、「日露戦争」や「日ソ戦争」、「シベリア出兵」や「シベリア抑留」、あるいは「冷戦」など。お世辞にも明るいとは言えず、暗然とした連想が並びます。しかも、これらの連想は20世紀に集中しているという特徴もあり、生きた記憶の傷として、今なお残っているのだと言えましょう。

現在、日本の安全保障・対外政策の基軸は日米同盟ですが、ロシアはアメリカと対立関係にあり、国際舞台においては日露両国が対抗する陣営に属している、という見方が一般的です。ウクライナ戦争の影響により、その対立構造と両国の溝は、さらに大きく深まったのも実情です。このように、日本からすれば、ロシアとの関係は常に不和であり、軋《あつ》轢《れき》に満ちた対立・敵対の歴史だったかのように見えても仕方がないのかもしれません。

言うまでもなく、これらの歴史的な問題はいずれも重要であり、数多くの歴史家が優れた業績を書き残してきました。実は、日露両国の近現代史を専門とする私も、特に19世紀末から20世紀前半を中心に関連する問題について考察してきました。ちょうど19世紀末から、近代化する日本と、ロシア帝国からソヴィエト連邦（ソ連）と変貌を遂げるロシアとの関係は、目まぐるしく変わっていき、急速に対立を深め、右記のような問題が前面化します。一方、この時期でさえ、「日露戦争」（1904-05）だけではなく「日露同盟」（1916）が存在しましたし、文化的な面でも人的な面でも分厚い交流が続いていました。両国の関係は複雑ながら、決して陰惨《いんさん》な側面ばかりだったわけではありません。

さらに時代をさかのぼってみると、かつてロシアは、日本にとって「好敵手《ライバル》」でもあれば「先生」でもあり、アジアにおける「競争相手」でもあれば、ヨーロッパへの「架け橋」ないし「窓」といえる存在でした。また、そこは遭難（漂流）した日本人たちの「避難先」であり、日本の対外認識や対外政策を考え直す「契機」ないし「脅威」であり、「改革のモデル」でもありました。このように、両国のあいだには、実に多様的な見方と関係があったのです。ロシアは日本にとって、良くも悪くも、現代に暮らす私たちには想像もつかないほど、重要な存在だったのです。

大昔から衝突と融和を繰り返しながら、濃密な交流を展開してきた日本とロシア。こうした日露関係の多面的性格は、領土問題など、20世紀の対立の陰に隠れ、歴史の暗がりに埋もれてしまいました。本書は、そうした歴史の暗がりを意識しつつ、相互認識の隔たり《ギャップ》も考慮に入れながら、日露関係の多面性を（豊富なビジュアルとともに）再構築しようとする試みです。日露関係史の全体像を把握するためにも、まずは両国が初めて出会う場面にまでさかのぼりましょう。互いに関する認識が形成されつつあった黎明《れいめい》期からの道のり――400年に及ぶ日露の交流史のうち、最初の300年という長いスパン――を、駆け足で辿《たど》るのです。

アプローチと時期区分

今、「両国が初めて出会う場面」と書きました。そもそも、日露関係はいつから始まったのでしょうか。これについてはいくつかの見方があります。

一般的に、国家間の関係は「国交樹立」が正式な出発点であるという見解があります。

その基準によれば、初めて「日露和親条約」が締結された1855年、つまり、19世紀半ばがスタートラインです。しかしながら、日露の人的交流は、正式な「国交」が結ばれる前の17世紀からすでに存在していました。特に、18世紀に「漂流民」の事件（本編で詳しく解説します）が相次いだことにより、両国民が直接に出会って生まれた経験を無視することはできません。また、互いに対する知識も、二国間の人的交流とは別の方法やルートで蓄積されており、第三国経由で入った情報に基づいて形成されたイメージも少なくありませんでした。果たして、これらの事実をどのような基準をもって解釈・整理し、「日露関係の出発点」を定めるべきなのでしょうか。

隣接する社会や国々との関係は様々な観点から考察できますが、本書では「3つのチャネル」に着目することにします。すなわち、情報の流れ、モノの流れ、ヒトの流れ、です。二国間関係をみるうえでは普通、これらの流れは一方向に発展するものとして描かれることが多いでしょう。つまり、まず互いに関する知識や噂話などが流れ（「情報」）、次に第三国経由での物々交換や商取引の段階に入り（「モノ」）、最終的には両国民が直接に対面する事態（「ヒト」）――といったように。しかしながら、日露関係史において、これら3つの流れは同時に起こることもあれば、順序が入れ替わったり、流れそのものがリセットされたりすることもありました。

本編の内容を先取りするなら、最初の日本人がロシアに足を踏み入れたのは17世紀初めだという説があります。つまり、日本に関するある程度まともな情報が伝わるようになった17世紀後半よりもだいぶ前のことでした。その後、18世紀の日本人漂流民との相次ぐ交流のお陰で、ロシアの日本学はヨーロッパの最先端に立ちます。しかし、国交樹立の試みが失敗したために、19世紀半ばごろ人的交流は拡大するどころか勢いを失います。そうかと思えば、まもなく「日露和親条約」が結ばれ、人的交流は再起動します。文学などの情報分野における交流もそれに伴い活発化します。19世紀末からは、朝鮮半島や満洲（通称「満州」）をめぐって両国は激しく争いはじめ、「日露戦争」でその対立は頂点に達しますが、それからほんの10年程度で「日露同盟」が誕生します。通史でみると1秒ほどの短期間で敵国から同盟国へと関係が激変するのは、世界史の中でも非常に珍しいことです。

日露関係史を基軸に国際関係史を教えてきた私は、よくこのようなフレーズで両国が歩んだ道程を説明します。日本とロシアは「逆転を繰り返した関係」だと。常に暗いイメージだったわけではなく、もちろんずっと良いイメージだったわけでもなく、「先生」から「ライバル」へ、「敵国」から「同盟国」へと、ジェットコースターのように激しく上下左右に揺れながら、何度もその関係を展開あるいは転回させてきた、ということです。そのダイナミズムを一緒に追究していきましょう。

日露関係は、外交史・国際政治史の観点から論じられることが多いです。とりわけ、外務省や軍部などの多様なアクターが絡む関係を考察し、政策決定過程およびそれを取り巻く環境を明らかにする、というアプローチです。研究者として政治外交を専門にしている私も、このような問題を中心に、これまで20年以上、日露両国はもちろん、欧米やアジアの資料館や文書館において、一次史料の発掘などのフィールドワークを実施し、実証研究を行ってきました。

しかしながら、二国間関係を、国家および政府関係者の動向のみから説明し、理解することが不可能であることは、言うまでもありません。日露関係においては、国家が交流に全く関わらなかった時期もあれば、文化交流が政治的雰囲気の逆をいった時代もありました。本書では、様々な政治的アクターの動向を視野に入れ、全体的な大枠を踏まえつつも、ユーラシア大陸の隣国同士である日本とロシアの間のあらゆるチャネルを介して流された情報・モノ・ヒトに光を当てて、色とりどりのエピソードを取り上げながら、日露関係のモザイクを構築してみます。目指すのは、各時代を生きた、そして近くて遠い日露間を行き来していた様々な人の「動き」や「顔」が見える、生き生きとした日露関係史です。

前置きが長くなりましたが、本書は、日本とロシアにおいて互いに関する情報が流れ、人的交流が始まった17世紀を起点とし、ロシア帝国が崩壊する１９１７年までの時期をひとまずの終点とします。１９１７年には「ロシア革命」が起こり、同年11月にボリシェヴィキによるソヴィエト政権が誕生しました。ソ連期の両国関係（日ソ関係）もまた流動的であり、猛然とした対立の側面がありつつ濃厚な交流関係もあったため、私自身並々ならぬ関心を持っていますが、紙幅の都合で別の機会の課題とします。

入門者向けのガイドブック

最後に本書の成り立ちについても、簡単に触れておきましょう。2013年、一般にはあまり知られていないような日露関係のエピソードについて書いてほしい、という依頼をNHK出版からいただきました。その後3年間、2014年から2017年にかけて毎月、研究結果を交えながら「日露交流」をテーマに連載をしました。そのときの原稿を加筆修正し、書き下ろしを加えたものが本書です。また、十数年前から中国地方や関西、関東のいくつかの大学で日露関係史を教え、数多くの立派な学生たちからレポートや受講票、あるいは直接の対話といった形で貴重なフィードバックをいただいてきました。それも本書の肥やしとなっています。実証研究・教育現場・エッセイという3つの経験を活かしつつ、「一般書」として数百年にわたる日露交流史を描くチャンレンジは、私にとって初めての試みです。

一般の読者向けに書かれているため脚注は設けていませんが、当然、本書は多数の先行研究の成果を用い、日露関係はもちろん、両国の近現代史、東アジアの国際関係史など、先学の偉業に負うところが多いです。可能な限り文中に示し、巻末には主要な参考文献リストを付けましたが、紙幅の制約もあったため不十分な点もあります。学恩に感謝するとともに、この点についてはご寛恕を請いたいと思います。

予備知識は不要です。グローバルな背景とローカルな観点を踏まえながら、日露交流の大きな枠組みと仔細なエピソードをわかりやすく伝えられるよう苦心しました。これまで日本近現代史またはロシア史にあまり関心がなかった方が、気兼ねなく手に取れる「ガイドブック」になっていることを祈ります。また、読み終わったあとに、気になる個々の登場人物を深掘りしたり、あるトピックに関する文献をさらに読んだりしてみたいと思っていただけたとしたら、著者としてこれ以上の喜びはありません。

なお、本編には毎回、補助となるような画像資料や地図を配置しています。巻頭の口絵にも、補足的な画像資料と地図をカラーで収めています。口絵に載せた地図のうち、1つは北東ユーラシアと北米（アラスカ）の一部、帝国時代のロシア、日本、中国、朝鮮半島などをカバーしており、主な町名・地名・河川名を記載しました（同時代の呼称を採用）。もう1つは世界地図であり、本編に関連する一部の経路（陸上・海上のルート）と地名を示しています。これらの資料も適宜参照し、漂流民などの登場人物が移動していたパターン、情報やモノの流れをイメージするとともに、日露交流が決して二国間に閉じていなかったこと、換言すれば、日露関係の舞台が実はグローバルな世界だったことを体感していただけたら幸いです。

目次

第2部

加速する外交、多様化する相互認識

● **固有名について**：主要かつ重要な地名・人名等に関する固有名詞は、ロシア語やローマ字などを併記した。

● **「ロシア」の名称について**：従来、「ロシア」の名称はいくつか使われていた。「ロシア」という国名は10世紀にビザンツ（東ローマ）帝国の資料（ギリシア語：Ρωσία）に登場するが、14世紀にロシア語（キリル文字）の資料にも初めて現れ、16世紀以降、ロシア国内で頻繁に使われるようになった。17世紀、ロシア語では2つの表記（「Росия」と「Россия」）が併用されていたが、ロシア帝国が正式に宣言された1721年以降は「Росси́я」という表記が支配的になった。西欧（ローマ字）では、モスクワ大公国に由来する「モスコヴィヤ」（Moscovia, Muscovy）や「ロシア」、「ルシア」（Russiae, Rossia など）と称されていた。いずれも同義語として使われることが多いが、本書では通称「ロシア」を用いる。

● **日本におけるロシアの名称について**：ロシアに関する初めての情報は、西欧（中国に到来した宣教師）経由で入ってきた。当初、日本側の資料においては「魯西亞《ルシア》」の地名も登場するが、ほとんどの場合には「モスコヴィア」（「ムスカウヘヤ」、「もすかうひや」、「没厠箇未突」、「莫折未得」など）が使われていた。その後、情報のチャネルは次第に多様化し、中国（満州）語の表記「俄羅斯」（もとはモンゴル語「オロス」の漢字転写）、「赤蝦夷」や「リュス」（オランダ語のRuslandに由来）、「（ヲ）ロシャ」などが使われたが、18世紀末から「ロシア（ロシヤ）」という名称が定着する。一方、漢字表記は乱れており、特に先の「魯」（「魯西亜」）の使用度が高かったが、1870年代後半から「露」（「露西亜」、「露國」）という表記が見られるようになり、19世紀末～20世紀初頭からは「露」が一般に定着した。本書で漢字表記をする場合、引用文書以外には「露」を用いる。

● **その他の地名について**：本書では、千島列島とクリル列島（Кури́льские острова）、樺太とサハリン（Сахали́н）を同義語として使用する。一方、登場する各アクターの立場に立脚して、表記の順番は前後することがある（例えば、ロシア側の動向を説明する際は「クリル」と「サハリン」、日本側の場合は「樺太」と「千島」を先に出す）。なお、本文における千島（クリル）列島の各島の表記は、初出は漢字（「択捉」など）とし、以降はカタカナ（「エトロフ」など）で統一した。

第1部

初めての対面から、正式な国交樹立まで

第1回

ロシアに渡った初の日本人
――ニコラスの旅

16世紀末
～
17世紀初頭

日露の民間交流が17世紀にさかのぼることでは、ほとんどの歴史家の見解が一致しています。ロシアに初めて入った日本人は、17世紀末にカムチャッカ半島に漂着し、ロシア人の探検隊に発見された伝兵衛《でんべえ》という漂流民だったというのが通説です。しかし、実はそれ以前にも、ロシアを訪れた日本人は存在していたという学説もあります。

2人のニコラス

17世紀初頭、ロシアにはある若い助修士が現れます。名前はニコラスと洋風ですが、この助修士こそが初めてロシアを訪れた日本人だと言われています。どうして彼は、文化的にも全く接点のなかったはるか彼方《かなた》の異国ロシアに、しかも修道士として現れたのでしょうか。

実は16世紀、まだ日本が海禁政策をとる前の時代のこと（いわゆる「鎖国」時代ですが、近年の日本史研究ではこの用語が避けられています。詳しくは第4回で説明します)、東南アジアには多くの日本人が住んでいました。この日本人も、幼いころに両親と一緒にフィリピンに移り住みました。マニラで洗礼を受けてカトリック教徒になり、１５９４年に修道士となると誓いを立て、そのとき「ニコラス・デ・サン・アウグスティノ」(Nicolas de San Augustíno, ?-1611?)、つまりニコラスという修道名が与えられたそうです。

16世紀末、マニラのアウグスティノ会はローマの総会にポルトガル人のニコラス・メロ(Nicolas Melo, 1550-1614?) 神父を派遣すると決定し、この日本人ニコラスが随行することになりました。２人が旅路についたのは１５９７年。当初の予定にロシアは入っておらず、ポルトガル植民地経由の海路を取りました。ところが、インドのポルトガル植民地ゴアからの船便がなかったため、ペルシア、ロシア経由の陸路に転換することになったのです。

ニコラスの旅：ゴア～ロシア各地

ペルシアでは国王(シャー)と宿命的な出会いをすることになります。当時オスマン帝国と対立していたペルシアのシャー・アッバース1世(1571-1629)は、このころキリスト教国との提携を模索しており、ロシア経由でヨーロッパに使節団を送ることを決定しました。この使節団にイギリス人のアンソニー・シャーリイ

（Anthony Sherley, 1565-1635）とマニラからやってきた2人が加わることになったのです。メロ神父はアッバース1世からローマ教皇クレメンス8世（1536-1605）とスペイン王フェリペ3世（1578-1621）への親書を託されました。ロシア研究者の中村喜和が指摘するように、この親書がなかったなら、メロ神父と日本人ニコラスの運命は全く別のものになっていたかもしれません。主従2人のニコラスは、こうしてペルシア使節団と一緒に北進し、モスクワに向かいます。2人は当初の目的とは異なる責務を任され、大きな地政学的なゲームに巻き込まれていくのです。

1600年、一行はカスピ海を渡り、ロシア南部の港アストラハン（Астрахань）に入ります。その後、ヴォルガ川（р. Во́лга）をさかのぼってカザン（Каза́нь）やニジニー・ノヴゴロド（Ни́жний Но́вгород）を訪れ、同年末にはついにモスクワに入りました。

英国国教会とカトリック教会の対立関係の影響もあり、イギリス人のシャーリイとメロ神父は当初からライバル関係にありました。旅行中、両者の間の緊張が高まり、シャーリイがロシアの役人の前で高齢の神父を殴るという場面もあったようです。こうした事情は、のちに日本人ニコラスの運命に影響を与えることになります。

動乱のモスクワ

メロ神父とニコラスがモスクワで寄寓《きぐう》したのは、ミラノ出身の侍医パオロ・チタディニ（生没年不明）の家でした。この家でメロ神父は、新生児にカトリック式の洗礼を施します。

ところが、これはロシアでは厳しく禁じられていました。ポーランドやリトアニアと深刻な対立関係にあった当時のロシアでは、反カトリック感情が強かったのです。

反目していたシャーリイらが関与していたという説が有力ですが、メロ神父の行為は密告され、当時のツァーリ、ボリス・ゴドゥノフ（Б.Ф. Годуно́в, 1551-1605）は激怒します。その後行われた家宅捜索の結果、ローマ教皇とスペイン王に宛てられたアッバース1世の親書が見つかり、メロ神父とニコラスは逮捕されてしまいました。結局、2人は流刑地であった白海《はっかい》（Бе́лое мо́ре）のソロフキ（Соловки́）と呼ばれる諸島の修道院に送られ、そこに6年ほど留め置かれることになります。

このころ、ロシアは激しい禍乱《からん》に突入しつつありました。次々と僭称《せんしょう》者が現れて王位に就き、そこに外国軍の介入が加わって大貴族《ボヤール》（боя́ре）間の抗争が繰り広げられた動乱時代《スムータ》（Сму́та）です。ロシアの首都モスクワは一時ポーランド軍に占拠されたほどでした。

ツァーリ、ボリス・ゴドゥノフ
［ロシア国立古文書史料館所蔵］

一方、ソロフキ諸島の修道院に軟禁されていたアウグスティノ会修道士の消息に関する知らせはバチカンにも届き、教皇はメロ神父とニコラスの釈放のためにポーランドに協力を求めました。折しも1605年、ポーランドが支援した僭称者の「偽《にせ》ドミートリイ1世」

（Лжедмитрий I, 1581?-1606）が即位したため、2人を釈放する令が下されます。ところが、メロ神父とニコラスがモスクワに戻ったころには、偽ドミートリイ1世はすでに殺害され、1606年5月、新たなツァーリのワシーリー・シュイスキー（В.И. Шуйский, 1552-1612）が王位に就いていました。メロ神父には再び流刑が言い渡され、ニコラスとともに、今度はヤロスラヴリ（Ярославль）近くにあるボリソグレブスキー修道院に流されてしまいます。

ただし、メロ神父はこのとき、ただ手をこまねいていたわけではなく、偽ドミートリイ1世のかつての妻で、のちに偽ドミートリイ2世（Лжедмитрий II, ?-1610）と秘密結婚したポーランド貴族出身のマリーナ・ムニーシェク（Maryna Mniszech, 1588?-1614）と文通していたことがわかっています。彼女はロシアにおける親ポーランド勢力の中心人物の1人でした。しかし、1608年にはこの文通は途切れました。ロシアをめぐる状況はますます複雑化し、1610年にはポーランド軍がモスクワを占領。同年、メロ神父とニコラスはニジニー・ノヴゴロドに移されます。

ニコラス殉教の伝説

ニジニー・ノヴゴロドは、国民軍（＝義勇軍）が結成されるなど反ポーランド運動の拠点となった町で、特にカトリックへの反感が高まっていました。日本人ニコラスは、この反カトリック感情の犠牲となったと言われています。

1623年にミュンヘンで刊行された『日本殉教録』によると、ニコラスはロシア正教への改宗の強要を拒んだため、1611年11月にこの町で処刑されたそうです。しかし、当時のニジニー・ノヴゴロドにはほかのカトリック教徒（ポーランド人）が住んでいたことから、改宗を拒否しただけで処刑されたという説明には疑問を呈している歴史家がいます。いずれにせよ、何らかの理由でニコラスの命は奪われたようです。

中村喜和は、ニコラスの処刑はメロ神父への「見せしめ」だったのではないかと記しています。あるいはロシア人歴史家チェレフコは、ニコラスが処刑されたという説を疑問視しつつ、この時メロ神父が死を免れ、のちにポーランド側の勢力に加わったことに注目しています。ポーランド軍の掠奪《りゃくだつ》や暴行に激怒した市民の余憤《よふん》を晴らすために、ポーランド側と大貴族の間に駆け引きがなされた結果、メロ神父の釈放と引き換えにニコラスが生け贄にされたのではないかと推測するのです。そのうえで、日本人の修道士が本当にこの町で処刑されたのか、あるいは無事にロシアを出国できたのかという事実関係については、再確認する必要性があると指摘しています。いずれの説にも議論の余地はありますが、一次史料が足りないために、ここで断言するのは難しいです。しかしながら、総じて見れば、幼いころに日本を去り、再び帰国することのなかったニコラスこそ、どうやらロシアの土を踏んだ初の日本人であったように思われます。

ロシアのユートピアにおける日本の影

さて、長年ロシアに滞在したニコラスは、ある程度のロシア語能力を身につけたと想像されますが、彼はロシアの対日観には何らかの痕跡を残したのでしょうか。幼い折に日本をあとにしたニコラスが、祖国日本のことをどれだけ覚えていたのかと疑問に思うのも当然です。一方、ロシア正教の分離派教徒（＝古儀式派、いわゆるстарообря́дцы）の間には、「白水境《ベロヴォーディエ》」（＝Белово́дье）または「日本国《オポーニア》」という幻の国があるという、一種のユートピア伝説が生まれていました（曰く、そこには正教会がたくさんあり、「真のキリスト教」が盛んである、と）。その可能性は高いとはあまり言えないかもしれませんが、こうした言説に、ニコラスから得た日本についての情報も多少寄与したかもしれないという仮説は、日露両国の研究者によって提唱されてきました。

さて、日本人ニコラスが命を賭してつき従ってきたメロ神父は、その後どうなったのでしょうか。メロ神父は1611年の動乱では難を逃れたものの、1614〜15年ごろ政府軍に捕まり、最終的には処刑されたと言われています。日露両国民の初めての接触がこうして悲劇に終わり、厳しい時代だったことを認めざるを得ません。

＊　＊　＊

日露の人的交流の起源となったニコラスの人生からは、動乱時代のロシアを取り巻く内外情勢のみならず、日本、東南アジア、中近東、ヨーロッパをめぐる複雑な国際関係も見えてきます。人の流れを厳しくした「海禁」前の日本を出た彼は、最も東の国からやってきてロシアの動乱時代のただなかに身を置いた人物であり、自らの足跡をもって当時の国際交流の広がりとともに、人の流れのスケールを示しました。両国がまだ国境を持っておらず、お互いの存在も知らなかった時期にその交流が始まっていたとは、なんとも注目に値することでしょう。

第2回

相互認識の起源
——日本とロシア、それぞれのイメージ

17世紀

ロシア人はいつ、日本について初めて知ったのでしょうか。中世にはすでに、アラビア語や中国語経由で何らかの情報が入っていたという研究者もいます。その可能性はゼロではないかもしれませんが、確証があるとは言い難いところです。しかし、遅くとも17世紀前半には、日本に関する断片的な情報がロシアに入っていたことは確かでしょう。

ロシアにおける日本イメージを辿る

実は、17世紀はロシア史において面白い時代でした。前回紹介した動乱時代《スムータ》が終わり、ロマノフ朝が誕生します。政治情勢が安定したロシアは、広がりつつある世界について様々な知識を吸収しようとします。同時に、東西から様々な人々がこの地に到来します。ピョートル1世（Пётр I, 1672-1725）による18世紀の近代化（＝西洋化）はよく知られていますが、それ以前にもモスクワはあらゆる「異人」であふれていました。また、世界に関す

る様々な情報が流れ込み、主にヨーロッパの出版物の翻訳が盛んになりました。従来からのラテン語やギリシア語の情報源は、ある意味で「バチカン＝西」vs.「ビザンツ＝東」という文明的な選択肢の象徴でもありましたが、この時代になると、ポーランド語やドイツ語の情報源が増え、新たに形成されつつあったロシア人の世界観に重要な影響を与えることになりました。

特に人気を集めたのは、世界各国に関する種々の情報を満載した地図帳でした。このジャンルは16世紀からヨーロッパで注目が高まっており、特記すべきものとしては、フランドル出身のメルカトル（Gerardus Mercator, 1512-1594）、あるいはオルテリウス（Abraham Ortelius, 1527-1598）という地理学者の作品でした。16世紀末、これらのロシア語訳（露訳）が出始め、『アトラス』（«Атлас»）または『宇宙誌』（«Космографія»）として知られるようになりました。17世紀になると翻訳の数は急激に増えます。メルカトルによる1613年刊行のベストセラー（ラテン語）の最初の露訳は、1637年、ロシアの対外関係を担っていた使節庁（Посóльский прикáз）で行われました。

ただし、ロシア語版では、地図そのものではなく、テキスト（各国の情報）の紹介が主目的となりました。また、当時の翻訳者の役割は、単に翻訳を行うだけにとどまりませんでした。多くの場合、既存の旅行記や国内外の最新の出版物を参考に、原文を修正・加筆することが一般的で、原著とは異なる視点も導入されていました。このため、翻訳というほうよりは、複数の情報源を用いて各地の伝説を集録したモザイクのようなもの、というが正確です。このような「宇宙誌」は1つのジャンルとして確立され、修道院などで何度も書き写されるような作品が続々と刊行されました。未知の島国・日本を紹介する写本も、徐々に姿を現すようになります。

「宇宙誌」から見た日本

「宇宙誌」の中で特筆すべきものは、1670年にホルモゴルィ（Холмогóры）で執筆されました。白海に面したこの街は、隣のアルハンゲリスク（Архáнгельск）とともに西欧との交易を担っていました。サンクトペテルブルク（Санкт-Петербýрг）が創設される前は、ここがロシアにおける「ヨーロッパへの窓」（«окнó в Еврóпу»）でした。そんな情報やモノが活発に行き来した北ロシアの環境下で、詳細な日本紹介を含んだ『宇宙誌1670』と呼ばれる書物が誕生したのです。

さて、これら「宇宙誌」によれば、日本とはどんな国だったのでしょう。固有名詞の誤字はあるものの、首都メアクム（都《ミヤコ》＝京都）、オッサカヤ（＝大阪）、アマンガッサキ（＝尼崎）、カヤ（＝高野山《こうやさん》）、トサ（＝土佐）など、現代人にも馴染み深い地名が紹介されています。山が多く火山もあり、気候は穏やかで畜産を含む農業が盛ん。鉱石や真珠が豊富で、宮殿は金の板に覆われている。これらの記述は、マルコ・ポーロ（1254-1324）が広めた「黄金の国ジパング」と響き合うものです。メルカトル版の『宇宙誌』とマルコ・ポーロの『東方見聞録』にはない、あらゆる魚がたくさんいるという記述もありますし、159

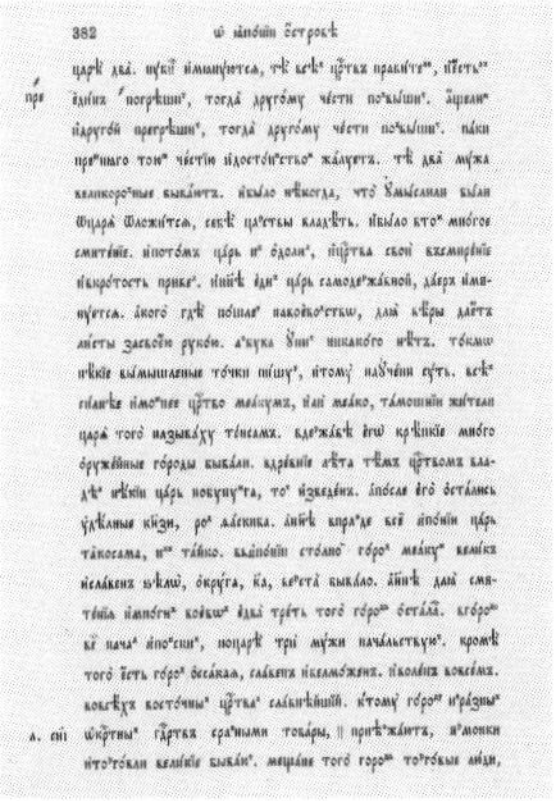

日本の紹介文（一部）、『宇宙誌1670』より

6年に日本を襲った慶長伏見《けいちょうふしみ》地震についても書かれています（この地震については、2年前に死去したメルカトルが知るよしもないのですが）。『宇宙誌1670』には国政や歴史に関する章もあります。織田信長《おだのぶなが》とその破滅、そしてタイコ（＝太閤《たいこう》、豊臣秀吉《とよとみひでよし》）という王についても記されています。スペイン、ポルトガルと交易している点、その両国の言語とラテン語学校（「アカデミア」）がある点、さらにはキリシタンに関する記載がある点からも、いわゆる「鎖国時代」前の情報に基づいていることがわかります（ただし、一部の『宇宙誌』では、日本人が「邪教徒」だと主張されています）。

歴史家チェレフコは、これらの記述は前回紹介したメロ神父と日本人ニコラスから伝わった情報に基づいているという仮説を立てました。一方、この時期のヨーロッパにおいては日本に関する知識が蓄積され、再出版された「宇宙誌」にも反映されていたので、これが基本になったことでしょう。しかし、2人のニコラスはホルモゴルィを通ったこともあり、彼らが収監されたソロフキ修道院とホルモゴルィは白海の地域にありますので、『宇宙誌1670』の執筆に関わった修道士が「ニコラス伝説」を耳にした可能性はあったかもしれません。

『宇宙誌1670』には、日本の法律や

様々な社会階層、国民性などについての記述もあります。日本人は残酷な側面を持ち、よく自慢もするが、勤勉で大才《たいさい》、親切で公平などといった肯定的な側面もあることが、少なからず指摘されています。他方、日本には空想の植物もあり、文字がなく「架空の点」が使用されるといった不思議な記述もあります。また、地震とみられる災害が天罰として描かれるなど、キリスト教的な解釈も当然のことながら散見されます。しかし、全体としては、神秘のヴェールに完全に包まれたミステリアスな国というよりも、少し謎めいた国というイメージで描かれていると言えます。ロシア人読者にとってこれらの「宇宙誌」は、世界におけるロシアの位置付けを理解するうえで大いに役立つと同時に、日本やアジアをさらに勉強するために重要な土台となりました。

遣中使節がもたらした日本像

17世紀のロシアには、政情が安定した以外にもう1つの変化がありました。急速に東方の領土を拡大し、巨大なユーラシア国家へと変貌していきます。植民地化・遠征を担っていた武装集団「コサック」（казаки）などの開拓者は、シベリアを東進するようになり、1639年には太平洋（オホーツク海）岸まで辿り着きました。また、東アジアの国々との国交樹立のプロセスも新たな段階に入りました。第一の目標は中国（Китай）でした。このように、17世紀には人の流れが活発化しました。そして、これらの探検隊や外交使節を率いた人々が報告書や旅行記を残したことから、日本に関するもう1つの重要な情報源が生まれたのです。

ここで特に重要な人物は、ニコラエ・ミレスク・スパファーリ（Н. Спафа́рий, 1636?-1708）です。彼はモルドヴァ公国出身の政治家であり、探検家、軍人、外交官、作家、そして卓越した学者でもありました。イスタンブールとイタリアで学んだスパファーリは、西洋の言語はもちろん、古典語であるラテン語とギリシャ語、トルコ語、アラビア語を操り、オスマン帝国と西洋の事情にも精通していました。まさに1人の人間の中に東西文化が融合した、博学多才の人だったと言えます。政治的な理由によりモルドヴァを離れた彼は、西洋諸国を転々としたのち、1671年にモスクワに到着、その後は使節庁で勤務するようになりました。博識なスパファーリには、極めて重大な課題が課されます。1675年、対中関係樹立の任務を帯びて、ロシア側代表として北京《ペキン》に派遣されたのです。

ロシアの遣中使節代表、ニコラエ・ミレスク・スパファーリ

ロシアからの遣中使節は、16世紀（明《みん》代）にさかのぼると言われています。17世紀にはこの流れが勢いづき、1618年にはイワン・ペトリン（И. Пе́тлин、生没年不明）、1656年にはフョードル・バイコフ（Ф.И. Байко́в, 1614-1663?）による国交樹立の試みがありました。いずれも、代表者が叩頭《こうとう》する（頭を地にすりつけてお辞儀をする）ことを拒絶

したなどの理由により、実現しませんでした。スパファーリの使節団は、それまで以上に念入りに準備されたとされていますが、清《しん》国との間にあったアムール川の沿岸地域をめぐる問題が解決されず、やはり国交樹立となりませんでした。しかしながら、優れた観察力を持ったスパファーリは、北京への旅と滞在の経験を活かし、中国やシベリア、アムール川などについて大変貴重なメモを残しました。こうして、1678年に『中国記』（«Описа́ние Кита́я»）が完成しましたが、そこでは日本も紹介されています。

スパファーリが大きく依拠したのは、ヨーロッパの中国研究に貢献したイエズス会修道士、イタリア出身のマルティノ・マルティニ（Martino Martini, 1614-1661）の著作でした。そしてそのマルティニが参考にしたのが、中国からの情報でした。そのため、スパファーリの日本像は、中国の伝統を引き継ぎつつ、カトリック宣教師の見解、さらには正教徒でありロシアの代表者でもあった本人の世界観を含む、重層的な構造を持つものになっています。中国へ旅立つ前に『宇宙誌1670』も読んでいた彼は、帰国後により詳細な日本の描写ができました。ロシアの日本研究の泰斗《たいと》エルマコーワは、複数の写本が存在したこのスパファーリの本は、ロシアの対日観に大きな影響を与えたと指摘しています。

17世紀末には、ロシアの地図に日本が書き込まれるようになりました。シベリアのトボリスク（Тобо́льск）生まれの地理学者で建築家のセミョン・レメゾフ（С.У. Ре́мезов, 1642-1722?）が作成した最初の詳細なシベリア地図には、中国と朝鮮半島に加え、島国の「Апония《アポニア》」（＝Япо́ния＝日本）が記載されています（口絵③参照）。

次回紹介しますが、初の日本人漂流民がロシアに入り、日露の人的交流が新たな段階を迎えるのは、ちょうどこのころになります。

日本におけるロシア認識の起源

それでは、当時の日本では、ロシアはどのように認識されていたのでしょう。17世紀前半の日本は極めてダイナミックな時代でした。長年続いた戦国時代が終わり、江戸に徳川幕府が開かれます。ヨーロッパとの繋がりは極めて流動的で、スペイン、ポルトガル、オランダとの関係のあり方も、大きく変わりつつありました。言ってみれば、日本もロシアと同じ時期に内政が安定し、西洋との情報交換も活発に行われました。もちろん、ロシアと異なり徳川幕府は、次第に諸外国との関係を厳しく制限するようになり、人の流れもかなり規制されましたが、情報の流れが完全になくなったわけではありません。むしろ幕府は、情報の流れを管理するようになったのです。そして、日本の人々の世界に対する関心が消えたわけでもありませんでした。

ロシアに関する情報がまばらに入るようになったのは、遅くとも17世紀初頭と考えられています。それを示す貴重な証拠は神戸《こうべ》にあります。神戸市立博物館には「泰西王侯騎《たいせいおうこうき》馬図《ばず》」という四曲屏風《よんきょくびょうぶ》が所蔵されていて、4人の外国の王たちが描かれています。重要文化財に指定されているこの作品は、美術史学者の岡泰正によると、遅くとも1614年の禁教令の前に、無名の日本人絵師によって製作されたそうです。絵師が参考にしたのは、1609年にアムステルダムで出版された、オランダの地理学者ウィレム・ブラウ（Willem Blaeu, 1571-1638）の地図でした。先のエルマコーワは、これが日本でロシア人（正確にはモスクワ大公）が描かれた最初の作品なのではないか、と記しています。

四曲屏風では、それぞれの王が一隅を占めており、キリスト教国と邪教国が騎士の姿で対決する構図になっています。「モスクワ大公」の敵手はタタールの王です。しかし、この絵は単なる模写ではなく、人と馬の姿、模様、背景などがところどころ改変されており、騎士のサイズも40倍ほど大きくなっています。また、原本にはない、伊勢神宮《いせじんぐう》の居玉《すえたま》とおぼしきものも描かれており、「日本化《ローカライズ》」された印象を受けます。同時代のロシアのように、西洋から流入したモノが現地化されていたのです。

ちなみに、ヨーロッパ製の地図、いわゆる『アトラス』が日本に入るようになったのは16世紀半ばだとされていますが、17世紀に入ってから大きな変化が起こります。ここで特に重要な人物は、布教活動のために中国にやってきて、中国研究に貢献するかたわら、アジアで西洋の知識を紹介する役割も果たした、イタリア出身のイエズス会修道士マテオ・リッチ（利瑪竇《りまとう》＝Matteo Ricci, 1552-1610）でした。彼が1602年に作成した世界地図『坤《こん》輿万国全図《よばんこくぜんず》』は、江戸時代に詳しい歴史家の岩崎奈緒子が指摘するように、漢字文化圏の人々にとっては画期的な地図となりました。

この地図は早い段階に日本に伝えられ、知識人には大きな波紋を呼びました。興味深いことに、ロシアに関わる国名としては、「魯西亜《ルシア》」と「没厠箇未突」（＝「モスコヴィア」）

が登場しますが、かけ離れた位置にあります（しかも、ルビが振られているのは前者のみ）。この「魯西亜」は、「ルーシ」（「キエフ・ルーシ」ともいう、現在のロシア、ウクライナ、ベラルーシがいずれもルーツを持つ古代の国家ですが、各国においてその解釈・定義については諸説あり）に由来する地名です。他方、「モスコヴィア」とはポーランドをはじめ西欧で流通していた呼称であり、モスクワ大公国から由来します。当時の日本では、西欧・カトリック教会の認識に依拠して、「ルシア」と「モスコヴィア」は別の存在として見なされていたことがわかります（口絵①参照）。

17世紀半ばからは新たな進展も見られます。1645年に長崎で、日本初の世界図・人物図（二幅《ふく》で一対）が印刷されました。この『万国総図《ばんこくそうず》』にも「もすかうひや」（＝モスコヴィア）が登場します。ヨーロッパ（イタリア）から中国に伝わってきたもの（マテオ・リッチの両半球図など）を見本にしたと考えられますが、世界40ヵ国の男女を描いた絵画が収められていて、そこにはロシア人の姿もあります。これが日本で初めて描かれたロシア人の女性（しかもカップルの姿）ではないかと推定されます（口絵②参照）。以来、日本製の世界地図（1671年など）にロシア（＝モスコヴィア）も掲載されることになったのです。

一方、『万国総図』には各国の国情はあまり書かれてありません。日本人による世界情勢を紹介する本が生まれるのは17世紀末であり、そこにロシアも登場するようになりました。先駆者となったのは、思想家で地理学者の西川如見《にしかわじょけん》（1648-1724）でした。長崎に駐在し外国人と接触していた彼は、中国を中心とした東洋の世界観を参考にしつつも、西洋か

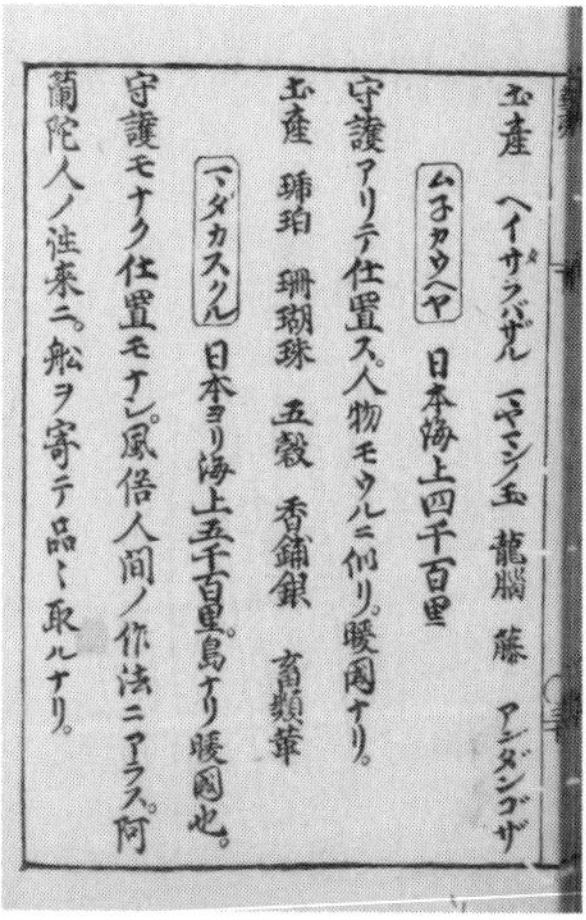
土産　ヘイザラバザル　〔ヤマシ玉〕　龍脳　藤　アンダシゴザ
〔ムスカウヘヤ〕　日本海上四千百里
守護アリテ仕置ス。人物モウルニ似リ。暖國ナリ。
土産　琥珀　珊瑚珠　五穀　香舗銀　畜類革
〔マダカスカル〕　日本ヨリ海上五千百里。島ナリ。暖國也。
守護モナク仕置モナシ。風俗人間ノ作法ニアラス。阿
蘭陀人ノ往来ニ船ヲ寄テ品々取ルナリ。

『ムスカウヘヤ』の紹介文：「日本海上四千百里　守護アリテ仕置ス。人物モウル（＝莫臥児 Mogol）、インドの旧王朝名）ニ似リ。暖國ナリ。土産 琥珀 珊瑚珠 五穀 香鋪銀 畜類革」［西川如見『華夷通商考』1695年、早稲田大学図書館、ネ01 04067より抜粋］

らの最新情報に基づき、1695年に日本初の世界地誌『華夷通商考《かいつうしょうこう》』を出版しました。そこでは、オランダと交易関係のある国として「ムスカウヘヤ」が登場しますが、三行だけの短文であり、「暖国ナリ」という誤報も目立ちます。しかし、1708年刊の『増補華夷通商考』においては、この短文が修正・加筆され、正確性は少し向上しました。その後、政治家・学者の新井白石《あらいはくせき》（1657-1725）も、世界地理書『采覧異言《さいらんいげん》』（1713年完成）でモスコヴィア（「没厠箇未突」）に関する情報（正確なものもそうでないものも含め）を紹介します。彼は特に、1708年に布教のため日本に潜入して捕まったイタリア人の宣教師ジョバンニ・シドッチ（Giovanni Sidotti, 1668-1714）の情報を参考にしていました。

このように、断片的ではありながら、ロシア関する情報は日本の世界観の一部になりつつありました。西川と新井が依拠したのは、オランダの資料に加え、布教活動のためにアジアにやってきた宣教師（特にイタリア人）の情報でした。日露間の直接的なチャネルが開

かれるまでは、中国並びにカトリック教会の宣教師こそ、日露に関する情報が行き交う重要な交差点となっていたのです。

＊＊＊

このように、17世紀は本格的な日露交流が始まる前の準備段階でした。様々な情報が西洋や中国経由で流れ、お互いに関する知識が蓄積されていきました。一方の日本における ロシア認識は18世紀後半まで漠然としたもので、情報も非常に限られていました。本格的なロシア研究が始まるのも18世紀末です。しかし、もう一方のロシアでは、日本からやってきた漂流民に刺激され、18世紀初頭から日本について学ぶ取り組みがすでに始まっていました。これについては次回紹介します。

第3回

漂流民と日本語学校
——流れ着いた最初の使者、立川伝兵衛

17世紀末〜18世紀初頭

日露の人的交流、本格的な始まり

前回述べたように、17世紀にロシアは急速に東方拡大しました。言ってみれば、この世紀はロシアにとって大航海時代とも言える時代となりましたが、河川が拡張の大動脈となりました。ロシア人は1639年に太平洋海岸に到達し、その後カムチャツカ（Камчáтка）半島まで入り、様々な先住民との接触や衝突が活発化しましたが、日本人との本格的な交流はまだ始まっていません。日本とロシアはお互いのことをよく知らぬまま、オホーツク海と蝦夷地《えぞ》（北海道）を挟んで向き合っていました。

この時代に、偶然のなりゆきで両国の交流を担ったのが日本人漂流民です。様々な漂流民事件に詳しい平川新のデータベースによると、正式な国交樹立となる日露和親条約締結（1855）まで、日本からロシアの領域（植民地含む）に漂着し、または外国船に届けられた事件は16件ほどあり、遭難した船の乗組員数は合わせて230人にのぼっています（江戸

時代末期の1868年まではプラス5件、合計251人)。もちろん、途中で亡くなった漂流民もいて、全員がロシアに入国したわけではありませんが、「鎖国」と考えがちな時代としては大きな数字です。また、言うまでもなく、それ以外にも記録に残らなかった漂流民がいたことは想像に難くありません。事実、ロシアに限らなければ、江戸時代には合計341件の漂流民事件の記録があり、ロシアへの漂流の割合は決して大きくありませんでした。しかし、平川が指摘するように、「江戸時代の国際関係に与えたインパクトという点では、ロシアへの漂流事件ほど影響が大きかったものはない」のです。18世紀末までの日露関係史は、「漂流民史」であったと言っても過言ではありません。

伝兵衛《でんべえ》に関する記録

この時代、ロシアでは日本という国の存在は知られていたものの、そのイメージはあくまで輸入された情報に頼っていました。こうしたなか、17世紀末にロシアに流れ着いたある〝使者〟が、その状況を一変することになりました。

1697年、カムチャツカ半島を探検していたコサック隊長ウラディーミル・アトラソフ(B.B. Атласов, 1661?-1711)は、先住民カムチャダールに捕えられた見慣れない異国人に出会います。彼の名は立川伝兵衛(1670?-1714以降)。第1回で紹介した日本人ニコラスは、同時代のロシアでは「インド人」などと記述されていたため、伝兵衛こそがロシア側の公式記録に初めて「日本人」として現れた人物になります。

伝兵衛は商業を営み、妻と子ども2人と大阪で暮らしていました。1695年ごろ、伝兵衛一行は米や酒などの品物を商船に積み、江戸に向かって出航したものの、途中で嵐に遭い、半年以上も波間を漂ったのち、翌1696年にカムチャツカ半島に漂着しました。船には伝兵衛と一緒に十数人が乗り込んでいましたが、全員まとめてカムチャダールの捕虜となりました。そのうち2人は直ちに殺され、その後さらに2人が亡くなりました。この当時、現地での漂流民への待遇は決して良いものではなかったようです。当時のシベリア・極東は、揺れ動くフロンティアであり、可能性にも危険性にも満ちていました。

アトラソフは、伝兵衛に出会った当初、彼が「日本人」であるという認識を持っていませんでした。しかし、彼から話を聞いているうちに、注目に値する人物だと気づいたので、この珍しい異国人をロシア本土に連れて行くことにしました。このときアトラソフに救われたのは伝兵衛だけでした。カムチャツカに残されたほかの日本人捕虜たちのその後についてはわかっていません。

アトラソフ一行はスキーなどで移動したようですが、隊長の記録からは、雪道の中の移動に慣れていなかった伝兵衛の苦労の様子が伝わってきます。途中で足を腫らし、回復のために一時的に隊を離れざるを得なくなります。伝兵衛はやっとのことでシベリアの軍政の拠点だったヤクーツク（Якутск）に着き、そこで衣類と手当を支給されました。モスクワに入ったのは1701年末のことでした。

当時シベリア地域を管轄した行政機関「シベリア庁」（Сибирский приказ）に向けて、

アトラソフは詳しく報告しています（1通目の報告書は1700年にヤクーツク、2通目は1701年にモスクワで作成）。そこでは、伝兵衛に親愛の気持ちを表し、「とても礼儀正しく賢い」と人柄を評価しています。彼の祖国である日本の政治体制、宗教、経済、人々の生活などについても詳しく描写しています。例えば、日本人は海外に行かず、外国人も長崎にしか入れないことや、キリスト教は信仰しないが観音仏や阿弥陀仏、八幡様などを祀《まつ》っていること、商業が盛んであることなどです。

「中国」との関係に関する記述は特に興味深いです。報告書によると、伝兵衛は「中国」と日本が陸路で繋がっていて、貿易が積極的に行われていると話したといいます。しかも、日本人とこの「中国」人は同じ人たちであり、同じ言葉や習慣を持っているというのです。これは単語の聞き違えによる誤解だと思われます。ロシア語では「中国」は「Китай《キタイ》」と言いますが、それが伝兵衛には「北」または「秋田」に聞こえたのでしょう。こうした誤解を招くような記述もありましたが、報告書には重要な情報が満載でした。

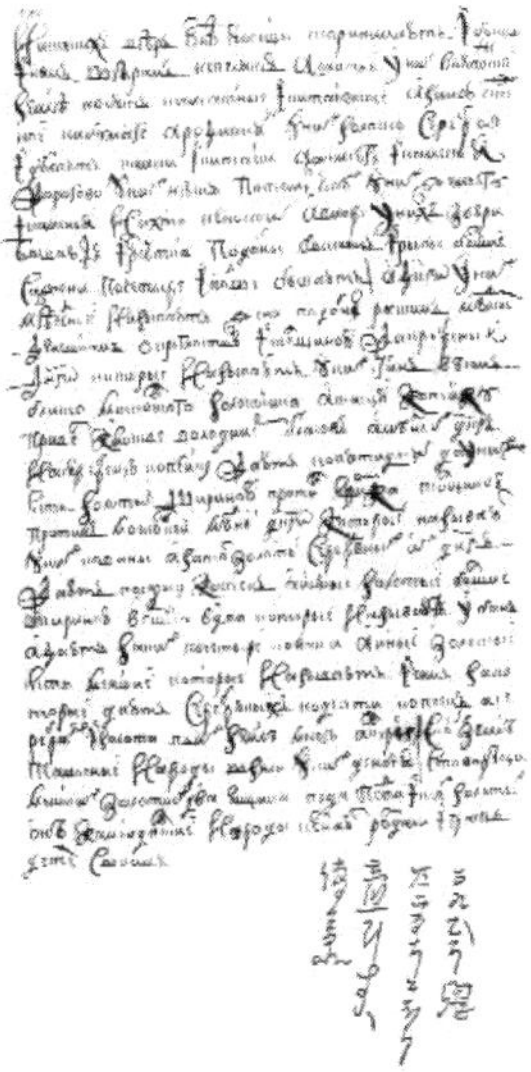
シベリア庁の報告書「スカースカ」、右下に伝兵衛の署名「立川伝兵衛」がある

　アトラソフによるこの「スカースカ」（«Сказка»）とい

う報告書が、日本に関する初のロシア公文書となりました。第三国経由でしか伝わってこなかった日本の情報が、伝兵衛という漂流民によって新たな段階へと移り、日露間で直接のチャネルができたのです。

「スカースカ」の最後のページには、伝兵衛直筆の署名があります。この史料の原本はロシアの公文書館で保管されていますが、1970年の大阪の万博ではそのコピーが展示され、大きな反響を呼びました。

ピョートルへの謁見

前回触れた通り、伝兵衛がロシアに現れたのは、日本に関する「黄金の国ジパング」という伝説が流布《るふ》していた時代でした。それゆえ、彼が注目を集めたのも当然のことでした。

ピョートル1世もまた、日本に対して並々ならぬ関心を示していました。彼が初めて日本について知ったのは、17世紀末のオランダ滞在中だったという説が有力ですが、即位した1682年に10歳だったピョートルが、「宇宙誌」またはスパファーリの著作から日本に関する記述を目にした可能性もなくはないです。いずれにせよ、ピョートルは日本に強い関心を抱き、一定の知識を持っていました。例えば1698年、北京でロシア正教会の建設が始まったとの知らせを受けたピョートルは、日本ではキリスト教徒が迫害を受けていることを示唆し、中国では当局を怒らせることなく慎重に行動するように、と正教会関係者宛の書簡で勧告しています。

1702年1月、伝兵衛はそのピョートル1世に謁見します。謁見の際、伝兵衛は帰国を願い出たと言われていますが、許可されませんでした。国交がなく日本に至る海上のルートが不明だったのも一因でしょうが、最大の理由は、ピョートル自身が伝兵衛を使ってロシアで知日派の人材を育成しようとしたことにあります。そして、ロシア人に日本語を教えるよう伝兵衛に命じ、成果が出たら、将来的には帰国させると示唆したのです。こうしてこの大阪出身の商人は、ロシアにおける最初の日本語教師となりました。

日本との政治・貿易関係に大きな興味を持っていたピョートルは、定期的に伝兵衛について報告させ、1710年に再び謁見を許します。このときは伝兵衛に洗礼を受けさせ、方針を変えて彼を帰国させないことにしました。ピョートルは貿易をはじめとする対日関係の構築を望み、日本までのルートを調べて探検を準備するように命令していました。伝兵衛はそのために欠かせない人材だったでしょう。

ツァーリ、ピョートル1世

帰国をあきらめざるを得ず、ロシアにとどまった伝兵衛は、ロシア人女性と結婚し、息子に恵まれ、ロシアの臣民として一生を終えたようです。

ガヴリーラ・ボグダノフ（Гаври́ла Богда́нов）という洗礼名をもらった伝兵衛は、日本人初のロシア正教徒でした。日本語通訳の育成はあまりうまくいかなかったようですが、彼こそがロシアにおける日本語教育の出発点に立った人物と言えます。伝兵衛が伝えた情報は、ピョートル1世をはじめとする多くのロシア人に大きな刺激を与えて、日本のことを研究して対日関係を築くという同国の方針の重要なきっかけとなったのです。

ヨーロッパ初の日本語学校

1729年、薩摩《さつま》を出帆した「若潮丸《わかしお》」が大阪に向かう途中で北に流され、またもカムチャツカに漂着しました。あいにく、乗組員は現地で、アンドレイ・シティンニコフ（А. Шти́нников, ?-1739）のコサック隊に攻撃され、ほとんどが殺害されてしまいます（隊長はその暴挙を咎《とが》められ、のちに処刑されました）。生き残った2人は1731年にヤクーツク、1732年にモスクワ、そして1733年にペテルブルクに送られました。この2人の名前は宗蔵《そうぞう》と権蔵《ごんぞう》ですが、ロシアではソーザ（Со́дза）とゴンザ（Го́ндза）として有名になりました。

ピョートル1世の死後、ロシアでは皇帝が短期間で入れ替わるという不安定な政治状況が続いていました。当時の皇帝は大帝の姪アンナ・イヨアノヴナ（Анна Иоа́нновна, 1693-1740）で、2人は女帝に謁見します。ゴンザはすでに流暢《りゅうちょう》なロシア語で話していたと記録されています。女帝は日本について詳しく尋ね、2人に手当の支給を命じて、ロシア語学習の環境も整えました。さらに1736年、ロシア科学アカデミーにおいて日本語学校が新設され、ソーザとゴンザがその教師に任命されました。ヨーロッパ初の日本語教育機関です。ほかの列強よりも遅れて日本と接触したロシアは、日本語教育では西洋で先頭に立ったわけです。

帰国する見通しがないとあきらめたソーザとゴンザは洗礼を受け、前者はコジマ・シュルツ（К. Шульц）、後者はデミヤン・ポモルツェフ（Д. Помóрцев）という名前をもらいました。ロシア人の生徒に日本語を教えるかたわら、有名な図書学者アンドレイ・ボグダノフ（А.И. Богдáнов, 1692-1766）の指導の下で日本語の教科書や字引の作成に当たりました。残念ながら、ソーザは日本語学校が設立された1736年に43歳で亡くなり、ゴンザはその3年後の1739年に21歳の若さで他界しました。

1745年、南部藩《なんぶ》佐井《さい》（現在の青森県下北郡佐井村）を出航した商船「多賀丸《たが》」が、遭難して千島《ちしま》（クリル）列島の温禰古丹島《オンネコタン》に漂着しました。船頭の竹内徳兵衛《たけうちとくべえ》は難破したときに死亡したものの、生存者はカムチャツカ、そしてオホーツク経由でヤクーツクに移送されました。そこでグループが分かれ、5人の日本人は首都ペテルブルクに送られて日本語学校で教鞭を執ることが命じられますが、残りの4人は現地ヤクーツクにとどまり同じく日本語を教えることになりました。こうしてヤクーツクでも日本語学校ができたのです。1754年、ペテルブルクの日本語学校はシベリアのイルクーツク（Иркýтск）に移されます。太平洋に向かう探検隊が増え、この町が東シベリアにおけるロシアの行政・経済の拠点になっていたためです。1761年にこれらの日本語学校は合併され、同年唯一となったイルクーツク学校には、日本人教師7人と生徒15人がいました。

これらの学校で日本語教育に従事していた多賀丸の乗組員たちは全員洗礼を受け、結婚して子どもを持ち、それまでの日本人漂流民と同じくロシア化しました。そして、ロシアにおける日本研究の発展に貢献し、次の世代にその使命を伝えようとしました。1782年、多賀丸の元乗組員三之助《さんのすけ》（洗礼名Иван《イワン》, ?-1765）の息子で、日本語学校卒業生でもあるアンドレイ・タターリノフ（А.И. Тата́ринов, 1752-?）は、『レキシコン』（«Лексико́н»）という露和辞典を編纂します。ロシア科学アカデミーから出版されたこの辞典は100頁以上あり、1000以上の単語と語句が収められました。

第1回で紹介した日本人ニコラスが辿り着いたロシアは混乱のただなかにあったため、日露関係に大きく資することなく忘れられてしまいましたが、今回見たような日本人漂流民たちは、ロシアの官民と積極的に交流し、日本語教育に携わるなど、まさに2国関係の開幕けを告げたと言えます。当時の記録を見ていると、大阪弁や南部弁、薩摩弁といった様々な方言が混ざっており、彼らの肉声が聞こえてくるようです。

ところが、以降の回で紹介するように、この後、ロシア政府は何度か日本と国交を開こうと努力を重ねていくのですが、日本側の扉は19世紀半ばまで開かれず、人の流れを拡大したいというロシア側の期待と思惑は外れます。1816年、日本語学校は「経費の無駄」を理由にイルクーツク総督府の嘆願で廃止され、せっかく芽生えた日露の官民交流は一旦途絶えてしまいます。この学校があと40年続き、日本の開国の時期に日本語を話せるロシア人が相当数いたら、その後の日露関係は少し変わっていたかもしれません。

第4回

日本を目指すロシア人
――「元文の黒船」事件

18世紀前半

日本とロシアの間に挟まれたアイヌ

一般に、江戸期の日本は「鎖国」時代であり、長崎を除いて海外への窓口は全く閉ざされていたと考えられがちです。しかし、第1回でも触れましたが、近年の日本史研究では「鎖国」ではなく「海禁」政策と表現したほうが適切ではないかと言われています。つまり、幕府は海外貿易などを全面的に禁止したのではなく、時期によって異なるのですが、船の大きさを制限したり、商品を限定したり、その取扱いや人々の流れを規制したりする政策をとったのでした。また、対外交易を一定の場所に限定したことも確かですが、長崎を含めて「四つの口」が設定されました。長崎はオランダと中国、対馬《つしま》藩は朝鮮、薩摩藩は琉球《りゅうきゅう》、そして松前《まつまえ》藩は蝦夷・アイヌとの交易を担うことになりました。

当然ながら、日露関係史の文脈においては四つ目に挙げた北方の窓口が特に重要でした。アイヌ（айны）の地こそが、日露間のコンタクトゾーンになったのです。初期の日露関係を専門とする歴史家シェプキンが指摘するように、アイヌは日露双方にとってお互いに関する知識・情報の貴重な源泉となり、アイヌが日露間の話し合いの通訳をしたり、アイヌの言葉が日露交渉の言語として用いられるようになったりもしました。日露関係の黎明《れいめい》期には主要な仲介者であったアイヌの影響は大きいものでした。

その反面、アイヌには日露という二方面から経済的・政治的な圧力がかかっていました。アイヌはコサックたちによる毛皮貢税（ясак《ヤサーク》）の徴収へ反抗したり、日本の支配化に対する反乱を起こしたりしたものの、やがて「同化」も余儀なくされました。日露関係を考えるうえでは、アイヌの存在とその苦難を心に留めておかなければなりません。

日本探検の模索

前回紹介したように、ピョートル1世は日本に対して強い関心を持っていました。当時、ヨーロッパから日本へは南海《なんかい》を通るルートしかなかったため、シベリアを横断して日本に辿り着くことができれば、ロシアにとってこれほど有利なルートはありません。ロシアでは、ツァーリが実際の日本人漂流民と出会ったのち、日本までのルートを探る取り組みが始まりました。

1702年、シベリア庁は日本についてのさらに詳しい調査をヤクーツクの地方長官に命じています（その後も何度か命令が出されました）。サンクトペテルブルクにあった2つの大手商社は、対日貿易の手段を早めに押さえておこうと元老院（Сенат《セナート》）にシベリアの河川の利用を申請しています（これは結局却下されました）。伝兵衛との出会いをきっかけに、ロシアの政界も経済界もにわかに日本に目を向け始めたことがわかります。

しかし、問題はシベリアから先の海路です。日本までの航路を見つけ出そうと探検隊がいくつも編成されましたが、日本との関係を打ち立てるという夢は、オホーツク海の荒波に阻まれていました。こうして、新たな探検隊の出発点となったカムチャツカ半島の重要性が増すようになったのです。

カムチャツカから北千島へ

1711年、カムチャツカではコサックたちの反乱が起こり、かつて伝兵衛をロシアに紹介したアトラソフが殺害される事態に陥りました。

この暴動に関わったイワン・コズイレフスキー（И.П. Козырéвский, 1680-1734）とダニラ・アンツィフェーロフ（Д.Я. Анцыферов, ?-1712）は、罪を贖《あがな》うという意味もあったでしょうが、ロシア人として初めてクリル（千島）列島の北部を探検しました。1711～13年、コズイレフスキーらが北千島の先住民に毛皮貢税《ヤサーク》を課してロシアの支配下に置くことを試みます。抵抗され失敗する場面もありましたが、先住民への聞き取りから日本に関する重要な情報が得られました。「ニフォン（＝日本）国」には「イェド」（＝江戸）や「シェンダ」（＝仙台）、「マトマイ」（＝松前）などの地域があり、「庶民は牛肉を食べず」、「例年3回もの収穫がある」こと、日本の人々は「タバコを栽培し、収穫が多く」、「男女とも絹などの製品を作って」いること、そして「ニフォンには昔から戦争がない」こと、などです。1713年のコズイレフスキー隊には、1710年にカムチャツカに流れついた漂流民の三《さん》右衛門《えもん》（ロシア名「Санима《サニマ》」）が参加していたとする先行研究もあります。三右衛門は一行の情報収集に貢献したことでしょう。彼はこのあとペテルブルクに送られ、伝兵衛とともに日本語教育にあたるようになりました。

〝陸続きか否か問題〟と北方の探検隊

ロシアがこの地域の調査に熱心だったのには、ほかにも大きな理由がありました。このころ、ヨーロッパでは、ユーラシア大陸の東側、すなわちアジアとアメリカ大陸は繫がっているのかどうかが議論されていたのです。

千島列島を探検したのはロシア人が初めてではありません。17世紀にオランダ人のマルチン・ド・フリース（Maarten de Vries, 1589-1647）がヨーロッパ人として初めて択捉《エトロフ》島と得撫《ウルップ》島を訪れ、これらの島はアメリカに近いという説を唱えていました。そのため、アジアとアメリカが陸続きであるかどうかの確認と、日本への航路の調査は、並行して行える課題と考えられました。北方の探検隊が、日本の調査という任務も同時にこなすことになったのです。

1719年、ピョートル1世は測地学者のイワン・イェヴレイノフ（И.М. Евре́йнов, 1694-1724）とフョードル・ルージン（Ф.Ф. Лу́жин, 1695-1727）に、カムチャツカまで行って

2つの大陸が陸続きであるかという問題を解決すること、そしてその周辺の正確な地図を作ることを命じます。一行は1721年にカムチャツカを出帆したものの、探検できたのはクリル(千島)列島の一部でした。悪天候のために陸続きかどうかも確認できず、日本への航海もできませんでした。しかし翌1722年には極めて貴重な地図を作成し、探検報告書と一緒に皇帝に上奏しました。カムチャツカに隣接した島には、「Isles du Japon」(=日本諸島)と書かれていました。ロシア人は、日本がカムチャツカの近くにあると考えていたことがわかります(口絵⑥参照)。

この長年にわたる〝陸続きか否か問題〟に最終的な結論を出したのは、ヴィトゥス・ベーリング(В.И. Беринг, 1681-1741)海軍大佐です。ピョートルの命を受けて探検に乗り出したベーリングは、1728年にアジアとアメリカの間の海峡を航海します。こうして二大陸は陸続きではないことが証明されました。「ベーリング海峡」に名を残すこの探検家は、日本までの航路を整えて交易できるようにすることがロシア帝国の国益にかなうと主張し、ロシアの海岸で難破した日本人を怒らせることなく日本に返し、日本と和親して交易すべし、と述べています。

そして1730年代には、オホーツク海に面したオホーツクの町に本格的な港が建設され、いよいよロシアの探検隊に日本本土への道が開けるのです。

第2回カムチャツカ探検の船（シュパンベルグの自筆）

元文《げんぶん》の黒船

1733～43年にかけ、ベーリングは第2回カムチャツカ探検に出発します。これはオホーツクからカムチャツカを経由し、北米大陸や日本を目指すというものでした。探検隊は2つに分かれ、ベーリング自身はアメリカ大陸北部沿岸の調査にあたりました。一方、支隊のマーティン・シュパンベルグ（М.П. Шпа́нберг, 1696-1761）大尉とヴィリヤム・ワリトン（В. Ва́льтон, ?-1743）大尉は日本への海路を探索しました。

1739年、支隊はカムチャツカから太平洋を南西に進み、ついに三陸海岸沖に到達します。ロシア人がオホーツク海岸に辿り着いた1639年からちょうど100年という節目の年でした。

支隊は天候などの影響で離れたり合流したりしつつも、日本各地の調査にあたりました。まず同年6月、シュパンベルグは仙台藩領沖のいくつかの地点で投錨《とうびょう》します。なかでも石巻《いしのまき》の網地《あじ》島付近では、住民が小舟に乗って接近してきたため、ロシア人が手振りで船に招待したところ、手土産を持って乗船してきたそうです。「彼ら日本人は、鰈《かれい》その他［…］ヨーロッパでもアジアでも見たことがない魚類」や、「米・タバコの葉」、「大根やキュウリ」を持ってきて、ロシア人らはお返しに織物の端切れや銀貨などを贈った、と記録されています。このちょっとした物々交換には複数の住民が参加して、親しい雰囲気の中で行われたようです。その後、現地の役人（「田代浜《たしろはま》御役人の千葉勘七《ちばかんしち》」）がやってきたため、船内を案内し、食事とウォッカでもてなしました。ロシア側の資料には、シュパルンベルグが地図と地球儀を役人たちに見せたところ、彼らは日本を指して「ニフォン《日本》」と言い、「マトマイ《松前》」などの地名を口にした、とされています。

シュパルンベルグは当初、多少は警戒していたとのことですが、庶民から役人にいたるまで、日本人は基本的に好意的だったようです。とはいえ、まともな通訳もいない状態で対外関係が厳しく規制されたこの時代の日本を相手にしても、ロシア船団の最終的な目的である国交の樹立など土台無理な話でした。日本の役人は、手振りで日本から立ち去るよう求めました。また、小舟に乗った複数の人々に囲まれていたシュパンベルグも、最後まで警戒を解くことができなかったようです。それはともかく、日本までのルートの発見には成功しました。課題を成し遂げた一行は北方の帰路に立ち、カムチャツカに帰港しました。

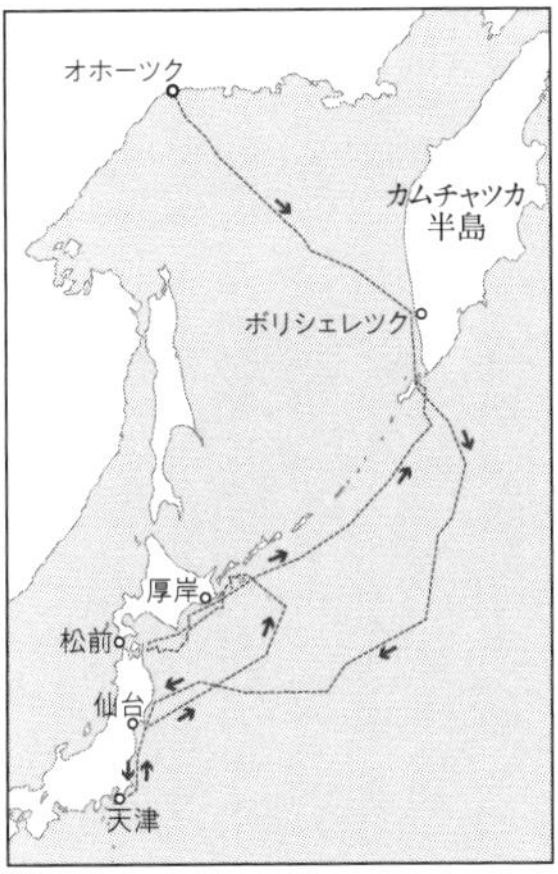

シュパンベルグ隊の航海ルート
（ロシア側史料から作成）

一方、ワリトンの別働隊は現在の千葉県

ロシア人上陸の地：天津（千葉県鴨川市、著者撮影）

沖まで南下し、現地の日本人の招待を受けて天津《あまつ》村（現在の鴨川《かもがわ》市）に上陸しています。ワリトンによると、6月19日朝、18人ほどを乗せた船が近づき、上陸するよう呼びかけてきたそうです。大尉は土産を持たせて8人を派遣しました。ロシア人が初めて日本の土を踏んだ瞬間でした。一行は水の供給を依頼し、代わりにロシアの硬貨や服を贈ったとされます。その後ワリトンは何か所かで測量を行い、カムチャツカに戻っています。

のちに「元文の黒船」事件と呼ばれるようになったこの出来事は大きな意味を持ちました。見知らぬ国の「異人」と接触した現地の日本人たちにとっても衝撃だったでしょうし、江戸幕府も驚いたことでしょう。ロシア人が日本に残した品物の一部（硬貨やお紙幣《さつ》と思われたトランプなど）は幕府に接収され、長崎出島《でじま》のオランダ商館長に送られたのち、異国船はロシア（「ムスコウビヤ」）のものだったと確定されました。1705年以降、出島のオランダ代表から江戸幕府に送られた『和蘭風説書《オランダふうせつがき》』にはロシアに関する記述がぽつぽつあり、日本はロシアの存在について知らされていたはずですが、相対したのはこのときが初めてでした。

残念ながら、ロシア研究者の平岡雅英が指摘したように、この事件は日本人の「対露概念を強めるほどの力は無く、年と共に忘れられてしまった」ようです。1742年、シュパンベルグは再び日本探検を試みたものの、荒天のために失敗しました。彼が日本への最初の航海で手に入れた布や硬貨はロシア首都に送られ、日本到達成功の証拠となりました。これらは今でもロシア科学アカデミーのサンクトペテルブルク支局に保管されています。

＊　＊　＊

このころの両国のお互いへのアプローチの仕方は、根本的に異なっていました。人の流れも特殊な性格を持っていて、日本人をロシアに向かわせたのは、嵐や暴風といった自然の力でした。カムチャッカ付近に漂着した日本人は、彼らの意思とは無関係にロシアで祖国日本を代表することになり、両国の歴史に名を残しました。それは幕府（＝国）が全く関与しない交流でした。一方、ロシアでは日本人漂流民に刺激され、国が動きました。漂流民たちを保護下に置きながら、積極的に日本への探検に挑みました。初期の日露関係は、なんとも奇妙な形の「官民」交流だったのです。

第5回

ロシア脅威論の出現
——ある冒険家をめぐるスキャンダル

18世紀後半

1785年、経世学者林子平《はやししへい》(1738-1793、口絵⑧参照)が『三国通覧図説《さんごくつうらんずせつ》』という地理書を著しています。日本周辺諸国の風俗をつづり、のちにヨーロッパでも翻訳紹介されたこの書物において、子平はロシアが南下して日本の領土を侵害する恐れがあるという強い危機感を表明しています。しかし、前回紹介した「元文の黒船」事件でも見たように、日本に渡ってきたロシア人たちは平和的な交渉に努め、軍事力を誇示しませんでした。また、ロシア人はすでに千島列島に進出してアイヌと交易を始めていましたが、その交流は基本的に平和裡《り》に行われていると日本では考えられていました。

18世紀最後の四半期まで、日本にはロシアに関する体系的な知識がまだなく、ロシアが日本にとって深刻な脅威であるという認識もほぼなかったのです。それがある時期を境に、突然『三国通覧図説』のようなロシア脅威論に変わったのです(詳細は後述します)。いったい何があったのでしょうか。そのきっかけとなった事件は、モーリツ・ベニョフスキー

（Móric Beňovský, 1746-1786）という男の破天荒な冒険物語から始まります。

冒険家ベニョフスキー

ベニョフスキーはハプスブルク帝国（現在のスロバキア）生まれですが、ハンガリーとスロバキア系貴族の子孫とされます。書類改竄《かいざん》などを繰り返した詐欺師であると同時に冒険家でもあり、当時のヨーロッパの政治情勢に積極的に関わって謀略や戦争に参加しました。ベニョフスキーはハンガリー政府から手配されてポーランドに逃れますが、当時のポーランドは周囲の列強によって干渉を受けていました。特に強かったのはロシアの影響力でした。ここでベニョフスキーは、対ロシア武装蜂起や反政府活動に関わったとしてロシア政府に捕えられます。そして1770年、カムチャツカに流刑にされました。

モーリツ・ベニョフスキー

ところが、そこで彼は現地の役人に不満を抱いていたロシア人たちと手を組み、驚くべき計画を立てます。それは、軍艦を奪って日本や中国を経由し、ヨーロッパに自力で帰還するというものでした。1771年4月、陰謀者たちは軍事拠点であったボリシェレツク（Большерецк）で暴動を起こし、カムチャツカの長官を殺害し、兵士らを武装解除させます。そして、金庫

カムチャツカ、ボリシェレツクの風景（18世紀末）

や倉庫を略奪して毛皮などの貴重品を手に入れ、帆船「聖ピョートル号」（«Св. Пётр»）を奪取しました。航海の準備をすませたあと、脱獄した約70人は略奪した貴重品を聖ピョートル号に積み、同年5月に帆を上げて日本に向かいました。カムチャツカから南海路《なんかいろ》を使ってヨーロッパへと至る、世界初の旅が始まったのです。

ベニョフスキーの日本来航

ベニョフスキーは容赦のない人物だったと見え、途中、反乱を起こそうとした数人を北千島に置き去りにしています。ちなみに、そこで残された1人、ゲラシム・イズマイロフ（Г.Г. Измайлов, 1744?-1795）は、のちに北太平洋の航海・探検に携わります。有名な英国人探検家ジェームズ・クック（James Cook, 1728-1779）とも交流がありました。

ベニョフスキー一行はその後、日本の太平洋側に沿って南に進み、7月に阿波国《あわのくに》徳島藩沖に投錨しました。海岸に現れた日本人を見かけたベニョフスキーは、水の供給を求めるため数人の乗組員を小船で送りましたが、その日本人たちは当初、手振りで上陸しないように呼びかけました。ただし、聖ピョートル号に乗船していたロシア人官吏イワン・リューミン（И. Рюмин、生没年不明）によれば、このとき乗組員は上陸して、村でもてなしを受けたのではないかとされています。これがもし事実だとしたら、前回紹介したシュパンベルグ隊に次ぐロシア人による2度目の日本上陸ですし、ワリトン一行の上陸した安房《あわ》の天津《あまつ》村よりもはるかに南の地点に到着したということになります。

その村では水の供給はできませんでしたが、日本人たちは小船で聖ピョートル号を日和《ひわ》佐《さ》（現在の徳島県美波《みなみ》町）まで先導しました。そこで食料（米）と水を船まで届けてくれた日本人は、異国人が上陸したらその土地の日本人がお咎《とが》めを受けて処刑される恐れがあると伝え、上陸を拒否しました。しかし、異国の船には喜んで上がってきたとロシア側の記録には残されています。リューミンによれば、船にやってきた日本人たちは酒と米、塩などを贈り、ロシア人たちは「クロテン（の毛皮）などをあげ、ロシアのウォッカをおごった」そうです。

ただし、このときベニョフスキーたちは本当の身分を隠しています。オランダ人だと名乗り、長崎に向かっていると説明したのです。オランダが日本と貿易関係にあった唯一のヨーロッパの国であることを知っていて、相手を安心させるために実際の出身地を伏せたのでしょう。

その後、一行は日和佐に近い土佐国高知藩の佐喜浜《さきはま》（現在の高知県室戸《むろと》市）でも上陸を試み、やはり追い返されたようです。そして、南方に進んで奄美大島《あまみおおしま》を訪れます。ここが聖ピョートル号にとって最後の日本の土地となりました。ここでもベニョフスキーらはオランダ船として受け入れられました。その後、一行は西南に向けて出帆していきました（日本人から見たベニョフスキーらの肖像は口絵⑦参照）。

日本滞在中、ベニョフスキーは6通の手紙（ドイツ語・ラテン語）を日本人に渡しました。それらは幕府により長崎出島のオランダ商館長に送られました。趣意は主におもてなしへの感謝でしたが、6通目の書簡は驚くべき内容であり、ロシアによる日本侵攻を警告するものだったそうです。

その手紙によると、ロシアは1771年に戦艦で日本視察を行い、翌年には松前藩を攻撃しようと千島列島に要塞を建て、大砲や弾薬を準備しているというのです。この情報は、今で言うところのフェイクニュースでした。ベニョフスキーは、対露戦争への参加やカムチャツカでの過酷な流刑の苦い経験から、ロシアに対して敵愾《てきがい》心を抱き、復讐したのだとされています。一方、同時代の知識人も、今昔《こんじゃく》の歴史家の多くも、日本がロシアとの通商に関心を示すことを懸念したオランダ側が本文を改変して、自国の利益のためにこの情報を悪用したのではないかと指摘しています。いずれにせよ、この手紙を契機に大きな波紋が起こされることになりました。

手紙の内容は、オランダ商館から日本人のオランダ語通詞《つうじ》（＝通訳）に伝えられ、多くの知識人に漏れ伝わりました。このときベニョフスキーが使った名前「フォン・ベンゴロ」は「はんべんごろう」と音訳されています。第7回で紹介するように、ロシア人が蝦夷地に入って交易を試みたことも対ロシア政策をめぐる議論に大きな影響を与えましたが、「はんべんごろう」の手紙は、この議論が沸き上がるきっかけの1つとなりました。

対ロシア政策をめぐる議論の始まり

1780年代、ロシアに関する書物が相次いで刊行されるようになりました。基本的に、議論は2つに分かれました。まず、仙台藩医の工藤平助《くどうへいすけ》（1734-1801）は、1783年に完成させた『赤蝦夷風説考《あかえぞふうせつこう》』の中で、対日貿易の独占を失うことを危惧したオランダが情報操作をしたのではないかと疑いました。冒頭で述べた林子平の師にあたる工藤は、日本に接近するロシアの真の目的は不透明であるが、侵略の可能性については疑問視し、逆に、ロシアと交易を発展させて蝦夷地を開発するべきだと論じます。すでにロシア人と接触があった松前藩も、当初ロシアに対する防衛には消極的でした。儒者の平沢旭山《ひらさわきょくざん》（1733-1791）は松前藩を訪れ、ベニョフスキーの警告を伝えましたが、藩主らはそれほど危機感を抱かず、本気で対策しようとしませんでした。

他方で、ロシアに対する警戒論も同時期に形成されました。林子平の著作『三国通覧図説』と『海国兵談《かいこくへいだん》』（1786年完成、1791年刊行）はその代表的なものです。ロシアの脅威を強く説いた林は、ロシアは蝦夷を征服する野心もあると考え、国防の必要性を提起し、北方防御を強化すべきだと呼びかけたのです。また、防御のみならず、蝦夷地の開拓（植民地化）という積極的な北方政策も論じていました。幕府は林の議論を、消極的な幕府の対外政策に対する批判として受け止めます。林は1792年に逮捕され、強制的に帰郷させられます。そしてその著作は発禁・版木《はんぎ》没収の処分となりました。

いずれにせよ、右のような議論があふれだした結果、幕府も次第に蝦夷地開拓論を用いて、積極的な北方政策に踏み切りました。「脅威のロシア」という議論《ディスコース》も、比較的短期間に当時の日本の政界に浸透し、長期にわたって対露観につきまとうことになりました。

時代の風雲児

さて、そんな騒然となった日本をよそに悠々と立ち去っていったベニョフスキーは、その後どうなったのでしょうか。航海中におよそ30人の船員を失ったものの、一行は台湾やマカオを経由して、ついにヨーロッパに到達したのでした。その後は解散し、一部はロシアに帰国、一部はヨーロッパにとどまりました。

ベニョフスキー自身はこれで落ち着くような人物ではありませんでした。聖ピョートル号の仲間の一部も彼と行動をともにしました。フランス、オーストリア、イギリスと転々と居場所を変え、様々な計略をめぐらし、台湾、千島などに拠点を作って開拓するよう呼びかけたり、ベンジャミン・フランクリン（1706-1790）と関係を結んでアメリカ独立戦争に参加しようとしたりと、目まぐるしい活動ぶりを見せます。フランス政府からマダガスカルの植民地化を任されたりもしました。そして後年、マダガスカル住民らのリーダーとなってフランスを敵にまわしますが、1786年にフランス軍との戦いで戦死します。

ベニョフスキーの出生地（スロヴァキア・ヴルボヴェー Vrbové、元ヴェルボー）にあるベニョフスキーの記念碑。地球儀の上に座り、彼と接触もあった東西南北の地名や個人名が刻まれ、地元が誇る人物というイメージ（著者撮影）

文字通りグローバルな舞台で様々な事件に携わったこの突飛な男の人生は、大きな注目を集めました。彼の死後に出版された回想録は虚言のオンパレードだったものの、いくつもの言語に翻訳されて人気を博しました。彼こそは、ヨーロッパが世界を席巻していった時代を象徴する風雲児でした。「ロシアが初めて切実な形で日本知識人の意識にのぼったとき、ロシアを潜在的な貿易相手国と見るポジティヴ表象と脅威と見るネガティヴ表象が同時に生まれている」――歴史家の生田美智子はこのように指摘しています。実際に日本人のロシア観を振り返ってみると、この2つのイメージが常に並び立っていたことに気づくでしょう。現在まで続くこのロシア観には、その出発点において、「はんべんごろう」事件が影を落としていると言ってよいかもしれません。

第6回

外交の萌芽
——蝦夷地での交渉と大黒屋光太夫の長い旅

18世紀末

蝦夷地での初対面

18世紀後半には、ロシアの東方進出はさらに本格的なものになっていきました。シベリア・極東開発が促進され、毛皮獣の捕獲が増え、商業が発展していきました。官業だった対中貿易も、啓蒙君主として知られるエカテリーナ2世（Екатери́на II, 1729-1796）が1762年に独占権を廃止したことで、自由化されます。台頭したいくつかの商社は、さらなる利益を求めて太平洋北部の探検に積極的に関わるようになりました。

クリル（千島）列島、日本への探検を先導した人物の中では、イワン・アンティピン（И.М. Анти́пин、生没年不明）とドミトリー・シャバリン（Д.Я. Шаба́лин、生没年不明）という2人が重要です。

アンティピンはイルクーツクの日本語学校で学び、ある程度日本語を理解できたそうです。1775年、彼はクリル列島の調査のために「聖ニコライ号」（«Св. Николай»）でペトロパヴロフスク（Петропа́вловск）港を出発しました。カムチャツカ長官マグヌス・ベム（M.K. Бем, 1727-1806）は訓令の中で、島民を怒らせる行為は死刑に値すると警告しながらも、島民をロシアの臣民にして可能な限り毛皮貢税《ヤサーク》を徴収するよう求めました。さらに、日本人とは関係を築いて交易について打診するように、という課題も含まれていました。このように、ロシア側は、アイヌを含む先住民を植民地化政策の対象として見なす一方で、日本には主体性を認めて貿易相手と見なし、異なるアプローチをとっていました。

右の訓令で、アンティピンには、ウルップ島でライ麦や小麦などを栽培するという課題も与えられました。どんどん東に行動範囲を広げているロシアの探検家にとって、食糧供給は最も深刻な問題になっていたからです。あいにく、聖ニコライ号はウルップ島付近で台風にあい遭難しましたが、この栽培実験には成功しました。ウルップ島の厳しい環境下で冬を過ごすことになったロシア人たちは、現地で食糧を調達できるかもしれないという希望を持ったことでしょう。

ただし、食糧を含む消費物資の調達は、依然として大きな課題として残っていました。この探検に資金提供した商人たちには、対中貿易でのように、毛皮の市場を開発したいという思惑もあったと考えられます。こうして対日貿易に様々な期待を寄せたロシア人たちは、さらに南進していきます。

両国代表者の初交渉

次に隊長を務めることになったのは、1777年にウルップ島に到着したシャバリンでした。イルクーツク出身の彼も日本語学校で勉強したと言われ、日本語とアイヌ語がある程度できました。シャバリン一行は1778年5月、3隻の革舟《かわぶね》（байдарка）で蝦夷地の厚岸《あっけし》（現在の北海道厚岸町）に、翌6月には霧多布《のっかまぶ》（北海道浜中町）にやってきました。この来航は、国後《クナシリ》のアイヌの首長ツキノエ（生没年不明）の斡旋《あっせん》だったとされています。シャバリンたちはエトロフ島で多くのアイヌ（ロシア側史料に1500人の数字あり）をロシアの臣民にしたようですが、ツキノエは、ロシアと日本の間で板挟みとなっているアイヌの状況を意識し、可能な限り独立を保ち、仲介者のような立場を確立しようとしました。

このとき、ロシア人たちは初めて「マトマイ《松前》」の島（＝北海道）の地を踏んだとされています。そして、霧多布で日本の船を目にしました。シャバリンは、アイヌの通詞の力を借りて日本人に接触し、貿易のための交渉を申し入れます。たまたまそこに居合わせた松前藩の役人2人は、上層部の許可なしで交易はできないが、その代わりに1年後にクナシリ島で会うことを提案しました。この話し合いのとき、ロシアに漂着した日本人の話題も出ました。日本の漂流民によるロシアでの日本語教育について知ったのは、江戸幕府よりも松前藩のほうが先だったのです。別れ際には互いに贈り物を交わし、円満に別れました。ロシア人は布や長靴、食器を贈り、日本人は米や酒、煙草《たばこ》を贈ったと記録されています。ロシア側は、これで対日交易が確実になったと信じ込んでいました。

1779年6月末、シャバリン・アンティピン一行は、日本側との面談のために霧多布にやってきて、8月には厚岸を再訪します。翌9月には厚岸で松前藩とロシア側代表が面談しました（口絵⑩⑪参照）。ところが、松前藩はロシアと直接交易することを拒否し、もう来ないようにと警告しました。その一方で、ウルップ島のアイヌを通じた米や酒の供給といった、限定的なモノの流れを容認する立場も明らかにしました。ロシア人たちはウルップ島に戻り、間接的に日本と交易するという希望を持ち続けました。しかし、翌1780年1月に地震活動が始まり、6月にはウルップ島沖で大地震が起きました。被害を受けて種々の問題に直面したロシア人たちは、対日交易を断念せざるを得なくなりました。

1770〜80年代になると、ロシアによる探検が進んだカムチャツカやアリューシャン列島には、イギリス、フランス、スペイン、スウェーデンの船が出現するようになっていました。ロシア中央政府や地方当局は、クリル列島に拠点となる基地を作ってロシアの勢力圏を守る必要性を痛感し、日本へのさらなる探検の準備も進めていきました。蝦夷地では日露両代表による初めての交渉が行われ、大きな進展を見せました。この交渉も失敗に終わりましたが、ロシアはすでに日本の玄関先にまで来て、そのドアをノックしていたのです。

こうして日露の本格的な接触が始まっていた1782年末に、一隻の船が伊勢白子《しらこ》港（現在の三重県鈴鹿《すずか》市）を出帆しました。この「神昌丸《しんしょうまる》」には、日露関係における情報、モノ、ヒトの流れに新たなページを刻むことになる重要人物が乗っていました。大黒屋光《だいこくやこう》太夫《だゆう》（1751-1828）です。

光太夫の遭難

「神昌丸」の船頭だった光太夫は、ロシアからの帰国に初めて成功した漂流民として、吉村《よしむら》昭《あきら》『大黒屋光太夫』や井上《いのうえ》靖《やすし》『おろしや国酔夢譚《こくすいむたん》』といった小説にも描かれています（後者は1992年に豪華キャストで映画化もされました）。この時代の日本を生きたとは思えない波瀾《はらん》に富んだ彼の体験談は、長年日本の人々のロマンをかき立ててきました。これらの小説や映画を通じて彼の生涯を知った方も少なくないでしょう。ここからは光太夫の旅路を簡単になぞりながら、その背景にあった日露関係の動きを探ってみます。

大黒屋光大夫の像（大黒屋光太夫記念館前、著者撮影）

「神昌丸」遭難の経緯も、それまでの漂流民が乗った船とあまり変わらないものでした。光太夫たちは、江戸に向かう途中で予期せぬ嵐によって北方に流され、見知らぬ島（アリューシャン列島アムチトカ島）に漂着します。ここには地元民や貿易に携わるロシア人たちがいて、彼らに学ぶことで生活ができるようになっていきました。

光太夫たちはロシア語も身につけていきました。その経緯はのちに蘭学者の桂川《かつらがわ》甫《ほ》周《しゅう》（1751-1809）が著した『北槎聞略《ほくさぶんりゃく》』に生き生きと描写されています。それによると、ロシア人がしばしば「エト・チョワ（＝Это чего?《エタ・チェヴォ》）」と話しかけてくることに気づいた彼らは、「これは何だ？」と尋ねているのではないか、と考えました。そこで、逆に彼らに同じフレーズで尋ねることでロシア語での物の呼び名を確認し、全くの白紙の状態から語彙を増やしていったのです。過去にロシアに流れ着いた漂流民たちも、こうやって言葉を身につけていったのかもしれません。

4年におよぶ島での生活ののち、光太夫たちはロシア人とともに作った船で島を脱出します。しかし、なんとかカムチャツカに辿り着いた彼らに突きつけられたのは、日本には帰れないという残酷な現実でした。船便はもちろん、外交関係もない日本に船を出すには、国家の援助が欠かせません。しかしカムチャツカの役所は、ここでは許可は出せないというのです。

さらに上層の行政機関ならば許可を出してくれるかもしれない……それに望みを繋いだ光太夫たちは、皮肉にも日本とは真逆の西を目指し、再び旅に出ます。厳寒の中を橇《そり》で少しずつ進むという過酷な旅でした。ヤクーツクを経て、ようやくシベリアの都イルクーツクに辿り着いたのは1789年のこと。日本を出たころ17人いた仲間は、すでに5人になっていました。

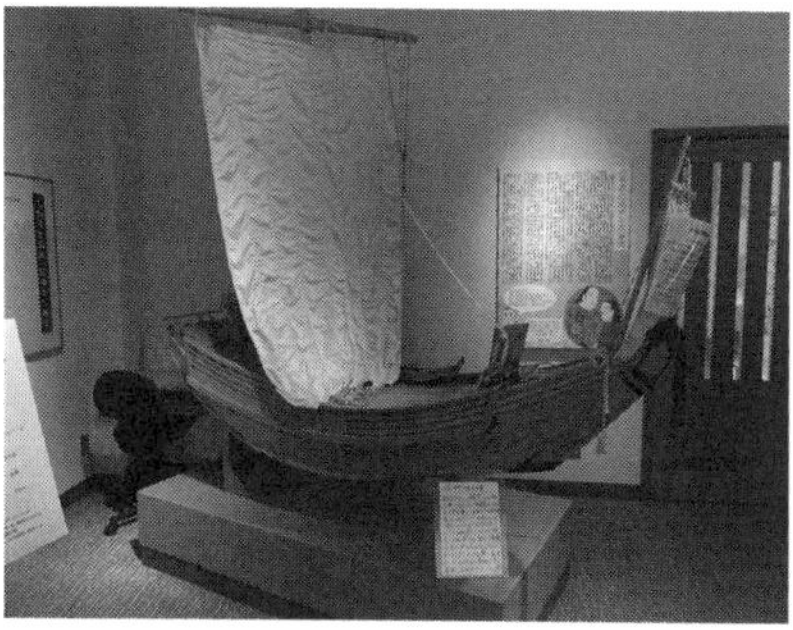

大黒屋光太夫たちが乗っていた「神昌丸」（大黒屋光太夫記念館、著者撮影）

光太夫たちはイルクーツクで帰国の願書を3回出しましたが、認められませんでした。ロシア側は代わりに光太夫に対して官僚か商人になることを提案し、税金面での優遇措置を約束します。また、凍傷で片足を失った庄蔵《しょうぞう》と、ロシア人女性と恋に落ちた新蔵《しんぞう》は帰国をあきらめ、正教徒になります。庄蔵はフョードル（Ф.С. Си́тников）、新蔵はニコライ（Н.П. Колотыгин）と改名し、日本語教師として生涯この地にとどまることを決意しました。イルクーツクに留め置かれた光太夫の帰国の夢は、儚《はかな》く消えてしまうかと思われました。

ラクスマンとの出会い

光太夫は方々に招かれて、イルクーツクで交友を広めていきました。そんなある日、1人の自然博物学者と出会いました。ロシア科学アカデミー会員でもあったキリル（エリック）・ラクスマン（К.Г. Лакман, 1737-1796）です。ラクスマンはスウェーデン領フィンランド出身でしたが、サンクトペテルブルクやモスクワで活躍し、シベリア・極東の自然の研究に没頭します。1784年にイルクーツクに移住した彼は、ガラス工場の経営にあたりながらシベリアの動植物の採集を続け、バイカル湖などの地域開発にも努めていました。

そんな彼との出会いが、光太夫たちの運命を変えることになります。ラクスマンこそが、遣日使節に日本人漂流民を加えて生還させるよう熱心に提案し、帰国まで常に光太夫を支える存在となるのです。

これ以前の1787年に、カムチャツカで日本人漂流民と偶然出会ったフランス人探検家のジャン・レセップス（1766-1834）は、著書『旅行日記』の中で光太夫について記しています。それによると、彼は賢明で仲間からも大変尊敬されており、とても意志の強い人物であるとされています。温厚篤実《とくじつ》な人と伝えられるラクスマンは、光太夫のそんな人柄に惹かれたのでしょう。しかし、ラクスマンは温情だけで光太夫を帰国させようとしたわけではありません。かねてから日本にも興味を持っていたため、漂流民を無事に還すことが対日交渉を始めるうえでの絶好のチャンスになると捉えたのです。それには国のトップを動かさなければなりません。こうして1791年、光太夫はラクスマンに伴われて首都ペテルブルクにまで辿り着きました。

漂流民が重要な切り札であると考えたのは、ラクスマンだけではありませんでした。イギリスも大きな関心を抱き、ラクスマンに接触してきます。自分たちなら光太夫らを日本まで送ることができる、そして彼をペテルブルクまで連れてくるのにかかった費用も気前よく支給する用意がある、とラクスマンに暗に伝えたようです。しかし、ロシアの使節として帰国させるという彼の意志はすでに固まっていました。ラクスマンはロシア高官に宛てた手紙の中で、対日交易の重要性を説き、需要が見込まれる商

キリル（エリック）ラクスマン

品を挙げ（例えば、ロシアからは洋服や羅紗《ラシャ》、日本からは米、お茶、絹布《けんぷ》など）、遣日使節を松前に送ることを進言します。

光太夫とラクスマンの付き合いは、日に日に親しく深いものになっていきました。ペテルブルクでラクスマンが病に倒れると、今度は光太夫が熱心に彼の世話をする番でした。日露の外交関係の出発点には、それに関わった人々の仁義や友情もあったことを、2人のエピソードは教えてくれます。

1791年6月末、ついにエカテリーナ2世への謁見が叶った光太夫は、日本への帰国を願い出ます。女帝の反応は前向きでした。ラクスマンの進言に説得された彼女もまた、漂流民を日本に帰還させることが通商樹立の絶好のチャンスと捉えたのです。同年9月13日、女帝はイルクーツク総督イワン・ピーリ（И.А Пиль, 1730-1801）に対して勅令（「日本との交易関係の樹立について」）を下し、遣日使節の派遣を決定しました。これにより、光太夫たちの帰国がついに現実のものになりました。光太夫と2人の日本人（磯吉《いそきち》と小市《こいち》）が遣日使節団に加わり、東海岸まで戻ると、オホーツクから「聖エカテリーナ号」（«Св. Екатерина»）で日本を目指したのです。

第7回

大黒屋光太夫の帰国
——そしてロシアからの遣日使節

18世紀末

1792年10月初旬、蝦夷の根室《ねむろ》湾に異国船が現れます。オホーツクの港からやってきたロシア船「聖エカテリーナ号」です。甲板にはロシア人の将校や乗組員が集まり、初めて見る海岸風景を見つめていました。その中に混じって、洋服姿の3人の日本人がいました。「神昌丸」の元乗組員、大黒屋光太夫、磯吉、小市です。10年ぶりに祖国を目にした彼らの心に去来したのは、どのような思いだったのでしょうか。ところが、日本におけるロシアをめぐる議論は、光太夫たちがロシアで過ごした10年の間に大きく変わっていました。

ロシア研究の発展と北方探検

前回紹介したように、1778〜79年、蝦夷地ではロシア人と松前藩の交渉が行われました。松前藩はロシア人との接触について公にすることをあまり望んでいませんでした

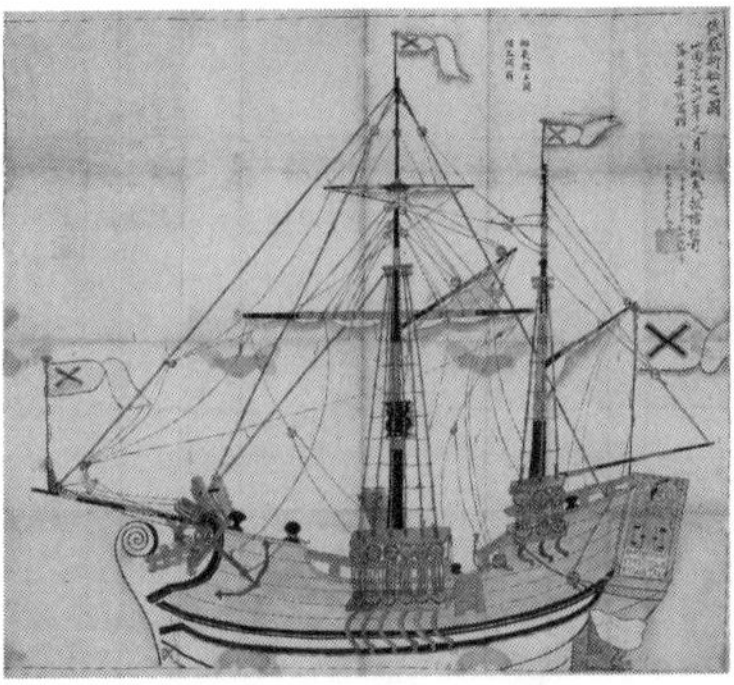

ロシア（ラクスマン）使節団が根室に来航した「エカテリーナ号」（根室市指定有形文化財『俄羅斯舩之図』）

が、噂は次第に江戸にまで届き、話題になりました。和人がアイヌを通じてロシアと密貿易（「抜荷《ぬけに》」）を行っている、そんな話も流布したようです。それに刺激を受けたのが、工藤平助でした。北方から流れてきた情報とオランダ経由で流れてきた情報を照らし合わせた彼は、日本における最初のロシア研究書を記すことになります。

『赤蝦夷《あかえぞ》風説考』がそれです（第5回参照）。本書の最初のタイトルは『加摸西葛杜加《カムサスカ》国風説考』。本来はカムチャツカ事情を紹介するものですが、その内容は、ロシアの地誌とその東進を紹介したものであるうえ、カムチャッカのみならず千島で展開されている交易などを詳しく論じ、オランダとバランスを取るためにロシアと通商すること、特に蝦夷地を開発することを強く説いたものだったため、『赤蝦夷風説考』の名で有名になりました（工藤平助が作成した、ユーラシアにおけるロシアの地図は口絵⑨参照）。ちなみに、「ロシア人」を指す「赤蝦夷」は、アイヌ語の「フレ《赤》・シャモ《人》」に由来すると言われています。ただ、これには諸説あり、1つにはロシア人が赤毛だったからという説もあります。ロシアの日本研究者ゴレグリャードは、ロシア人が着ていたラシャの服が赤色（猩々《しょうじょう》緋色《ひいろ》：黄みがかっ

対ロシア政策の検討・決定過程における中心人物だった松平定信［鎮國守國神社所蔵、桑名市博物館提供］

た朱色）だったからだと説明していますが、歴史家シェプキンは、この色の布がアイヌとの交易において人気商品だったことも指摘しています。

いずれにせよ、工藤平助はロシアとの交易を提案しながらも、蝦夷地を本格的に開発しなければロシアの支配下に置かれるだろうと警鐘を鳴らしたのです。その声がやがて幕府の耳に入ると、老中田沼意次《たぬまおきつぐ》（1719-1788）が動き出し、新たな政策に反映されることになりました。1785〜86年、幕府は蝦夷地に初の探検隊を送り、蝦夷地、クナシリ、エトロフ、ウルップ、そして樺太《からふと》（サハリン）南部でも初めての調査が行われました。1786年、調査団に参加した最上徳内《もがみとくない》（1754-1836）は、エトロフでロシア人3人と出会います。幕吏《ばくり》とロシア人の初めての対面です。最上はそのうち2人のロシア人をクナシリに連行し、ロシア事情に関する聞き取りを行いました。その後、ウルップ以南には再来しないよう強く促し、ロシアへ帰国させようとしました。

このように、このころの日本は北方での新たな土地開発に意欲を示し、積極的な姿勢をとるようになっていました。ところが、1786年に第10代将軍徳川家治《とくがわいえはる》（1737-1786）が死去し、田沼が失脚します。翌1787年に老中になった松平定信《まつだいらさだのぶ》（1759-1829）は、前任者のそれまでの北方政策を覆し、蝦夷地の開発は一旦中止されます。

1789年には、松前藩からクナシリなどとの交易権を与えられた飛騨屋《ひだや》久兵衛《きゅうべえ》による過酷な待遇に激怒したアイヌが蜂起し、「クナシリ・メナシの戦い」が起こります。この蜂起は短期間で収束しますが、幕府はロシアの関与を一時的に疑い、警戒していました。しかし、それが事実無根であることがわかると安堵し、北方開拓には消極的な立場を取りました。その後、1792年初めには、ロシアを警戒して積極的な北方政策を掲げた林《はやし》子平《しへい》が幕府批判のかどで罰せられます（第5回参照）。皮肉なことに、先のシェプキンが指摘するように、この処罰を裁可した松平が、「聖エカテリーナ号」の到来によって対ロシア政策について考えなければならなくなったのは、まさにこの年のことでした。このように、光太夫たちが帰国しつつあった日本の政界では、ロシアがすでにホットな話題となっていたのです。

ラクスマン遣日使節

一方のロシアでは、この時期、光太夫たちのおかげで日本への注目が新たな段階に入っていました。光太夫は女帝エカテリーナ2世だけではなく、皇太子（のちのパーヴェル1世 Па́вел I, 1754-1801）や皇太子の息子（のちのアレクサンドル1世 Алекса́ндр I, 1777-1825）をはじめ、多くの高官と定期的に会い、日本についての情報を伝え、ロシア人たちが日本に寄せる関心は膨らんでいました。女帝がこの漂流民の身の上に同情し、帰国の願いを聞き入れたのはそのためだと言われています。また、光太夫が懸命にロシアを知ろうとし、祖国日本を紹介しようとする姿勢を評価した女帝は、彼に金牌《きんぱい》や高額の贈り物や謝礼金を、彼の仲間には銀牌を授与しました。日本側の史料には、これらを模写した絵が残っています。

さて、前回紹介したように、1791年9月に女帝は、イルクーツク総督のピーリに対して勅令を下し、遣日使節の派遣を命じました。勅令からは、ロシアほど日本に近いヨーロッパの国はほかにない、漂流民を返還することによって対日貿易への道が開かれるだろうという期待が読み取れます。ただし、日本側に送る書簡は女帝ではなく、ピーリ総督名義で書かれました。極東に進出していたイギリスやオランダを刺激しないようにしたというのが理由の1つとされますが、そもそもエカテリーナは、日本への使節が成功するとは限らないと考えていたようです。ロシア皇帝の名誉を汚さぬよう、まずはイルクーツク総督の名で交渉に臨むことにしたのでしょう。

使節団には、光太夫ら日本人3人のほかに、1779年に松前を訪れたシャバリン、オホーツク港長ワシーリ・ロフツォフ（В.Ф. Ловцóв, 1737-?）、イルクーツク日本語学校で学んだ通詞エゴール・トゥゴルコフ（Е.И. Туголýков、生没年不明）、測量士イワン・トラペズニコフ（И.Ф. Трапéзников, 1756-?）、商人など約40人が加わっていました。なお、トゥゴルコフが師事したのが、1745年に「多賀丸」でロシアに漂着してそのまま帰化した久助《きゅうすけ》（＝Иван《イワン》 Семёнов《セミョノフ》）であり、トラペズニコフの父親は、同じく「多賀丸」元乗組員の長助《ちょうすけ》（帰化後のロシア名はФилипп《フィリップ》）でした。こうした使節団の構成ひとつとってみても、日露間

ロシア遣日使節の団長アダム・ラクスマン［函館市中央図書館所蔵］

の人の流れが拡大していた様子が如実にうかがえます。

使節団の代表には、キリル・ラクスマンの息子で、オホーツク海の航海や探検の経験があるアダム・ラクスマン（A.K. Лаксман, 1766-1806）が任命されました。光太夫にとっては、この旅が友人キリルとの永遠の別れとなりました。光太夫は「親よりも深い恩義を受けた」とキリルの足もとにひれ伏して感謝の言葉を述べ、キリルも道中の無事を祈って涙を流したと言います。

出航から約1か月後の1792年10月、ついに彼らが乗った船が根室湾に姿を現します。アダム・ラクスマンは漂流民の引き渡しを行うとともに、交易を開くよう求めましたが、当然ながら松前藩は即答せず、江戸幕府に連絡して指示を待ちました。ラクスマン一行は江戸に直接出向こうともしましたが、結局は翌1793年6月15日までの8か月間、根室で辛抱強く待つことにしました（口絵⑫参照）。その後、江戸幕府から送られた宣諭使《せんゆし》、石《いし》川《かわ》忠房《ただふさ》（1756-1836）と村上義礼《むらかみよしあや》（1747-1798）との交渉が松前で始まります。結局、日本側は交易については応じなかったものの、特例として漂流民の引き取りには同意しました。しかし、この交渉の間に小市は不運にも病死。晴れて祖国に迎えられたのは、光太夫と磯吉の2人だけでした（口絵⑬参照）。

『魯西亜人取扱手留《ろしあじんとりあつかいてどめ》』において松平定信は、漂流民を帰国させて礼儀正しく対日交渉に臨んだロシアを評価し、日本も相応の姿勢をとるべきだとの考えを示しました。こうして幕府は、ロシアがどうしても通商を望むならば長崎で交渉するようにと提案し、1793年7月後半、1隻だけという条件で信牌《しんぱい》という入港許可証を発行しました。

18世紀末にはイギリス、フランス、アメリカの船が定期的に来航し、開国を求めて圧力をかけていましたが、どこの国も門前払いを食っていました。ラクスマン来日の直前である1791年には、イギリスの「アルゴノート号」が博多と小倉《こくら》に来航して通商を試みましたが、福岡藩と小倉藩に追い返されます。ペリーが圧力をかけて開国させるまでに、相手を武力で脅《おびや》かすことなく長崎入港の許可を得たのは、ロシアだけでした。しかも、日本がロシアに与えた入港の許可は、交渉を引き延ばすための単なる時間稼ぎとも言い切れないものでした。

この時期の日露貿易については、歴史家の間でも見解が分かれています。このときラクスマンが直ちに長崎に行っていれば、通商交渉が成功した可能性もあったと、ロシアや日本、アメリカの研究者は指摘しています。日露の外交関係の土壌は、光太夫ら漂流民の努力もあってある程度まで耕されており、日本では工藤平助が掲げた北方政策、すなわちロシアと交易を行い、蝦夷地を開発するという主張に同調する勢力もいました。例えば、日露関係の研究者である郡山良光によると、幕府の実力者である松平定信は、対蘭交易とのバランスをとるためにロシアと限定的な通商を行うことを視野に入れたと言います。しかし、それは実現しませんでした。「聖エカテリーナ号」の乗組員は長旅で疲労の極致にあり、壊血病《かいけつ》による死者も出ていました。アダム・ラクスマンはやむなくオホーツクに戻ることを決め、帰路につきました。このとき対ロシア交渉に当たった宣諭使の石川忠房は、「異国《こと》の　船ふき送れ　日の本の　たみを恵みの　天津神風」という歌を詠みました。幕府はほっとしたことでしょう。

遣日使節がもたらしたもの

通商開始にまでは至らなかったものの、この日露交渉には大きな意義がありました。まず、ラクスマンは日本側の受け入れ態勢に好印象を持っていたようです。のちにクナシリで幕府役人に捕縛され、2年間日本で虜囚生活を送ったヴァシーリー・ゴロヴニン(В.М. Головнин, 1776-1831、第12回で紹介)はその著書『日本幽囚記《にほんゆうしゅうき》』において、ラクスマンが次のように述べたと記しています。「日本人の我らを待遇する極めて親密にしてよく礼儀を尽せり。日本国に滞在中はかえってかの国の饗応を受け、かつ出帆前には薪水食料などを給せられ、また種々の物品を贈られたり」。ロシア代表は自由に市中に出ることが許可されず、「終始看守人を附して警護」されたことを「遺憾」に思ったそうですが、日本の「国法によって」決められたことだと理解を示したといいます。

また、幕府からはラクスマンに対して、漂流民を保護して生還させたことに対し感謝の言葉が伝えられました。日本刀三振りも贈られました。帰国後ラクスマン家はこの刀の形を家紋に描くことを許可されています。一方、女帝エカテリーナ2世は帰還した遣日使節のメンバーを慰労し、金牌や謝金を授与しました。ロシア国内ではラクスマン使節の成果を疑問視する声もありましたが、女帝は評価したことがわかります。

日本側にとってみれば、漂流民の帰還は、ヨーロッパについての新たな重要な情報をもたらすものでした。これまではオランダの情報とアイヌ経由で流れてくる情報に頼っていましたが、今度は日本人が実際に体験した話に基づいて、北方にある隣国に関する情報を直接得られるようになったのです。ベニョフスキー事件と蝦夷地へのロシア人来航を機に盛んになりつつあったロシア研究は、新たな段階に入りました。

ロシアにおける日本研究も大きく前進しました。ロシア側の関心は政治・経済だけではなく、遣日使節は自然科学の側面から行われた日本探検でもあったのです。日本での滞在中、ロシア人たちは数百点の植物や魚類を集め、サンクトペテルブルクの科学アカデミーに寄贈しました。ラクスマンは当時の日本地図や風景画も入手して、その後日本研究に努めました。

将軍への謁見とロシアに関する知識の拡大

さて、正式に帰国を許された光太夫と磯吉は、その後どうなったのでしょうか。

海外への渡航が事実上禁止された「海禁」体制の中、ヨーロッパに行って生還を果たした初の日本人として、幕府は彼らのユニークな海外体験に極めて大きな関心を持ちました。

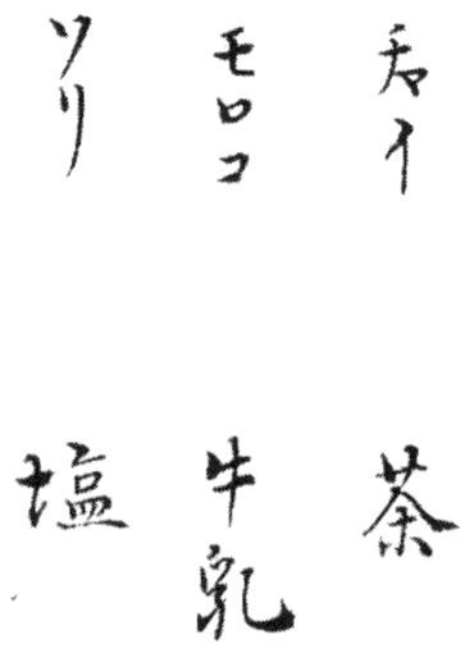

漂流民らが持ち帰ったロシアの言葉（「чай《チャイ》」、「молоко《モロコ》」、「соль《ソリ》」）［桂川甫周『北槎聞略』1794年、国立公文書館デジタルアーカイブより抜粋］

まず1793年秋、江戸城内吹《ふき》上《あげ》御物見所において、光太夫たちは第11代将軍徳川家斉《いえなり》（1773-1841）や老中松平定信らに拝謁します。同席した医師で蘭学者の桂川《かつらがわ》甫周《ほしゅう》が著した『漂民御覧《ひょうみんごらん》之記《のき》』によれば、彼らは洋服を着て長靴を履き、まさに異人のような姿だったそうです（口絵⑭参照）。2人は様々な質問を受け、ロシア事情や滞在中の経験について報告しました。漂流民がロシアで受けた待遇はとてもよかったと述べたところ、それならどうして日本への帰国を望んだのかと聞かれた光太夫は、故郷と家族が恋しかったからと答えたそうです。

この記録は『漂民御覧之記』にまとめられましたが、桂川甫周はさらに光太夫から聞き書きした内容に基づき、ロシアの地理・歴史・習俗などの事情を紹介する『北槎聞略《ほくさぶんりゃく》』を執筆し、幕府に提出しました。そこに記されたロシアに関する記述は誤りも見られるものの、博物誌のように詳細を極め、光太夫の幅広い知見に驚かされます。その附録図には、衣服や什器、女帝の肖像の絵なども描かれました。その後、桂川はさらに『魯西亜志《ろしあし》』を翻訳したり『魯西亜封域図』を作成したりするなど、ロシア研究に大きく貢献しました。

しかしながら、漂流民帰還の波紋は、あくまで一部の知識人や政界などのエリート層にとどまりました。『漂民御覧之記』や『北槎聞略』には、ロシア人が使う道具として、スプーンやフォーク（口絵⑮参照）、シャツやパンツなどが描かれており、カタカナ表記でロシア語名も紹介されています。現在の日本語における外来語はほぼ英語由来ですが、もしもこのとき日露関係が結ばれて人的交流が拡大していたら、光太夫たちが持ち帰ったものがいち早く日本語の中に流れ込んだかもしれません。「spoon《スプーン》」ではなく「ложка《ローシカ》」、「fork《フォーク》」ではなく「вилка《ヴィルカ》」、「shirt《シャツ》」ではなく「рубашка《ルバシカ》」、「milk《ミルク》」ではなく「молоко《モロコ》」など、キリル文字由来の外来語がもっと多くあった可能性も考えられるのです。

その後の光太夫たち

この時代の日本では、海外に出ることは重罪だったため、光太夫と磯吉は幕府の監視下での生活を余儀なくされました。かつては死ぬまで軟禁されたと考えられていましたし、井上靖の『おろしや国酔夢譚』でも不自由な生活を送る2人の様子が描かれています。ところが、この物語の本当の結末は、それほど暗いものではありません。

光太夫らのロシア体験は、幕府の上層部で重要なものとして認識されていたため、むしろ彼らには褒賞が与えられました。とはいえ、国法上こうした人間を自由に里帰りさせることはできず、光太夫と磯吉は江戸番町《ばんちょう》の薬草園（現在の千鳥《ちどり》ヶ淵《ふち》戦没者墓苑用地附近）の屋敷での居住を命じられます。この環境は「金の鳥籠《とりかご》」だったという見方も妥当かもしれません。が、完全な幽閉だったわけではなく、彼らを訪ねてやってくる蘭学者などとの面会はほぼ自由でした。大槻玄沢《おおつきげんたく》（1757-1827）など、この時代を代表する知識人たちと幅広く交流して生活を楽しむ機会もありました。光太夫は再婚して2人の子どもができて、息子の大黒梅陰《だいこくばいいん》（1797-1851）は、のちに漢学者として有名になりました。

伊勢若松《わかまつ》（現在の三重県鈴鹿市）への帰郷も、それぞれ一度だけ許可されました。磯吉は帰国してから6年後の１７９８年、光太夫は10年後の１８０２年のことでした。鈴鹿市にある大黒屋光太夫記念館の資料によれば、光太夫は母や親戚と再会し、念願の伊勢神宮への参拝にも行ってきたそうです。元漂流民たちは、それぞれ１か月あまりの一時帰郷ののち江戸に戻り、引き続き薬草園で余生を過ごしました。

光太夫は１８２８年に78歳で、磯吉は１８３８年に73歳（77歳という説もあり）で亡くなりました。命がけの漂流をきっかけに、強靭な意志と才能で日露の相互理解を前進させた光太夫の人生は、こうして幕を閉じたのです。

＊＊＊

大黒屋光太夫の名前は、日露両国において今なお語り継がれています。１９９４年8月、イルクーツクの姉妹都市金沢《かなざわ》に因んで名付けられた「カナザワ通り」には、光太夫たちを記念する「露日友好記念碑」が建てられました。２０１９年には、三谷《みたに》かぶきの一作品として「月光露針路日本《つきあかりめざすふるさと》」が披露されました。これは光太夫たちの冒険譚ですが、そもそも歌舞伎でロシアが主要なテーマとして発信されたのはこのときが初めてでした。多くの観客の心を摑んだ光太夫の物語が、末長く語り継がれることを願います。

第8回

すれ違う両国——江戸幕府の強硬姿勢、露米会社の太平洋進出

18世紀末～19世紀初頭

ラクスマン遣日使節が大黒屋光太夫を伴って日本に来航した際、基本的には互いに好印象を持った両国。しかも、海禁政策をとっていた日本はロシア船に対し、オランダ以外のヨーロッパの国では初めて、長崎入港の許可を与えました。ところが、せっかく出来上がった関係発展の機会を生かすことはできませんでした。これほどのチャンスが、どうして失われてしまったのでしょうか。

若宮丸の漂流

光太夫たちが正式に帰国を認められた1793年、東北の太平洋岸でもう1つの漂流民のドラマがひっそりと幕を開けます。この年の11月末、米や木材を積んで石巻港を出航した商船「若宮丸《わかみや》」は、江戸に向かっていました。ところが、塩屋崎《しおやざき》（現在の福島県いわき市）付近で嵐に遭い、北に流されてしまったのです。

約6か月の漂流ののち、1794年5月初旬に16人の乗組員はアリューシャン列島アトカ島に上陸しました。船は間もなく沈没、船頭の平兵衛《へいべえ》も病死しますが、出迎えた先住民は好意的で、翌月この島に現れたロシアのシェリホフ＝ゴリコフ商社の船からも援助を受けました。

これまでと同じように、漂流民たちはロシア本土に送られ、オホーツクやヤクーツクを経て、1796年に14名がイルクーツクに到着しました（1人は途中で病死）。驚くべきことに、日本から遠く離れたこの異国の町で、彼らのもとを不意に1人の日本人が訪れます。ロシア語を操り、勝手知ったるこの男は、光太夫の船「神昌丸」の元乗組員でイルクーツクにとどまっていた新蔵でした。彼はすでに正教の洗礼を受けてロシアに帰化し、**Николай**《ニコライ》という名前も持っていました。久しぶりに日本人と出会った漂流民たちは驚き、喜んだことでしょう。しかし、中には異教に改宗した新蔵を警戒した者もいたようです。そして、新蔵からこの地にとどまったいきさつを聞いた彼らは、帰国が極めて困難だと察したことでしょう。

この新蔵と、ラクスマン遣日使節にも加わった日本語通詞トゥゴルコフが、新たな漂流民たちの世話係を務めました。彼らはロシア政府から食費の支給を受け、様々な仕事に携わりながら現地での生活に馴染んでいきます。洗礼を受けてロシア正教徒になり、帰化の道を選ぶ者も出始めました。善六《ぜんろく》はピョートル（**П.С. Кисилёв**《キシリョフ》**, 1769-1816**）、辰蔵《たつぞう》はアンドレイ（**А.А. Кондратов**《コンドラトフ》、生没年不明）と改名しますが、帰国の希望を捨てなかった一部の者たちとの間には隙間風が吹いていたようです。

対日交易の機運高まるロシア

一方ロシア側は、長崎の入港許可証を手に入れたことで、対日交易の機運が熟したと考えました。イルクーツクの総督ピーリは、１７９４年２月末の上奏文《じょうそうぶん》で、新たな遣日使節団を長崎に送り、貿易の条件を取り決めることを皇帝と側近に具申《ぐしん》します。オランダとイギリスの抵抗を懸念したピーリは、具体策としてオランダ東インド会社のような大手企業を設立し、イルクーツクとオホーツク、そしてゆくゆくは日本でも支店を開くことを提案しました。

日本との交易に関心を示した勢力の中に、クリル（千島）列島やロシア領アメリカ（アラスカ）など、太平洋北部の探検の中心人物だったグリゴリー・シェリホフ（Г.И. Шéлихов, 1747-1795）という商人がいました。彼は仲間と一緒に「東北会社」（Сéверо-востóчная компáния、別名「シェリホフ＝ゴリコフ商社」）を設立し、過酷な手段も辞さない形で北米大陸のアラスカの植民地化に臨みました。彼はクリル（千島）列島南部を開拓し、アイヌを対日交易の仲介役として利用する考えを示しました。皇太子パーヴェル（のちのパーヴェル1世）に働きかけたシェリホフは、女帝エカテリーナから農奴や流刑囚の職人の提供を受け、彼らをアラスカとクリルの植民に充《あ》てようと考えました。

一方、１７９５年にウルップ島に上陸したワシーリー・ズヴェズドチョートフ（В.К.

Звездочётов, ?-1805?）率いる探検隊は、そこで農業を試みます。アイヌとの間で始めた貿易も当初は順調でした。厚岸《あっけし》のアイヌ首長はロシア人から商品を購入し、狐とビーバーの毛皮、米、酒と交換したと記録されています。しかし、栽培した穀物は期待したほどは実らず、日本の干渉などによりアイヌとの交易もほぼできなくなっていきました。こうしてウルップでの植民事業は失敗に終わりました。シェリホフは1795年7月に急死したため、この結末を見届けることもありませんでした。

大黒屋光太夫の恩人キリル・ラクスマンは、シェリホフのライバル商社と手を組んでおり、今度は自ら日本へ行く覚悟を決めていました。1795年12月に提出した上奏文で、ラクスマンは今こそ遣日使節派遣に最適なタイミングであり、再び漂流民たちを帰還させることで日本側に好印象を与えることができると意見しました。1796年7月、エカテリーナ女帝はイルクーツク＝コルィヴァーノフ総督だったイワン・セリフォントフ（И.В. Селифо́нтов, 1743-1822）に勅令を下し、遣日使節のために船を準備し、漂流民たちを帰国させることにしました。ところが、すでにオホーツクに向かっていたキリル・ラクスマンが、1796年1月に急死します。同年11月には女帝も他界。こうして新たな遣日使節案は棚上げになってしまいました。

この遣日使節が直ちに実現しなかった理由としては、急変した当時の国際情勢もありました。ロシア、プロイセン、オーストリア3国は連携してポーランド分割を行い、1795年にはポーランドが地図上から姿を消しました。また、フランス革命を機にヨーロッパはいわゆる革命戦争の時代に入り、ロシアも積極的に関わるようになります。つまり、ロシア政府がヨーロッパ情勢への対応にのめりこんでいる間に、対日交易の樹立のためのタイミングが失われてしまったのです。

幕府の北方政策

一方、北方政策に関する江戸幕府の姿勢も徐々に変化します。当初、日本ではラクスマンの長崎への来航を待っていたとされますが、ロシア人が帰ったのちに幕府は海防強化に力を入れるようになりました。松平定信は海防掛《かいぼうがかり》の役職を新設して自ら就任、各地の海防計画を検討し、視察も行います。しかし、間もなく老中の職を追われて失脚。その後、幕府も次第にロシアに対して強硬な姿勢に傾いていきます。シェリホフによるウルップ植民事業の噂も流れてきたようですし、1796年にイギリスの「プロヴィデンス号」が蝦夷地の内浦《うちうら》湾に姿を現した事件も幕府に衝撃を与えたと考えられています。

幕府は改めて北方開発を重視する方針をとり、蝦夷地に探検隊を送るようになりました。1798年、近藤重蔵《こんどうじゅうぞう》(1771-1829)と最上徳内《もがみとくない》が率いる180人の調査隊がエトロフ島に到着し、ロシア人が立てた十字架を引き倒して代わりに「大日本恵登呂府《えとろふ》」の標柱《ひょうちゅう》を立てました。1801年には、ラクスマン来日の際にその応対に携わった富山元十郎《とみやまもとじゅうろう》(生没年不明)と深山宇平太《みやまうへいだ》(生没年不明)が、ウルップ島でも日本領有を示す標柱を立てます。それまで、日本では国境意識はあまり見られなかったのですが、ロシアとの緊張関係の高

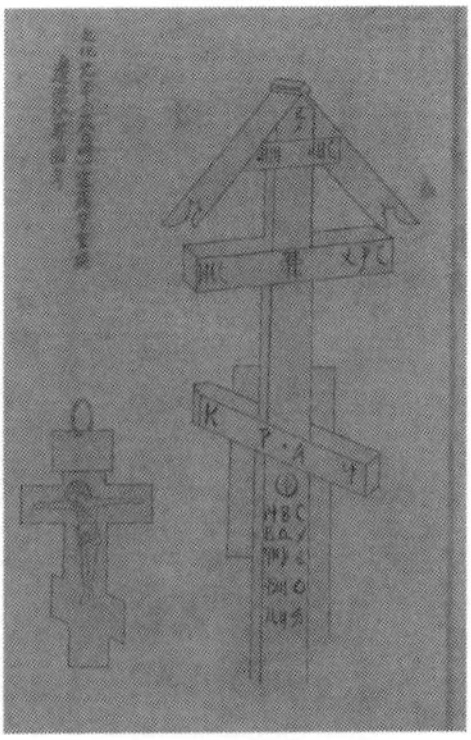

近藤重蔵の調査隊がエトロフ島で引き倒したロシア正教の十字架［近藤守重『辺要分界図考』1804年、早稲田大学図書館、ル07 03607より抜粋］

まりに伴い北方で領有宣言を行うようになっていったのです。「鎖国」をしていたとみなされることの多い日本ですが、当時の世界情勢に巻き込まれていった様子が、この史実からもうかがい知れます。

蝦夷地の経営体制も変わりました。近藤と最上の報告書を受けた幕府は、東蝦夷地を１７９９年から仮直轄地とします。１８０２年からは永久直轄地とし、津軽《つがる》藩と南部《なんぶ》藩を警備に充てました。同年には蝦夷奉行《えぞぶぎょう》も新設されました。開発も進み、１７９９年には高田屋嘉兵衛《たかだやかへえ》（第14回で紹介）がクナシリ島とエトロフ島の間の安全な航路を開拓し、漁場を開きます。一方で、アイヌとロシアとの交流は制限されるようになっていきました。アイヌにはロシア正教徒もいましたが、キリスト教を厳禁した幕府はアイヌの「日本化」に力を入れ、ロシア人との貿易も禁止してしまいます。

ラクスマンが来日したときとは異なり、19世紀の初めには日本側の姿勢は硬化していたのです。

国策企業「露米《ろべい》会社」の誕生

一方、ロシアはさらなる太平洋進出のための体制を強化していきました。イギリスやオランダの勅許《ちょっきょ》会社を参考にしたといわれる「北東会社」を基盤として、新たな会社が設立されました。露米会社（Российско-америка́нская компа́ния）です。この会社は、1799年7月8日付のパーヴェル1世の勅令によって、オランダ領インド（インドネシア）から北太平洋までの日本を含む地域の貿易独占権を獲得し、国策企業となりました。その経営で主要な役割を果たしたのは、シェリホフの女婿《じょせい》（娘婿）ニコライ・レザノフ（Н.П. Реза́нов, 1764-1807）です。のちに侍従《じじゅう》になった彼は、サンクトペテルブルクの政界に有力なコネを持ち、露米会社の繁栄のために努めました。会社の本部はイルクーツクから首都モスクワに移転し、1801年に皇帝になったアレクサンドル1世をはじめ、株主には皇族や高官も名を連ねました。これ以降の数十年間、ロシアの太平洋進出は基本的に、この露米会社を通じて行われるようになっていったのです。

1806年、皇帝により正式に裁可された露米会社の社旗（カリフォルニア州フォート・ロス Fort Ross、著者撮影）

ここで駆り出されたのが、イルクーツクにいた若宮丸の漂流民たちでした。彼らはこのあと、光太夫以上の壮大な旅を経験することになるのです。

第9回

平民による、日本人初の世界一周
——漂流民たちの数奇な運命

19世紀初頭

石巻の商船若宮丸の漂流民たちは、イルクーツクでの生活に次第に馴染んでいきました。しかし、7年ほどたった1803年3月初旬、13人全員が突然長官の家に呼び出され、直ちにサンクトペテルブルクに行くように命じられます。世話係だった帰化民の新蔵も同行することになりました。こうして、漂流民たちの数奇な運命が再び動き出します。

都への呼び出し

ロシアは露米会社を通じて北太平洋の経営に乗り出しましたが（前回参照）、露米会社はカムチャツカやロシア領アメリカへ食料を供給するために、地理的に近い日本や中国との貿易を発展させるのが最良の解決策だと考えていました。そこで1802年には、対中交易の拡大と対日通商関係の樹立を含む、ロシア初の世界周航という壮大な計画が持ち上がります。対日政策は、太平洋地域における貿易に力を入れ、グローバルな舞台で存在感を示そうとしたロシアにとって重要な戦略でした。立案したのは、有能な探検家だったイワン・クルーゼンシュテルン（И.Ф. Крузенштéрн, 1770-1846）提督です。皇帝アレクサンドル1世はこの案を裁可し、クルーゼンシュテルンを隊長に任命しました。この航海のためにイギリスから2隻の船を購入し、それぞれ「ナデージダ号」（«Надéжда»）、「ネヴァ号」（«Невá»）と命名しました。

1803年2月、商務大臣ニコライ・ルミャンツェフ公（Н.П. Румя́нцев, 1754-1826）は「日本との貿易について」、「広東《カントン》との貿易について」という2つの計画を上奏します。若宮丸の漂流民たちを呼び寄せたのは、このルミャンツェフでした。ラクスマンの使節に光太夫を同行させて一定の成果を得たように、彼らを帰還させることが日本側との交渉上有益であると考えたのです。ただし、全員を強制的に日本に護送するようなことはせず、まず各自の意思を確認することにしました。

来日したロシア使節団：レザノフ全権（右）とクルーゼンシュテルン艦長（左）［『魯西亜国使節図』、早稲田大学図書館、リ05 09314より抜粋］

ルミャンツェフの案は政府によって

採択されます。そして、日本との交渉について具体的な訓令が出されました。それは、まず長崎以外の港を利用できるよう求めること、それが却下された場合は松前での交易を求めること、それも却下された場合にはアイヌを通じて交易を求めるというものです。また、日清・日朝関係、サハリン（樺太）島や琉球列島、アムール河口の領有状況についても調査するように命じられました。課題は具体的で、ロシア側の要求と関心が拡大していたことがわかります。

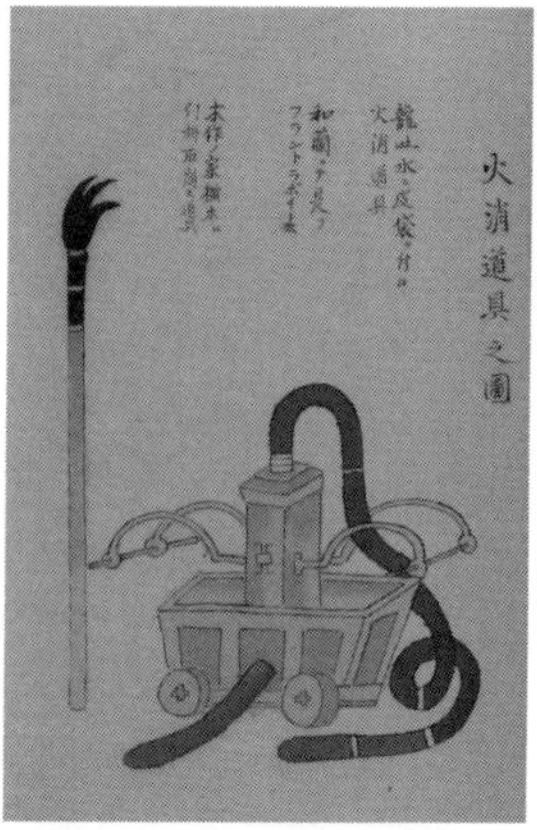

漂流民が見たロシアの「火消の道具」の図。江戸時代に火事が多かったため、この道具は注目されたと考えられる［『環海異聞』、早稲田大学図書館、文庫08 C0006より抜粋］

露米会社の侍従レザノフがこの使節を率いることになりましたが、一方でクルーゼンシュテルンは艦長でした。航海中には艦船の長がトップ（つまり一番偉い）とされていましたが、ここでは権限がはっきりせず、2人は航海中に激しく争うことになります。

1803年4月、若宮丸の漂流民たちが事情もはっきりわからぬまま首都ペテルブルクにやってきました。体調を崩して途中で隊を離れた者もいたため、上京したのは10人。そこで待っていたのは破格の待遇でした。1人につき200ルーブルの金貨と高価な服が支給され、銀時計（通詞には金時計）もプレゼントされました。それだけではありません。劇場、博物館、天文台、軍事パレードや気球を飛ばすところまで、あらゆる観光を楽しみ、豪勢な生活が提供されたのです（口絵⑰⑱参照）。ロシアに好印象を抱かせて、この国との関係樹立はいかに魅力的なことか、日本で情報を発信してもらう狙いもあったのでしょう。皇帝アレクサンドル1世への謁見が行われたのは翌月5月16日。新蔵が通訳として同席しました。

蘭学者大槻玄沢《おおつきげんたく》による彼らの漂流記『環海異聞《かんかいいぶん》』には、謁見の様子はこのように描かれています。「(皇帝が) 近寄られて、直接に問われたことは、あなた方は本国へ帰りたいかと仰せられた。[…] あなた方が帰国するのも、ここに止るのも、無理には仰せつけられない」と。このとき、津太夫《つだゆう》、儀兵衛《ぎへえ》、左平《さへい》、太十郎《たじゅうろう》の4人が日本に帰りたいと申し出て、洗礼を受けてピョートル（Киселёв《キセリョフ》）を名乗っていた善六が通詞に任命されて同行することになります。残りの5人はイルクーツクに戻りました。

世界一周の果てに長崎へ

1803年7月26日、使節団と5人の日本人はサンクトペテルブルク沖のクロンシュタット（Кронштáдт）港を出発しました。出港前には、皇帝自ら閣僚を伴って、ネヴァ号と日本人を乗せたナデージダ号を訪れています。

平民たちによる、まだ日本人では誰も経験したことのない世界一周旅行がここに始まりました。ロシアにとっても初の世界一周だったため、日本人とロシア人は一緒に初めてこの大冒険に臨んだのです。ナデージダ号はネヴァ号を伴いながら、まずデンマークの都コペンハーゲンに寄り、イギリス、カナリヤ諸島（アフリカ北岸）、ブラジルのサンタカタリーナを訪れました。その後、南米大陸最南端のホーン岬を回って太平洋に入りました。マルキーズ諸島を経てサンドウィッチ諸島（ハワイ）に到着。そこで、ロシア領アメリカ（アラスカ）に舵を取ったネヴァ号と別れ、カムチャツカへ向かうルートでした。

一行は水と食料の補給のため定期的に上陸し、日本人たちもそこで各地の風物を目にしています。見たこともない動物や先住民の姿にはただただ驚くばかりだったことでしょう。『環海異聞』によれば、カナリヤ諸島では半裸の黒人たちやミイラを目にし、サンタカタリーナではワニの「ガルカルゼル」（ロシア語：крокодил《クラカディル》）を見、ココナツを食しています。また、マルキーズ諸島では「手足の端々に至るまで彫物入墨をなし陽物［＝陰茎］を露はし」と、全身に入れ墨を施した全裸の先住民に出会った様子を描写しています（口絵⑲⑳㉑参照）。

一方、レザノフは日本との交渉に備え、善六たちの助けを借りて日本語の勉強を始めました。簡単な会話ができるようになり、のちに日本で実際に使ってみたそうです。

ナデージダ号はカムチャツカのペトロパヴロフスクに入港します。ここでほかの日本人と反目した善六が下船することになりました。一行は船の修理を行い、1804年8月26日に長崎に向けて出帆しました。途中で暴風に遭ったものの、1か月後の9月26日には長崎湾に姿を見せます。

長崎での交渉

ロシア側は、幕府がラクスマンに発行した信牌を持っていたうえ、アレクサンドル1世からの国書や献上品まで用意していたので、通商関係は締結できるものと確信していたようです。ところが、日本側の対応は冷たいものでした。

ロシア人から見た日本の番人たち（ロシア使節付属の自然科学者による絵）

上船した役人は礼儀正しく応対しつつも、台風で損傷したナデージダ号に港外での待機を命じました。レザノフの依頼で将校の刀や守備兵の銃の所持は許されたものの、中国船やオランダ船との接触を防ぐため、500人もの武士が乗り込んだ守衛の船に包囲されたまま停泊させられました。上陸も許可されず、使節はしばらく船上で暮らすことになります。

レザノフが体調を崩した折には、漂流民と従者との上陸が許され、梅香崎《うめがさき》に小さな宿舎が提供されました。しかし、そこは高い塀と警備兵に囲まれていて、監禁に近い状態でした（口絵㉒参照）。実はこの梅香崎には、1640年に処刑されたポルトガル使節団が泊まっていたという歴史がありました（ポルトガル使節団長崎受難事件)。日本側に悪意はなかったようですが、レザノフたちはこの事件を知っており、それが気分を害する一因にもなったことでしょう。

通商をめぐる交渉も成功しませんでした。長い議論の末に幕府はロシアとの交易を拒絶し、そのうえ、信牌を取り上げて再交付しなかったのです。津太夫たちの身柄だけは引き受けたものの、今後は漂流民が漂着した場合、オランダ経由で送還されるべきだとしました。そして直ちに日本を離れ、再び来ることのないようにと通告します。この対応には、オランダ商館長だけではなく司馬江漢《しばこうかん》(1747-1818)のような日本の知識人も「非礼」であると述べています。

ロシア人たちの落胆ぶりは大きなものでした。彼らからしてみれば、日本人を救助して帰還させるという人道的行為を行ったにもかかわらず、半年間も不自由な状態で待たされたあげく、何の成果も出せなかったのです。レザノフは、通詞や警備兵から、日本にはロシアとの通商を希望する人は相当数いるが、有力な高官がそれを妨げているという情報を得た、と日記に記しています。確かに、日本、ロシア、アメリカの研究者たちは、日本に開国論者も存在していたことを認めています。しかし、前回述べた通り、ラクスマンの来日以後、幕府内では北方で蝦夷開発を進める一方、ロシアに対しては排他的政策をとるべきだという勢力が優勢を占めるようになっていました。北方貿易より北方防衛のほうが優先されたのです。

もっとも、ロシアに対する態度だけが特別厳しかったわけでもありません。イギリスやアメリカの船も日本に近づいてきては開国させようとしましたが、ことごとく門前払いされています。また、日本の感覚では、信牌の使用は一度きりのもので再び発行されるとは限らないという認識でしたが、ロシア人から見れば、一旦与えた許可を一方的にキャンセルしたという印象を受けました。ほかにも小さな誤解が積み重なっていったのです。

1805年4月6日、ナデージダ号がカムチャツカに向けて長崎を出港しました。対日交渉の成功を信じ切っていたレザノフは、平手打ちを食ったように矜持《きょうじ》を大きく傷つけられました。この事件をきっかけに、日露関係には暗雲が垂れこめるようになります。

一方、日本側に引き取られた若宮丸の乗組員たちは厳しい取り調べを受けました。それが半年間におよび、不安のあまり乗務員の1人である太十郎は乱心し、自殺を図ったほどでした。ただ、この間に大槻玄沢による聞き取りも行われ、彼らの話は『環海異聞』として発表されます。この書物は当時の海外情勢やロシアの研究に大きく貢献することになります。

つらい拘留を終えた彼らには、大きな褒美が待っていました。珍しいことに、幕府は彼らを故郷に戻すことを決めたのです。1805年末、4人は故郷の石巻に戻り、静かに余生を送ったと伝えられています。ロシアに残った善六については、イルクーツクの日本語学校の教師や通詞として活躍し、その後の日露交流史に再び顔を出すことになります。

第10回

嵐の前夜
——矛盾に満ちたレザノフの肖像

19世紀初頭

1806年10月、樺太南部の居留地にいた日本人たちは突然ロシア船の襲撃に遭います。その黒幕が、交易関係の樹立を目指して日本を訪れていたレザノフでした。日本では一般的に、交渉に失敗したレザノフが腹いせに攻撃を命じたと考えられています。しかし、彼の行動や手紙を辿っていくと、その背景にあった複雑な事情が見えてきます。

危うい計画

対日交渉に失敗し、レザノフの船ナデージダ号は1805年4月に長崎を出港しました。ナデージダ号の艦長だったクルーゼンシュテルンの回想録によると、彼らは日本海側を進んで東北地方と蝦夷地の海岸を調査し、蝦夷地では日本人やアイヌと物々交換を行ったそうです。当初警戒していた日本側の武官も、彼らがロシア人であることがわかると、ロシア語の単語を思い出して会話しようとしたそうです。ラクスマンの使節とも会ったことがあるその武官は、ロシア風にお茶を飲んでみせてクルーゼンシュテルンたちを驚かせました。また、ラクスマンを褒めていたとも記されています。レザノフも日本語で話しかけました。このとき関係悪化の予兆となるような事件は起きませんでした。その後、ナデージダ号は「サハリン海」（クルーゼンシュテルンが呼んでいた、サハリン～クリル列島の海）に行き、亜庭湾《あにわ》に投錨しました。そこでは日本船を訪れ、親切にもてなされたほか、海岸に上陸して先住民や日本人と接触したと記されています。

亜庭湾を出たナデージダ号は、１８０５年6月初めごろにカムチャツカに着きます。クルーゼンシュテルンは再びサハリン探検に臨み、南海路経由でロシアへ帰っていきました。ロシア側は、日本の地図や日本人の話から、サハリンの地理に関する日本側の知識がまだ不十分であることに気づきました。かねてからサハリンに注目していた商務大臣ルミャンツェフと露米会社は、これをきっかけにますますサハリンを重要視するようになっていきます。レザノフはカムチャツカから送った皇帝への上奏文において、「日本人」によって「奴隷化」されていたアイヌの苦しい境遇やほかの西洋列強がサハリンを占領する危険性を指摘し、ロシアが植民地化すべきだと提案しました。サハリンは、間接的に対日交易を行うための拠点になりうる島でした。レザノフは対日交易をあきらめ

ニコライ・レザノフ

ロシア人から見た蝦夷のアイヌ（ロシア使節付属の自然科学者による絵）

ていなかったのです。

しかし、そのためにレザノフは危うい計画を立てます。まず、1805年7月18日に皇帝に宛てて手紙を書き、日本国内にはロシアとの通商に賛成する者が相当数いると強調し、上層部に圧力をかけるためにも松前の居留地を攻撃してサハリンから日本人を追い払い、漁業を妨害し、むりやりロシアとの貿易を開始させる計画を明らかにしました。そして、「時間の無駄遣い」を避けるために、後日の裁きを覚悟のうえ、皇帝の許可を待たずに実行したのです。

露米会社の管轄地域を視察するため、アラスカのノヴォアルハンゲリスク（Новоархáнгельск、現在のアラスカ州シトカ市）に到着したレザノフは、露米会社代表アレクサンドル・バラノフ（А.А. Барáнов, 1746-1819）に、「遠征（экспедиция《エクスペディツィヤ》）」の予定と「武装した船」が2隻必要だと知らせます。そして1805年8月29日、2人の部下に準備を命じました。この2人こそニコライ・フヴォストフ（Н.А. Хвостóв, 1776-1809）中尉とガヴリイル・ダヴィドフ（Г.И. Давы́дов, 1784-1809）兵曹長であり、カムチャツカの港でレザノフが面談して仲間に加えた男たちでした。レザノフはこの計画のために小型の帆船「ユノーナ号」（«Юно́на»）を購入し、翌年4月までにもう1隻を建造するよう命じます。この船は

「アヴォーシ号」（«Авось»）と名付けられました。

レザノフの逡巡

レザノフには露米会社の経営に加え、サンクトペテルブルクに出向いて皇帝の裁可を仰がなければならないという課題もあったため、サハリンへの遠征を部下2人に任せることも考えていました。しかし、造船は思うように進みません。そのうち「ユノーナ号」が損傷し、さらにフヴォストフの酒乱と狼藉《ろうぜき》ぶりが発覚します。フヴォストフとは一緒に働きたくないと、ダヴィドフが願い出たほどでした。そのためか、彼らに対する訓令は6回も変更され、しかもそれらはときに互いに矛盾していたといいます。これはレザノフが動揺していたことを示しています。レザノフとフヴォストフたちの文通を調査した歴史研究者クリモワは、レザノフに迷いが生じる一方で、むしろフヴォストフのほうが遠征に熱心になっていったと指摘しています。こうしたコミュニケーションのずれが、この事件の極めて重要な背景となっていました。

例えば、1806年7月21日付の手紙で、レザノフはフヴォストフに対して、航海の手順に以下のような優先順位をつけています。(1)自分はオホーツク経由でサンクトペテルブルクに行き、皇帝に謁見する。(2)船はクリル（千島）列島南部の港を視察する。(3)「もしも計画が実現可能になった場合」、亜庭湾に行く。つまり、首都に急行するレザノフをオホーツクに送ることが最優先の課題で、クリルとサハリンへは必ずしも行くとは限らない、ということになります。

ところが、7月24日にレザノフからフヴォストフに宛てて書かれた手紙では、やはり2隻で遠征に出ると指示されていたのです。そこで、フヴォストフはダヴィドフに、まずはクリル列島南部と亜庭湾に寄り、その後オホーツクに舵を切ると伝えます。矛盾する方針に戸惑ったフヴォストフはレザノフに追加の指示を求めましたが、明確な回答は得られませんでした。

結局、1806年7月27日、一行はノヴォアルハンゲリスクからサハリンに向けて出帆しました。しかしながら、ダヴィドフが率いるアヴォーシ号に不備があり、速く進めませんでした。そのため、ユノーナ号に乗っていたレザノフは一足先にオホーツクに向かい、アヴォーシ号は直接クリル列島南部に派遣することにしました。そして、サハリン付近でユノーナ号と合流することにしたのです。

これについてフヴォストフに宛てた8月8日付のレザノフの手紙では、アヴォーシ号の不備のせいで遠征を実行して自分をオホーツクに送ることが不可能だとしながらも、部下は「健気な将校」として「国益」に資する任務を全うするだろうと述べています。遠征が「不可能」であるという文言が気になりますが、一応、自分はオホーツクに行かなければならないので「遠征」のことは部下に任せる、という解釈ができます。しかし、同じ日に彼が出した「秘密訓令」は、亜庭湾に上陸して日本の船舶や宿舎に放火し物資を奪うことを命ずるなど、明らかに遠征を意図したものでした。

2隻の船はアリューシャン列島まで一緒に移動し、アヴォーシ号は千島へ、ユノーナ号はオホーツクに針路をとりました。9月15日、ユノーナ号はオホーツクに入港します。ところが9月24日、レザノフは突然これまでの訓令を取り消し、ユノーナ号に至急アメリカに向けて出発するよう命じるのです。またもや自家撞着《どうちゃく》に陥ったような訓令でした。この命令への補足文書には、「もし風位が時間を無駄にせずに」「亜庭湾に寄る」ことを可能にした場合は、「サハリン人」に贈物をあげて優しく扱うようにする、と付け加えています。サハリンに行くか行かないかを「風」次第としたうえで、行ったとしても武力を行使しないと述べているのです。

先ほど「экспеди́ция《エクスペディツィヤ》」を「遠征」と言いましたが、この語は武力を用いない「探検」という意味でも使われます。レザノフはこのときには「экспеди́ция《エクスペディツィヤ》」の解釈を変えているのです。これまで「遠征」に備えて銃や弾薬を準備してきたフヴォストフは、このあやふやな補足文書を見て「非常に驚いた」と記しています。

9月24日付のバラノフへの手紙によれば、この件に関してサンクトペテルブルクからの反応があまり良くなかったため、レザノフは遠征を中止する予定だったそうです。しかし、血気にはやるフヴォストフの性格を危惧し、彼には「延期する」とだけ伝えていたため、このような言い方になったのでしょう。しかし、これだけでは最後に残された補足文書は説明がつきません。恐らく、実行についての最終的な決断は部下に任せ、武力を使わないように命じるという既成事実を作って、責任を逃れる狙いもあったと見られます。

レザノフは、政治的な支援を得るためにサンクトペテルブルクに向かいます。ところが、途中で風邪をひいて身体を壊し、1807年3月1日にクラスノヤルスク市で亡くなりました。矛盾に満ちた彼の訓令の真意は、こうしてわからずじまいになったのです。その一方で、訓令を受けたフヴォストフたちはサハリンに向けて出港していきました。

ロックオペラのヒーロー

日本ではレザノフについて、長崎滞在中の辛抱強い交渉と紳士的な態度を評価する声があるものの、日本人への襲撃を立案したとしてあまり好意的ではない見方をされることも多いです。他方、ロシアではレザノフについて、全く違うイメージで捉えられています。

1981年、ソ連では「ユノーナ号とアヴォーシ号」という実話に基づいたロックオペラが上演され、大人気となりました（当時の多くの家庭と同じように、私の家にもこのレコードがありました）。アヴォーシ号の建造中、当時42歳のレザノフは、ロシア領だったアラスカへの食糧調達のためにカリフォルニアを訪れ、サンフランシスコ長官の15歳の娘コンチータ・アルグエーリョ（Conchita＝María Concepción Argüello, 1791-1857）と恋に落ちます。しかし、レザノフは官僚だったため、カトリック信者と結婚するためには皇帝の許可を得る必要がありました。そのためはるかペテルブルクまで戻ろうとしたレザノフは、旅の途上で病死してしまいます。1年後、婚約者の死を知ったコンチータは、レザノフへの想いを貫き通し、生涯結婚せず慈善事業に専念し、修道院に入りました。そして、レザノフの死か

ロックオペラ「ユノーナ号とアヴォーシ号」のレコード（1982年）

ら半世紀後に他界します。このロックオペラでは、多少史実を脚色していますが、２人の愛がダイナミックに描かれています。

＊＊＊

２０００年には、コンチータの墓の土をクラスノヤルスクにあるレザノフの墓の土と合わせて弔う行事も行われました。ロシア人にとってレザノフといえば、ロマンチックな恋物語のヒーローであり、大衆的な人気を博しているのです。日本とロシアで全く異なった語られ方をするレザノフ。この矛盾に満ちた人物は、すれ違いを重ねた19世紀初頭の日露関係の象徴のような存在と言えるかもしれません。

第11回

初めての衝突
――「文化露寇事件」がもたらした波紋

19世紀初頭

交易を求める対日交渉に失敗したレザノフは、日本の拠点を襲撃し、武力で交易を迫るという計画を立てます。そのためにユノーナ号とアヴォーシ号という船を用意し、それぞれを部下のフヴォストフとダヴィドフに任せて「遠征」を命じました。しかし、レザノフ本人は皇帝との謁見のためにペテルブルクへ戻る途中、病死してしまいます（1807年3月1日）。

生き続ける訓令

レザノフがこの世を去っても、彼が出した「遠征」の訓令は生き続けました。1806年8月8日に発令された「秘密訓令」は、遠征の手はずを指示しています。それは極めて具体的な指示で、クリル列島南部を視察してからサハリンの亜庭湾の海岸に上陸し、今後利用できそうな建物を残して火を放ち、倉庫の中の物は没収すること、労働力になりそうな日本人は露米会社の経営するアメリカまで連れ去り、そうでない者は松前北部に移動させること、「ロシア領サハリン」には貿易以外の目的で来ないように告げること、などです。

一方、アイヌなどの先住民には全く逆の対応を取るよう指示していました。なるべく好意的に接し、安心できる君主（＝ロシア皇帝）の保護のもとにあると伝え、首領に賞牌《しょうはい》を与えて交易を行え、というのです。サハリンから日本人を排除したうえで、先住民には好感を持ってもらおうという方針でした。

しかし、レザノフは迷いを見せて何度も矛盾する訓令を出しています。同年9月24日には、これまでの訓令を突然取り消して、オホーツクにいたユノーナ号にアメリカに向かうよう指示を出し、すっかり遠征に向かうつもりになっていたフヴォストフを驚かせました。フヴォストフは追加の説明を求めてレザノフと面談しようとしましたが、彼はすでにペテルブルクに旅立ったあとでした。一方、ダヴィドフのアヴォーシ号は、最後の訓令を知らずにすでにサハリンに行っているはずでした。そこで、もともとこの遠征に積極的だったフヴォストフは、従来通りに攻撃を実行すると決めたのです。

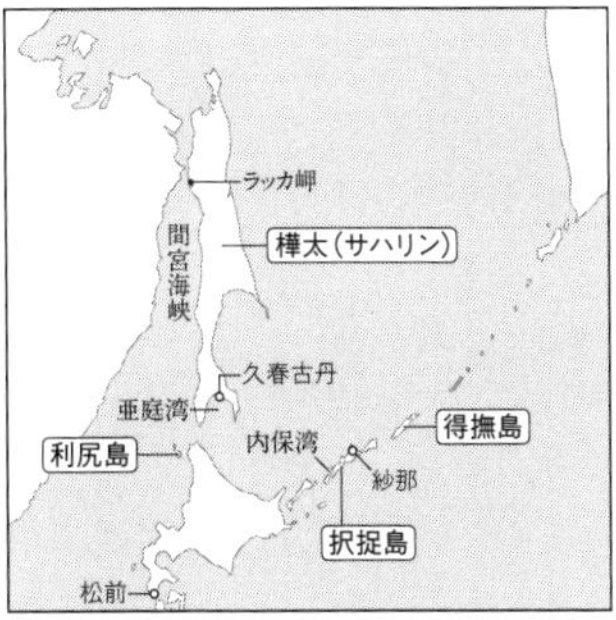

蝦夷地周辺と文化露寇事件の現場

しかし実のところ、アヴォーシ号は不備のため帰還しようとカムチャツカに船首を向けていたところでした。アヴォーシ号とすれ違ったフヴォストフは、亜庭湾を目的地に定めます。日本の拠点への攻撃まで、すでに秒読みの段階に差し掛かっていたのです。

繰り返される襲撃

1806年10月初旬、亜庭湾にロシア船ユノーナ号が出現しました。上陸した将校らは近くのアイヌの村を訪れ、村民に贈物を与えて、サハリン島および島民はロシア皇帝の保護のもとにあること、すなわちロシアの領有権を宣言しました。その証明として、首領には銀牌と護証が与えられました。当時のアイヌたちが領有権の概念を理解したとは思えませんが、フヴォストフたちには重要な任務をこなしているとの自負があったことでしょう。その後、一行は久春古丹《クシュンコタン》（現在のКорсаков《コルサコフ》市）に移り、日本人の番人を4人（富五郎、酒蔵、福松、源七）捕虜にし、建物に放火して、米600俵などの物資を略奪しました。最後にロシア国旗とユノーナ号の上陸を記念する標柱を立てて、出帆しました。

11月8日にカムチャツカに帰港したフヴォストフはダヴィドフと合流し、新たな遠征の準備に着手します。第1回遠征は1週間以内に終わった小規模なもので、効果が薄かったうえに、日本側にまだ交易の要求も伝わっていないと考えたのでしょう。

1807年5月後半、2隻の船はエトロフ島付近に姿を現し、内保《ないぼ》湾に上陸して番屋《ばんや》（＝番人の詰所）を全焼させました。内保では5人を捕虜にし、米20俵などを略奪しました。

2日後には同じエトロフ島の紗那《しゃな》村が攻撃の対象となりました。300人ほどという比較的大きな守備隊による応戦があったものの、大砲の性能をはじめ戦力の差は歴然としており、守備隊は撤退していきました。上陸したロシア人は紗那も襲撃します。米や雑貨が略奪され、すべての建物が焼かれました。

紗那では、ウルップ島にいたロシア人植民者の所有物が見つかったため、フヴォストフたちは彼らが日本人に殺害されたか捕獲されたと考えました。この後ウルップ島に寄った際には、確かにロシア人植民者が見当たらなかったため、日本側が悪事を働いたと確信してしまいます。しかし実際には、植民者たちは1805年春にウルップ島を離れ、2年後にカムチャツカに移っていただけでした。この事実が判明したのは、のちにフヴォストフたちがカムチャツカに戻ってからのことでした。

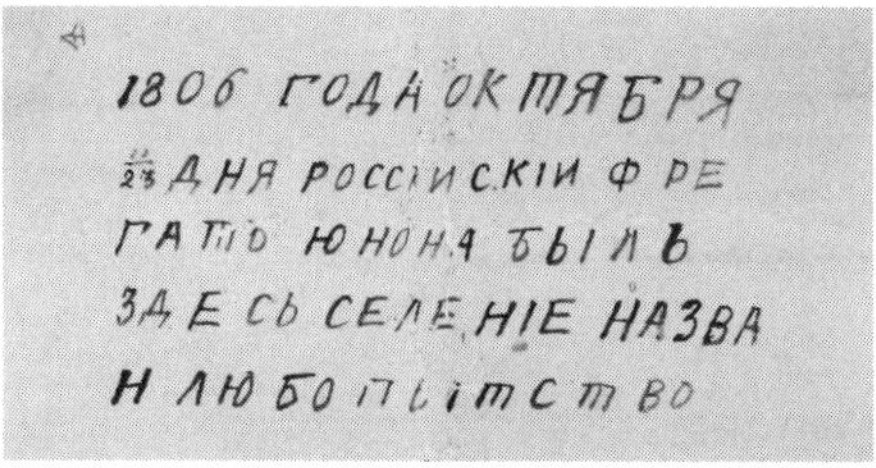

フヴォストフたちが久春古丹で残したメモ：「1806年10月11（23）日にロシアのフリゲート『ユノーナ号』はここに来た。この村は『Любопытство』（＝「好奇心」）と名付けられた」［『大槻家旧蔵欧文零葉集』、早稲田大学図書館、文庫08 A0262より抜粋］

襲撃はさらに続きます。1807年6月初旬、両船は亜庭湾に現れ、残っていた建物を焼き払いました。同月末には、蝦夷北西部付近で日本船4隻から荷物を没収したうえ、船に火を放ちました。利尻《りしり》島に上陸して番屋に放火したのがようやく最後の攻撃となりました。リシリ島では樺太とエトロフで捕えた番人を4人ずつ解放し、松前奉行への書状を渡しました。それは以下のような内容になっています。

ロシアは従来から日本との交易を望んでいたが、「何故か延引」されてきた。ロシアは長崎まで使節団を送ったが、日本側が拒否したことは極めて「無礼」であり、さらに「唐太」（＝樺太）とエトロフでは交易を行ったので、ロシアは「北蝦夷地一円に打潰し」「武威」を示すに至った。ロシアとの交易を始めないと、「大軍を催し日本一円に仇をなす」と。

この通り、脅迫文書は2隻が所属していた露米会社ではなく、勝手にロシアという国家を代表する立場から作成されていました。交易の要求は十分に伝わったと考えたフヴォストフたちは、自らに与えられた使命を果たしたと判断したことでしょう。両船は略奪品を満載し、1807年7月16日にオホーツクに帰還しました。

幕府の厳戒態勢

一連の事件は日本側に強い衝撃を与え、その波紋は日本全体に広がっていきました。幕府は新たな攻撃に対抗する準備を急ぎましたが、松前藩の軍勢だけでは不十分だったため、東北各地から動員を行います。津軽藩、南部藩、秋田藩、会津《あいづ》藩などから2600人以上が出兵し、蝦夷の要地に配置されました。陸奥国《むつのくに》、出羽国《でわのくに》、越後国《えちごのくに》では海岸防衛を強化する命令が出されました。警戒態勢は北日本だけにとどまりません。江戸でも緊張が走りました。外敵の存在が初めて強く認識されるなか、幕末に日本を席巻するいわゆる攘夷《じょうい》論が、早くも台頭していきます。

幕府やエリートの一部には、ロシアと交易を開くことを検討した勢力もいたという研究がありますが、強硬論者のほうが圧倒的に多かったとされています。また、江戸だけではなく、松前藩をはじめとする地方でも、ロシア船を打ち払うべし、対ロシア交渉に臨むにしても同時に戦争にも備えるべし、という声が強まりました。幕府はエトロフとクナシリの守備隊を強化し、1808年には1000人ほどが配置されるようになりました。

この事件で得られた成果もあります。樺太（サハリン）と千島（クリル）列島がロシアとの係争地であることは、日本の首脳部に強く意識されるようになり、北方探検をさらに促進させたのです。1808年に樺太に派遣された松田伝十郎《まつだでんじゅうろう》（1769-1842）と間宮林蔵《まみやりんぞう》（1780-1844）は、その翌年に樺太が「離島」であることを初めて実証し、島の最西端ラッカ岬に「大日本国国境」の標柱を立てました。それまで、樺太に日本人が居留したのは夏を中心にした一時的なもので、しかも南部に限定され、北部のことはほとんど知られていない状況が続いていました。1805年には、数か月

間宮林蔵の肖像（北海道宗谷岬、著者撮影）

にわたってロシアのクルーゼンシュテルンたちが2度サハリン沿岸を調査し、北部探検で日本を一歩リードしていました。しかし、このとき間宮林蔵たちは、ロシアに先駆け、「離島」説を初めて確証したのです。

フヴォストフたちの運命

さて、ロシアと日本の間に緊張の種をまいた当のフヴォストフとダヴィドフはどうなったのでしょうか。2人はオホーツクに戻ったところで、勝手な行いによりロシアの国益に損害を与えたとして、現地の長官に逮捕されました。レザノフの訓令が「秘密」だったため、2人は詳細な質問に答えることを拒否、そしてオホーツクからヤクーツク、さらにはイルクーツクへ逃亡しました。イルクーツクでは、総督に対して、自分たちが行った行為は上司の指示に基づくものであるとして正当性を訴えました。1808年5月、アレクサンドル1世の命令により、2人はサンクトペテルブルクに送られ、取り調べを受けます。

この取り調べ期間中、軍人である彼らはスウェーデンとの戦争に派遣されます。ここで2人は極めて勇敢な戦いぶりを見せました。1808年12月、日本人への乱暴は有罪とされたものの、軍首脳部が対スウェーデン戦争での功績を重視し、赦免と叙勲を訴えました。皇帝は、日本人に対する乱暴は許されないとして叙勲を斥ける一方で、戦争での功績を考慮し赦免したのです。

しかし、慎重さに欠ける2人の性格はその後も変わりませんでした。翌1809年秋にサンクトペテルブルクのネヴァ川を渡るときに溺れ、あっけない最期を迎えてしまいます。

文化露寇《ぶんかろこう》事件と呼ばれるこの襲撃は、日本とロシアの初めての軍事衝突となり、両国の関係、特に日本人のロシア観に極めて大きな打撃を与えました。確かに、それまでにもロシアを「脅威」と見なす考え方が広まったこともありましたが、この事件によって「敵」というイメージが非常に強まってしまったのです。

そしてこの事件は、ロシアにとっても意図せぬ結果を招きました。日本の対応が急激に悪化したことを知る機会は、早くもこの直後に訪れるのです。

第12回

ゴロヴニン捕囚事件
――「裏切り湾」、地名に刻まれた記憶

19世紀初頭

フヴォストフらの文化露寇事件（前回参照）を受けて、日本では急激にロシアへの警戒心が高まることになりました。しかしその一方で、ロシア側の謝罪を条件に限定的な交易を認めようという声が出てきたことも事実です。例えば、松前奉行の河尻春之《かわじりはるゆき》（1756-1816）と荒尾成章《あらおしげあきら》（生没年不明）は、ロシアとの貿易を極東地方に限定すれば、「別儀《べつぎ》」として許可することもできると論じました。一方、ロシア側は東方を探検して北太平洋の島々に関する情報を収集し続け、サハリンの植民地化などを検討していました。

ディアナ号の日本接近

1807年、小型軍艦「ディアナ号」(«Диáна») がペテルブルク沖のクロンシュタット港を出港し、極東に針路をとりました。艦長は、イギリス海軍への留学経験もあるワシーリー・ゴロヴニン（В.М. Головни́н, 1776-1831）大尉というとても優秀な将校でした。

ゴロヴニン率いる探検隊の目的は、ロシア帝国の領土の中でもあまり実態の知られていない東方の調査でした。ディアナ号は1810年にはロシア領アメリカ（アラスカ）まで航海し、カムチャツカに戻ります。続いて1811年、クリル（千島）列島南部やサハリン以北のオホーツク海沿岸などを測量せよという海軍大臣の命令を受け、5月にカムチャツカの港を出帆しました。

クリル（千島）列島の地理やアイヌについての重要な情報を集めつつ航海は続き、同年6月17日には、ゴロヴニンら8人が食糧と薪水《しんすい》の補給のためにエトロフ島に上陸します。そこで彼らが遭遇したのは、日本人と彼らが拘束していた羅処和《らしょわ》島のアイヌでした。たまたまそこにいた松前奉行調役《しらべやく》の石坂武兵衛《いしざかたけべえ》（生没年不明）にとっては、フヴォストフたちによる襲撃事件の記憶は生々しいものでした。石坂は同心《どうしん》と勤番《きんばん》の南部藩兵に急いで応戦の構えを取らせます。これに対してゴロヴニンは、アイヌを通じて上陸の目的を説明し、ロシア側には敵対する意思のないことを伝えました。以前の襲撃はフヴォストフたちの独断であり、国策ではないとも説明しました。ロシア側と日本側はつたない通訳を通じてでしたがなんとかコミュニケーションができ、酒まで酌《く》み交わしたと記録されています。石

ワシーリー・ゴロヴニン

坂は松前藩の会所《かいしょ》があった同じエトロフ島の振別《ふれべつ》に行くように伝え、そこの隊長に宛てた添書《てんしょ》を与えました。

ゴロヴニンは一旦ウルップ島の東海岸を調査したあとエトロフ島に針路を取りましたが、風向きが悪かったため、振別の反対側の海岸を回ることにしました。そして7月初旬、ディアナ号はクナシリ島の海岸に姿を現しました。

警備に当たっていたクナシリ島トマリ会所の南部藩兵は、異国船を発見したとの警報を根室に伝え、海岸に大砲を備えつけて応戦の準備を始めました。そして7月5日、ディアナ号が湾内に入ると同時に、幕府の発した打払令《うちはらいれい》に従って砲撃したのです。しかし、大砲の着弾距離は短く、到底ディアナ号には届きませんでした。ゴロヴニンがエトロフ島で伝えたつもりの友好の意思表示は、クナシリ島まで伝わっていなかったのです。それでもゴロヴニンは、話し合いの余地があると考え、小舟で陸に向かいました。ところが、海岸に近づくと再び砲撃が始まり、すんでのところで小舟を直撃しそうになります。ゴロヴニンは一旦帰船し、反撃したい気持ちを抑えて、引き続き交渉に臨むことにしました。

桶《おけ》が担ったコミュニケーション

翌日、ロシア側は1つの桶を用意し、それを半分に区切って、片方に水を入れたコップと米と薪《まき》、もう片方には硬貨やラシャの端切れを入れて、会所前の海に浮かべました。ロシア側が必要とするものと、その返礼品として用意したものを意味するサインでした。また、日本側から発射された砲弾と、発射していないディアナ号の大砲を描いた絵も入れました。この絵で、ロシア側が大砲を使っていないにもかかわらず、日本側が一方的に発砲したことを非難したわけです。日本人たちはこの桶を受け取り、会所に持ち帰っていきました。

その翌日、ロシア人たちが再び海岸に近づいてみたところ、今度は日本側は砲撃しない代わりに、応対する様子も見せませんでした。試しに副艦長ピョートル・リコルド（П.И. Ри́корд, 1776-1855）がケラムイ岬に上陸し、そこにあった番屋をのぞいてみましたが、誰もいません。一行は無人の番屋から食糧や薪をもらうことにし、お返しに木綿や革手袋を置いて帰船しました。午後、ゴロヴニン自身がケラムイ岬に偵察に行くと、残した物がなくなっています。ロシア側が略奪に来たわけではないというメッセージが伝わったと考えたゴロヴニンたちは、ようやく楽観的な気持ちになれました。

一方、トマリ会所の責任者だった松前奉行支配調役《しはいしらべやく》の奈佐瀬左衛門《なさせざえもん》政《まさたつ》（生没年不明）は、対応を決めかねていました。異国船を打ち払えという命令があるものの、砲撃はディアナ号まで届きません。しかも、相手は応戦もせず、番屋から持ち去った品物の代償として、価値のあるお返しの品を残しています。平和的な物々交換を求めている様子は明らかです。そこで、南部藩物頭《ものがしら》と相談した結果、小人数なら上陸を認めると決めました。その旨をしたためた日本語の文書と絵図を桶に入れ、それをディアナ号に向かって流しました。

翌日8日の朝、ロシア側はそのメッセージを受け取りました。しかし、文書は全く解読できません。一緒に入れられていた絵だけが解釈の手がかりでしたが、そこに描かれていたのは、湾の地形と会所、ロシア人たちの帆船、桶、日の出、大砲の図などで、1つの大砲は発射され、もう1つは後ろ向きになっているというものです。結局、自分たちなりに解釈した将校たちは、日本側は交易を望んでいないという判断をし、桶はもう浮かべないほうがよいという意見で一致してしまいます。ロシア人たちは日本人との接触をやめて会所の西側の川に向かい、一日かけて真水《まみず》の汲み取りを行いました。

しかし、9日になると、作業をしているロシア人たちのところに、今度はアイヌの使者が送られてきます。小人数でなら交渉に応じる、それが日本側の通達でした。

「裏切り湾」での会談

ゴロヴニンと日本側の会談が持たれたのは7月10日のことでした。その日の朝、ロシア側がこれまでどおり水の汲み取りを行っていたところ、日本側から小舟が派遣されてきて、手振りで話し合いをするという合図を出し、ロシア人の残したものを桶に入れて返してきました。ゴロヴニンはさらに贈り物が必要ということなのかと考え、銀貨を追加しようとしましたが、交渉が成立しないままでは何も受け取ることができない、というのが日本側の説明でした。これはラクスマン使節以来の日本側の一貫した態度で、ゴロヴニンはそれを思い出して納得したといいます。

やがて会所の前に上陸したロシア人たちは、日本側に来航目的や乗組員の人数などについて質問されました。ゴロヴニンは日本側の邪推を避けるため、広東へ行く途中だが、食糧などが不足しているので力を借りたい、と答えました。双方は煙草を吸って食事をしながら話を続けましたが、奈佐は会談の席におらず、ゴロヴニンももう遅い時間だからと会所の中には入りませんでした。こうして、会談は翌日に持ち越されたのです。食事中、次第に武器を持つ日本人が増えてきたことで、ロシア人たちの緊張が高まる場面もありました。しかし、話し合いは平穏に終わり、さらに夜になると、日本側は約束どおり食糧として大量の魚を提供してきました。こうした日本側の対応に安堵したゴロヴニンは、翌日の会談に丸腰で出ると決めます。

7月11日、ゴロヴニンは兵曹長、航海士、水兵4人とアイヌの通詞を伴い、会所に入りました。ところが、会所の中となると日本側の警備も固く、ロシア人たちは数百人の兵士らに囲まれることになります。双方の不安を反映してか、交渉の雰囲気もなにやら物々しく、レザノフのことや太平洋地域におけるロシアの軍事力などについて質問が出されました。長時間にわたる会談を終えてロシア人たちが帰ろうとしたところ、奈佐が切り出します。ロシア船については幕府の決まりがあるため、自分では何も決められない、松前奉行の許可が届くまで士官1人と通詞を陸に残すようにと言うのです（待機する期間については日露双方のデータが異なり、ゴロヴニンの回想録によると15日間、日本側の研究には3～4日間とあります）。

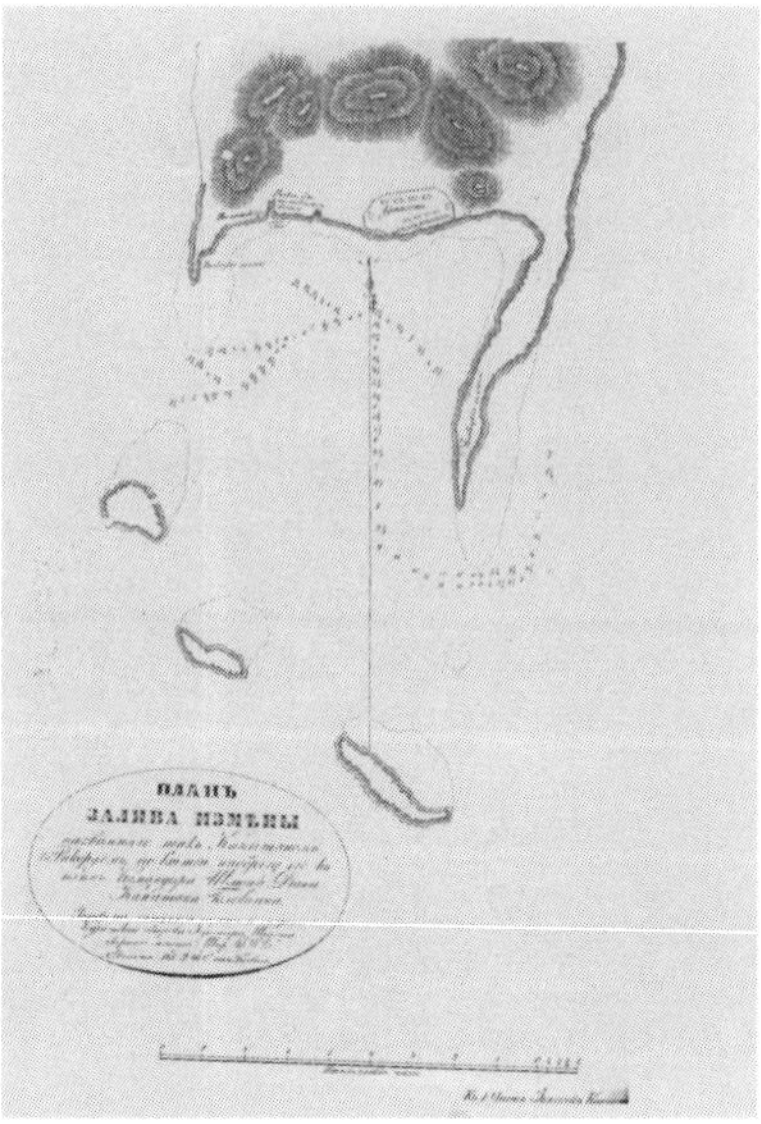

「裏切り湾」の地図（ゴロヴニンの回想録より）

相手の交渉姿勢に不満を持ったゴロヴニンは、突然人質を残すかのような要求を出されても受け入れるわけにはいかない、ディアナ号の将校たちと相談する必要があると述べ、帰ろうとします。ところが、異国船がそのまま帰ってしまうと恐れた日本側は、その場で全員を拘束してしまったのです。会所を脱出して海岸のボートまで逃げたロシア人もいましたが、結局そこで捕まってしまいました（口絵㉔参照）。

この様子を艦上から見ていたのが副艦長のリコルドでした。陸に接近して守備兵と砲撃を交わしたものの、仲間をすぐに救出するのは無理だと悟ります。リコルドはこれを日本側の「奸計《かんけい》」だと捉え、装備を改めて再び戻ろうとオホーツクへの帰路につきました。そして、リコルドはこの場所を「裏切り湾」（«Зали́в Изме́ны»）と名付けました。事件を永遠に記憶に刻むかのように、この地名は今でもロシア語の地図に残されています。

こうして日露交流史の中でも特異な事件として記憶にとどめられることになる、ゴロヴニンの捕囚事件が起きました。ここで注目したいのは、フヴォストフらによる襲撃がロシア政府の指示によるものではなかったのと同じく、ゴロヴニンらの捕縛も幕府が望んだ措置ではなかったということです。当時、日本では、ロシアによる謝罪を条件とした限定的交易論が台頭していました。しかし、ロシアの将校を捕えてしまったことにより、事態を平穏に打開することも困難になってしまいます。地方の士官の勝手な行動が、改めて日露関係を危機に直面させたのです。

第13回

捕虜をめぐる駆け引き
——ロシア研究、日本研究の進展

19世紀初頭

1807年、フヴォストフらが日本の拠点を襲撃して以来、幕府はロシアに対する警戒を強めていました。その4年後に千島の調査に訪れたゴロヴニンは、平和的に日本人に接触しようとしたものの、あおりを受ける形で日本側に囚われてしまいます。ゴロヴニンをめぐり、日露の関係はさらに緊迫していきました。

リコルドの救出作戦

上司でも親友でもあるゴロヴニンたちが捕縛された様子を目にした副艦長リコルドは、すぐにその場を立ち去るに忍びなく、数日間「裏切り湾」付近にとどまります。彼は、仲間の無事を信じて、ケラムイ岬に衣類やかみそりなどの生活用品と書簡を残し、クナシリ島をあとにします。1811年8月2日にオホーツクに帰還すると、速やかに艦長たちを救い出す計画を立てました。彼らが殺されるようなことがあったら報復するつもりでした。

シベリアでは、河川が凍ってぬかるみがなくなる冬に移動をするのが常識となっていました。しかし、彼はゴロヴニンを助け出す遠征の許可を一刻も早くもらうため、夏の盛りに馬を駆ってシベリアの行政府があったイルクーツクに向かいます。海路に慣れていたリコルドにとって、長時間の乗馬は苦労の多いものでした。2か月かけてイルクーツクに辿り着くと、文官知事ニコライ・トレスキン（Н.И. Трéскин, 1763-1842）と面談します。ゴロヴニンの案件は、シベリア総督イワン・ペステリ（И.Б. Пéстель, 1765-1843）を経て皇帝アレクサンドル1世にまで届きますが、遠征は裁可されませんでした。

その背景には、当時のヨーロッパの複雑な国際情勢がありました。ナポレオンがロシアへの侵攻を計画していたためロシアの首脳部はその対応に追われており（1812年6月に侵攻）、極東の事情に対して慎重になっていたのです。リコルドはオホーツクに戻ると、遠征の代わりに、中断していた調査を再開し、仲間の生存について調査すべしという勅令を受けます。こうして1812年7月22日、ディアナ号ともう1隻の小型船「ゾーチク号」（«Зóтик»）は、再びクリル（千島）列島に向けてオホーツクから出帆しました。

ピョートル・リコルド

艦上には、7人の日本人がいました。1810年に「歓喜《かんき》丸」でカムチャツカに漂着した摂州《せっしゅう》御影村《みかげ》（現在の神戸市東灘区《ひがしなだ》）出身の漂流民6人と、フヴォストフが日本のエトロフ島で捕えた番人中川五郎次《なかがわごろうじ》（1768-1848、「吾郎治」という表記もあり）です。五郎次はすでに、相当にロシア語ができるようになっていました。ロシア側は彼らを帰還させることで、日本側との交渉の材料にしようとしたのです。

8月28日、ディアナ号は再び「裏切り湾」に姿を現します。リコルドは五郎次に命じて、ロシア側は善意をもって日本人を返還しようとしていることと、捕虜解放の希望があることを伝える書簡を日本語で書かせました。ただ、拉致したロシアに対して恨み言を言っている五郎次はあまり信用できないとして、書簡とともに漂流民の一部も上陸させました。ところが、日本側は交渉に応じません。次にリコルドは、五郎次をトマリ会所に送りますが、責任者の太田彦助《おおたひこすけ》（生没年不明）の返答は、ゴロヴニンたちは物資を奪ったかどで処刑された、というものでした。疑いを持ったリコルドは、処刑を証明する文書を求めましたが、今度は五郎次はそれきり帰艦することはありませんでした。

捕虜交換は失敗に終わったのです。仲間の生存も確認できず、最悪の知らせを聞いたリコルドは手詰まりの状態に置かれました。トマリへの攻撃を準備するように命令したものの、最終的には踏みとどまり、残りの漂流民を返還して事実の究明に全力を尽くすことにします。リコルドの希望はまだ消えていませんでした。

ゴロヴニンの貢献

囚われの身となったゴロヴニンたちは、実際のところどうなっていたのでしょうか。彼らはきつく縛られ、厳重な警備のもとに一旦箱館《はこだて》（函館）へ、のちに松前に連行されて、そこから2年3か月におよぶ幽閉生活が始まりました。幕府は捕虜に対して取り調べを行うと同時に、彼らのもとに間宮林蔵、村上貞助《むらかみていすけ》（1780-1846）などの役人、馬場佐十郎《ばばさじゅうろう》（1787-1822）、足立左内《あだちさない》（1769-1845）などの学者を送り込み、この機会を利用してロシアのあらゆる事情を徹底的に研究することにしたのです。

後述するゴロヴニンの回想録によると、間宮林蔵（口絵㉓参照）はロシア人に対してかなり厳しい立場をとっていたようですが、洋式の技術、特に測定方法などについて強い関心を持った彼は、常連客のように通い詰め、朝から晩まで捕虜たちと過ごす日もありました。間宮はサハリンやアムールまでの旅に関する「自慢話」をしたり、文化露寇事件の経験談を話したり、自ら作った米焼酎をふるまい一緒に飲んだりもしていたようです。

間宮の口述を元に『北蝦夷図説《きたえぞずせつ》』や『東韃地方紀行《とうだつちほうきこう》』（1810）を編纂した村上貞助は、ゴロヴニンからロシア語を習い、その学習能力でロシア人たちをあっと驚かせました。ゴロヴニンは、このТеске《てすけ》（貞助）が日本人の中では特に好意的だったと考えていて、彼が持ってきた様々な洋書やモノについて色々とコメントをしていました。幕府によってロシア語習得を命ぜられた馬場と足立も、やはりゴロヴニンに学びます。ロシア研究者の岩井憲幸によると、馬場は以前江戸で、大黒屋光太夫からロシア語を学んだ「最良の弟子」でした。そんな馬場が、今度はゴロヴニンたちと親交を結び、ロシアについての勉強に熱心に取り組みます。

こうした人々の交流やそこから生まれた成果が、日本のロシア研究に大きく貢献したのです。例えば、足立左内は光太夫がエカテリーナ2世からもらった『露国国民学校用算術入門書』を翻訳し、のちに「魯西亜辞書取調御用掛《とりしらべごようがかり》」を命じられました。馬場佐十郎はゴロヴニンの協力を得て、『俄羅斯語小成《おろしゃごしょうせい》』と『魯語《ろご》文法規範』(1813)を書きました。『魯語文法規範』は日本初のロシア語文法書であり、馬場は学問としてのロシア語学の礎《いしずえ》を築いた人とされています。そんな馬場の功績には、もう1つ重要なものがあります。実は、リコルドが日本に帰還させた五郎次は、ロシアにいる間にロシア人医師から種痘《しゅとう》術を学んでおり、日本でも種痘(いわゆる予防接種)を実行するほどの技術を身につけていました。しかも、五郎次が持ってきた種痘の書物は馬場によって翻訳され、『遁花秘訣《とんかひけつ》』(1820)と題して出版されます。日本の医学史に大きな足跡を残したのです。

また、ゴロヴニンに興味を示したのは、国防上・学問上の必要に迫られていた幕府上層部だけではありませんでした。護送中や幽閉の間、彼らに関わった同心などの下級官吏や庶民の中には、団扇《うちわ》や紙を差し出してロシア語で何か書いてほしいと頼む者もいました。ゴロヴニンはあまり字がうまくなかったため、こうした作業は主に字や絵が上手な士官フョードル・ムール(Ф.Ф. Мур, 1783?-1813)が引き受けました。ゴロヴニンの回想録によると、捕虜たちは全部で数百枚にものぼる団扇や紙にロシア語の文字を残したそうです。このエピソードは、外国との交流が制限されていた時代の日本人が、一般民衆に至るまで、外国のヒト・モノ・情報に並々ならぬ興味を持っていたことを物語っています。

ゴロヴニンの回想録

当初、ゴロヴニンは日本側の待遇が「野蛮」だと大変不愉快に感じたと記録しています。当時のロシアでは、日本人漂流民はもちろん、フヴォストフらが拉致した日本人も、獄舎には入らずに割と自由に行動していましたが、それとは対照的にゴロヴニンたちは厳しい監視のもとに置かれたからです。さらに、間宮林蔵のようにロシア人たちに高圧的に接する者もいました。長時間におよんだ執拗な訊問《じんもん》にも悩まされました。

しかしながら、色々な日本人と接触を重ねるうちに、ゴロヴニンは次第に日本に深い関心を抱くようになっていきました。そして、監禁生活の中で、日本研究に全力を尽くすようになります。その成果は、翻訳家の徳力真太郎《とくりきしんたろう》が指摘するように、「偏見にとらわれることなく正しく日本の国民性を認識してこれを高く評価し」、「誇張も粉飾もなく、公平に日本人及び日本の姿」を伝える詳細な手記として結

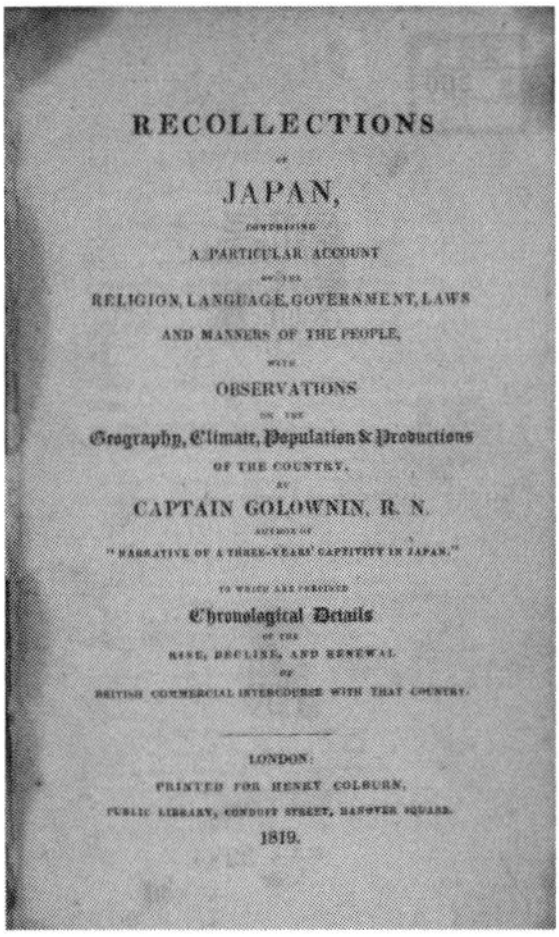
RECOLLECTIONS
OF
JAPAN,
COMPRISING
A PARTICULAR ACCOUNT
OF THE
RELIGION, LANGUAGE, GOVERNMENT, LAWS
AND MANNERS OF THE PEOPLE,
WITH
OBSERVATIONS
ON THE
Geography, Climate, Population & Productions
OF THE COUNTRY,
BY
CAPTAIN GOLOWNIN, R. N.
AUTHOR OF
"NARRATIVE OF A THREE-YEARS' CAPTIVITY IN JAPAN."
TO WHICH ARE PREFIXED
Chronological Details
OF THE
RISE, DECLINE, AND RENEWAL
OF
BRITISH COMMERCIAL INTERCOURSE WITH THAT COUNTRY.
LONDON:
PRINTED FOR HENRY COLBURN,
PUBLIC LIBRARY, CONDUIT STREET, HANOVER SQUARE.
1819.

ゴロヴニン回想録の表紙（英語版、1819年）

実します。手記はゴロヴニンの帰国後、1816年に初版が出版されました。『日本俘虜《ふりょ》実記《じっき》』として知られるようになったこの作品は優れた記録文学であり、日本民族の起源、言語や宗教、習慣、国家の統治形態や経済などを詳しく描写しています。そして、この回想録はロシアだけではなく、英語・フランス語・ドイツ語・オランダ語などの言語に翻訳されてヨーロッパ各地で好評を博し、広く普及していきました。19世紀でも屈指のベストセラーとなり、世界の日本研究に大きな足跡を残したのです。

当時のヨーロッパでは、主に幕府によるキリシタン禁制が原因で、日本人のイメージは狡猾《こうかつ》で復讐心の強い野蛮人という残忍なものでした。しかしゴロヴニンは、日本人はキリスト教徒に対して決して悪意を抱いているわけではないと主張するとともに、日本に関する正確な情報を発信し、偏見に満ちた通念を是正するために相当な貢献をしました。この回想録は、初版出版からわずか5年後の1821年に日本でも翻訳され、『遭厄日本紀事《そうやくにほんきじ》』と題されました。

ゴロヴニンは、自分の得た情報が限られたもので、この手記に不十分な点があることを認めていました。しかしながら、高い教養と深い識見を持った彼は、単に日本の現状をそのまま伝えるにとどまりませんでした。「もしこの人口多く、聡明で抜け目のない模倣上手な、忍耐強く勤勉でどんなことでも出来る国民の上に、我がピョートル大帝ほどの偉大な王者が君臨すれば、日本が内蔵している能力と財宝によって、多年を要せずして日本は全東洋に君臨する国家になるであろう」と記したのです。その後の日本の発展の動向、明治維新を予知するような、驚くべき慧眼《けいがん》と言えるでしょう。

松前奉行の荒尾《あらお》成章《しげあきら》が行った調査の結果、ゴロヴニンたちはフヴォストフ事件に関与していないことが明らかになりました。1811年10月末には、荒尾はロシア人を釈放すべきという意見書を江戸に上申しましたが、当時幕府は強硬な姿勢を崩さず、捕虜は釈放されませんでした。さらに、1812年1月26日、ロシア船はたとえ漂流船であったとしても、打ち払うよう指令します。中央と地方の対ロシア観は異なるものでした。

こうしたなか、監禁生活に疲れ切ったゴロヴニンらは逃亡を決意します。ところが、ムールがそれに反対し、仲間と距離を置いて対立するという事態が起こりました。

1812年4月、捕虜たちは新たな宿舎に移され、生活は多少改善されたものの、釈放の見通しは立たないままでした。4月23日、彼らは壁の下の土を掘り、ついに外に逃げ出すことに成功します。海岸で船を捕獲し、日本を脱出する計画でした。森に身を隠したり、険しい山を越えたりといった命がけの冒険でしたが、結局1週間ほどであえなく捕まってしまいます。彼らは松前に戻され、今度は牢《ろう》に入れられました。ゴロヴニンたちは再び窮地に立たされてしまったのです。

しかし、終わりの見えないゴロヴニンの幽閉は、リコルドの救出作戦と歴史上にも名を残すある日本人の登場によって急展開を迎えます。

第14回

高田屋嘉兵衛の外交
――「民間人」がもたらした平和的決着

19世紀初頭

淡路島《あわじ》の洲本《すもと》市五色《ごしき》町に、「日露友好の像」と称された記念碑があります。大きな台座の上には、男前の男性が2人、ちょんまげの日本人と軍人らしき姿のロシア人が風に吹かれながら立ち並んでいます。ロシア人は、囚われの身となりつつも偏見なく日本を観察し、その実像をヨーロッパに伝えたゴロヴニン。そして、その隣に立つ日本人は、司馬遼太郎《しばりょうたろう》の小説『菜の花の沖』などで有名になった高田屋嘉兵衛《たかだやかへえ》（1769-1827）です。淡路島出身の彼は、箱館を拠点に海商を営み、蝦夷・千島の開拓に大きく貢献しましたが、日露関係でも特別な役割を果たしました。日本に囚われていたゴロヴニンをめぐる両国の駆け引きが平和裏に幕を閉じたのは、高田屋に負うところ大きいからです。

嘉兵衛の拘束と重大な決断

前回見たように、1812年9月、捕虜交換に失敗したリコルドはクナシリ付近にとどまり、仲間の安否確認に繋がる情報を得ようとしていました。折しもエトロフから松前に向かう船を発見したため、これを拿捕《だほ》して、船長をディアナ号に連れてくるように命じます。拿捕された船は「観世《かんぜ》丸」という名で、60人の乗組員を束ねていた船長が高田屋嘉兵衛でした。

連行された嘉兵衛は、ロシア人の捕虜たちは無事に箱館にいると証言します。「エトロフ嶋請負人《うけおいにん》」でもあった嘉兵衛は、日露間の緊迫した情勢を熟知しており、自らそれを打開しようという気概を持っていたのでしょう。リコルドがゴロヴニンの救出方法を検討するためにカムチャツカまで一緒に行くよう求めると、嘉兵衛は直ちに承諾しました。そのあまりの冷静さに、リコルドは驚いたといいます。そして、嘉兵衛は「カムチャツカへは自分から行った」と主張し、日露両国が直面した危機の解決に全力を尽くしていきます。

リコルドの回想録に描かれた高田屋嘉兵衛

嘉兵衛がディアナ号を観世丸の乗組員に見せたいと言うと、リコルドはその要請を快諾しました。相次いで乗艦した水夫たちはウオッカを味わい、檣楼《しょうろう》に上がったり、ロシア人水兵と物々交換をしたりなどして、船上は和やかな雰囲気になっていきました。空っぽの樽《たる》を見かけた嘉兵衛は、観世丸から淡水を提供し、ロシア側の好感を買いました。リコルドは、「ほんの数時間前に敵だと見なしていた人たちがあれだけ親切にしてくれることを見てうれしかった」と記しています。如才《じょさい》ない嘉兵衛は、このように最初から善意で接し、周囲の人々を上手に味方につけていったのです。

カムチャツカへと出発する前に、リコルドはもう一度クナシリの責任者と接触を試みましたが、小舟で「裏切り湾」に入ったところを再び砲撃されました。これ以上日本付近にとどまる意味はないと判断し、嘉兵衛を乗せたディアナ号はクナシリをあとにして出帆しました。ロシア側の要求により、嘉兵衛の部下4人と、すでに捕らわれていたアイヌ1人も連れて行くことになりました。

カムチャツカの嘉兵衛

ロシアに行くにあたり、嘉兵衛はリコルドに常に離れず一緒にいることを求めたため、2人は1813年4月までともに生活することになりました。またその間、嘉兵衛はロシア人たちと対等な立場を保つことに注意を払いました。観世丸にもともと積み込んであった食料や衣服で生活を賄《まかな》った嘉兵衛は、地元の人々と積極的に交流して親しくなり、ロシアの習慣や言葉を学ぼうとしました。また、自分は日本を代表しているという自覚を持っていた彼は、カムチャツカだけで活動していることに満足しませんでした。カムチャツカで仲良くなった商人ピョートル・ドベリ（П.В. Добель=Peter Dobell, 1772-1852）を通じ（彼はアイルランド系アメリカ人ですがロシア臣民となっていました）、遠く離れた都の皇帝アレクサンドル1世に、敬意を込めて自分の愛刀まで献上までしたのです。この日本刀はのちに、サンクトペテルブルクのエルミタージュ美術館に納められることになります。

嘉兵衛にとって重要な課題になったのが、言葉の壁を越えることでした。リコルドとは「2人だけの言葉」を作って緊密に会話を重ね、深い信頼関係を築いて高度な意思疎通ができるようになっていきました。それはロシア側の意図を探りつつ、日本側の立場を正確に説明して、双方にとって妥協できる条件を見つけ出すという現代の外交にも立派に通じるものでした。

カムチャツカで会談を重ねる嘉兵衛とリコルドの像
[高田屋顕彰館提供]

こうしてロシア人たちの間に地歩《ちほ》を築いた嘉兵衛は、事件解決のために動きます。彼が打開策として助言したのは、ロシア政府がフヴォストフたちの行動を関知していなかったことを証明すれば、ゴロヴニンの釈放が可能になる、ということです。リコルドは嘉兵衛の提案に耳を傾け、イルクーツク文官知事トレスキンから松前奉行宛の公式書簡を作成するよう、オホーツク長官にお願いしました。

ただ、寒さ厳しい冬のカムチャツカでの生活は決して容易なものではありませんでした。一緒に来た3人の仲間が壊血病で命を落とし、嘉兵衛も衰弱して、帰国できなければ自決も覚悟していたと伝えられています。こうしたなか、1813年4月にリコルドをカムチャツカ長官に任命する知らせが届きます。本来、リコルドは日本に出発する前にまずオホーツクにトレスキンの公式書簡を受け取りに行かなければならなかったのですが、嘉兵衛の願いを優先し、日本人を伴いクナシリ島に直行します。

ゴロヴニンの解放交渉

6月12日、ディアナ号はこうして三度「裏切り湾」に錨《いかり》を打ちました。交渉の仲介を担ったのは嘉兵衛です。松前藩から送られた代理の高橋重賢《たかはししげかた》（三平、1758-1833）は、ロシア政府はフヴォストフの行動と無関係であるという証明書を箱館に持参するよう求めました。それと同時にゴロヴニンからの無事を伝える手紙も届けられたため、リコルドは嘉兵衛らをクナシリに残し、公式文書の受け取りのため一時帰国することにしました。

オホーツクではトレスキンの書簡に加えて、オホーツク港長官ミハイル・ミニツキー（M.M. Миницкий, 1772-1829）の書簡も受け取りました。ミニツキーはゴロヴニンとリコルドのイギリス留学時代の同僚であり、仲間が置かれた窮地に心を痛めていました。ちなみに、これらの公文書を和訳したのは、ロシアに帰化してピョートル・キセリョフを名乗った若宮丸の漂流民、善六《ぜんろく》でした（第8回参照）。

1813年9月末、リコルドは箱館に入港し、交渉に臨みました。交渉にあたって、ここでも嘉兵衛の知恵が不可欠なものとなりました。例えば、会場で持ち上がったのが、靴を履いたままで臨みたいロシア側と靴は脱ぐべきだとする日本側の論争です。嘉兵衛は日本側の役人に、短靴《たんか》を革製足袋《たび》であると説明し、長靴を短靴に履き替えることで妥協することができたのです。また、日本側が畳に座ったのに対し、ロシア側は船から持ち込んだ椅子に座ることができたため、双方の慣習と儀式を尊重した話し合いとなりました。

ロシア側の証明書は、フヴォストフによる攻撃へのロシア政府の関与を否定するとともに、将来の衝突を避けるため友好関係を築き国境線を画定しようという提案もしていました。また、トレスキンの書簡には、ゴロヴニンを捕縛した日本側に対する批判が入っていたため、日本側は穏健なミニツキー書簡を採用しました。

交渉の結果、1813年10月7日、ゴロヴニンたちは2年以上たってようやく正式に釈放されたのです。久しぶりの再会を喜びつつ、ゴロヴニンとリコルドは、カムチャツカ経由で1814年7月にサンクトペテルブルクに戻っていきました。

ただし、このとき初めて交渉の議題となった国境線画定問題は、未解決のまま残りました。実際のところ、議論は色々となされていたのです。ゴロヴニンはエトロフ、クナシリ、色丹《シコタン》のロシア領有を主張していましたが、トレスキンは日露国境線をウルップとエトロフの間に画定することを提案していました。一方の江戸幕府は、ウルップと周辺の小島を無人地帯として、ロシアによる領有を新知島《しもしり》まで認めていました。しかし、1814～17年には数回にわたって文通や連絡を取り合おうとする試みがあったものの、失敗に終わってしまいます。ゴロヴニン事件の解決を契機に生まれた可能性は、活かされなかったのです。

ゴロヴニン虜囚事件の解決は日露間の緊張緩和に繋がり、1821年に蝦夷は幕領から松前藩に復領されました。しかし、日露両国の話し合いは19世紀半ばまで途切れてしまいます。

＊＊＊

海外との繋がりが厳しく制限されたこの時代の日本に生きた人物とは思えない、驚くべき異文化コミュニケーション能力で、高田屋嘉兵衛は外交を切り開き、重要な人物としてその名を日露関係史に刻むことになりました。リコルドとともに、緊迫した状況下で日露の衝突回避に尽力した彼は、日露両国の研究者から高く評価されてきたことも事実ですが、当時の双方の国の人々からも信頼され、親しまれていました。箱館を港するディアナ号の乗組員たちは、嘉兵衛に対して大きな声で「ウラー、タイショー！（大将、バンザイ！）」と3回叫んだと伝えられています。そして、カムチャツカ半島の世界遺産ナルィチェヴォ（«На́лычево»）自然公園には、ゴロヴニン山、リコルド山に挟まれる形で嘉兵衛に因んだカヘイ岩（Скала́ Кахе́я）があり、3つの峰が古くからの友

日露友好の像（高田屋顕彰館・歴史文化資料館の前、著者撮影）

達のように並び立っています。

「日露友好の像」が立っている高田屋嘉兵衛公園には、嘉兵衛本人が永眠する墓もあります。ゴロヴニン事件の解決後、彼は地元の淡路島に戻り、故郷の発展にも貢献しました。彼の人生とその功績は、高田屋顕彰館・歴史文化資料館で紹介されています。

日露関係史の研究者である生田美智子が指摘するように、「嘉兵衛はリコルドによりカムチャツカに拉致されるという逆境を千載一遇のチャンスに変え、ロシアと日本の間をとりもつ体当たり外交を展開し、日露間の戦争を回避しただけでなく、日露の間に相互信頼関係を築いた［…］こうして得られた結果は、今日の日露関係にとっても教訓となろう」。国家レベルの関係が膠着《こうちゃく》するとき、民間人ならではの外交がそれを打ち破る力を持つことを、改めて認識させられます。

第15回

日本の「ボロジノ」——「大東諸島」につけられた別名の謎

19世紀前半

日本に囚われていたゴロヴニン艦長が1813年に釈放されて以降、日露両国は国境画定に関する協議に入ってみたものの、様々な事情のために成果を上げずに終わってしまいました。日本側は消極的だったため、結局ロシアも日本との関係樹立を一時的に断念したのです。ゴロヴニン自身、1817〜19年に「カムチャツカ号」で世界一周の旅に赴き、カムチャツカやハワイ諸島などを訪れますが、日本には寄ろうともしませんでした。

ナポレオン戦争と新たな地名

沖縄本島から東に350キロほど離れたところに、ぽつんと小さな島嶼《とうしょ》群があります。日本地図には「大東《だいとう》諸島」と記され、2000人あまりが暮らす南大東島《だいとうじま》・北大東島と、無人島の沖《おき》大東島から構成されています。珊瑚《さんご》環礁が隆起して形成された大東諸島は、地理的にもロシアから遠く離れ、一見ロシアとは全く無縁のように見えます。ところがこの島々は、「ボロジノ」というロシア語の別名を持ち、実際に今でも島内でその名を目にすることがあるのです。この小さな南の島と大陸ロシアには、実は意外な繋がりがありました。そのいきさつは、19世紀前半にさかのぼります。

このころのロシアは、日本への接触を断念する一方、非常に活発に世界中の航海に乗り出していました。1803～49年に、ロシアの艦船による世界一周あるいは半周の航海は34回におよび、新しい島や海峡の発見が相次いでいました。以前、レザノフ遣日使節団とともにナデージダ号のロシア初の世界一周に参加したファッデイ・ベリングスハウゼン（Ф.Ф. Беллинсгаўзен, 1778-1852）率いる探検隊は、1819～21年に世界周航を行い、南極の大陸を発見し、それをぐるっと回って周航しました。この南極探検に参加したミハイル・ラザレフ（М.П. Лазарев, 1788-1851）は、のちに多くの探検家を育成しました。このように、ロシアの探検家は未踏の地や新事実の発見に大きく貢献し、当時世界の海図には、ロシアの人名や地名が次々と登場していきました。

1812年6月、ナポレオンの大軍がロシアに侵攻し、モスクワは占領され、焼き尽くされてしまいます。しかし、半年間の戦いの結果、フランス連合軍は壊滅状態となり、ヨーロッパのナポレオン帝国からの解放の途が開けました。1812年の戦役はロシアで「祖国戦争」（Оте́чественная война́）と呼ばれ、国民の記憶にも深く刻み込まれることになりました。愛国感情が盛り上がっていた当時のロシアでは、艦船や新しく発見された土地をこの戦役に関連して命名する傾向が強く見られました。例えば、1816～19年に世

「ボロジノの戦い」を描いた絵

界周航をした露米会社の「クトゥーゾフ号」は、ロシア軍総司令官ミハイル・クトゥーゾフ（М.И. Куту́зов, 1745-1813）に因んで名付けられました。また、ベリングスハウゼン探検隊はイギリス人探検家ウィリアム・スミス（1790-1847）とほぼ同じ時期に南極海のサウス・シェトランド諸島を発見したのですが、ロシア人たちがつけた島々の名称には、「スモレンスク（Смоле́нск）」、「マールィ・ヤロスラヴェツ（Ма́лый Яросла́вец）」、「ベレジナ（Березина）」、「ワーテルロー（Ватерло́о）」など、ナポレオン戦役の舞台となった地名を思い出させるものが多々あります。

　実は、大東諸島につけられた名前「ボロジノ」もその1つだったのです。1812年9月初旬、モスクワ西方のボロジノ（Бородино）村の近郊は、この戦争で最大規模の戦いの場となりました。露仏両大軍が激突して多くの犠牲者を出しましたが、どちらも決定的な勝利を得られませんでした。結果として、戦力を保ったロシア軍は戦略的とはいえ撤退をします。一方、ナポレオン軍はモスクワに入城したものの、のちに撤退を余儀なくされて壊滅するに至ったのです。ボロジノの戦いは、強敵が敗北するきっかけになった戦いとしてロシア史の中でも重要なものとして語られ、ミハイル・レールモントフ（М.Ю. Ле́рмонтов, 1814-1841）やレフ・トルストイ（Л.Н. Толсто́й, 1828-1910）など詩人や文豪の作品にしばしば登場しています。

ボロジノ諸島の「発見」

「ボロジノ」の名前はまず艦船に現れました。露米会社のボロジノ号は、イギリスで購入された排水量600トンの大型帆船でした。リオデジャネイロで商品を販売し、喜望峰とマニラ経由でロシア領アメリカに物資などを届ける使命を受けて、1819年10月初旬にペテルブルク沖のクロンシュタット港をあとにしました。艦長は、1816～18年に露米会社の「スヴォーロフ号」（«Суво́ров»）の艦長として世界周航を成し遂げた優秀な海軍将校、ザハール・ポナフィディン（З.И. Панафи́дин、またはПонафи́динという表記もあり、1786-1830）でした。

一行は様々な港に停泊しながら大西洋からインド洋へ移動し、スンダ海峡経由でフィリピンまで着きました。1820年8月半ばにマニラを出港したボロジノ号は、太平洋横断に向かい、アメリカ北西岸のノヴォアルハンゲリスクに針路を取りました。そして、航海が始まって2週間あまりたったところ、どの海図にも載っていない島々が、突然現れたのです。

これについて調査した文学者の木村崇は、新島発見の様子が描かれたポナフィディン報告書をロシア帝国外交史料館で発見しました。それによると、1820年9月1日、「穏やかな北西風のもと、早暁まもない、水平線にまだほの暗さが残るころ、推定12ないし15イタリア・マイル（12〜15キロメートル）先の真北方向に、低い砂地の島が発見されました。その西から東までの幅はおよそ10マイルでした。［…］午後になって間もなく、同じ風のもとで島にそって航行を続けていたところ、そこから北北東方向に、最初のものによく似た島がもう一つ、12マイルほどの位置関係で姿を見せました」。これらの島は水が確保できないし「なんら益するところはない」と判断して、艦長は上陸もせず付近にとどまることもしなかったのですが、「あえて我ら自身の発見に帰してよいと考え、したがってこれらの島を艦名に因んでボロジノ諸島（ポナフィディンの自筆ではострова Бороди́нские、多くの地図にはострова Бородино として表記）と命名」したのです。この2島こそが現在の南・北大東島ですが、当時は無人島でした。さらに北東に進んで、ポナフィディンたちは4日後にもう1つの島を発見し、その地形から「三丘島（óстров Трёх холмóв）」と名付けます。これは、八丈島《はちじょうじま》と小笠原《おがさわら》諸島のほぼ中間にある現在の「鳥島《とりしま》」です。

　これらの島々は、琉球や伊豆《いず》諸島の島民には無人島として知られていたそうですが、ポナフィディンの発見をきっかけに、その位置が再確認され、正式に海図に記載されることになりました（一部の地図では、「三丘島」は発見者に因んで「ポナフィディン島（óстров Понафи́дина）」と命名されています）。それ以降、現在「大東諸島」として知られる島は、西洋の海図では「Borodino」の名前を冠して出現するようになりました。ポナフィディンの功績は世界中に認知されたのです。

1821年9月末、ボロジノ号はクロンシュタット港に帰港し、ポナフィディンはその直後に結婚しました。ところが残念なことに、ボロジノ号の航海は露米会社の歴史でも最も悲惨なものの1つになってしまったのです。特に帰路には多くの乗組員が伝染病にかかり、40人ほどが命を落としました。この事件に対して捜査が行われ、艦長に直接罪があるとはされなかったものの、ポナフィディンの以後の出世に悪影響を与えたとされています。

ボロジノ諸島は、その後も航海者たちの注目を引きました。1853年6月、日本を開国させたペリー提督は、琉球に寄る途中、わざわざこの群島を見るための航路を取って、艦上から島の様子を確認しました。また、初の日露条約を締結させたエフィム・プチャーチン（Е.В. Путя́тин、第16〜17回で紹介）提督の命令を受けた汽走船「ヴォストーク号」（«Востóк»）は、1854年2月末〜3月初旬、ボロジノ諸島を訪れて植物採集を行っています。「歴史上名高いこの二人の人物が同じ時にボロジノ諸島に魅せられたという不思議を、たんに大洋を航行する者の共通の心理だという説明で済ませることはできるだろうか」と木村崇は書

「ボロジノ諸島」と「三丘島」が記載されたロシア地図の一部（1905年）

いています。当時小さな無人島だったこの島に、日露米の歴史を作った2人の重要人物が関わったという事実は、興味深いものです。

明治維新のあと、琉球は日本国の沖縄県（1879年）となり、1885年に大東諸島はこの沖縄県に編入されました。そして1900年、八丈島から入植した拓殖団が宿舎を建設し、蔬菜《そさい》類・穀類等の播種《はしゅ》を始めたのです。それからは島民たちが自らの力で様々な歴史を築いていきましたが、この諸島がロシア人によって世界に紹介されたことは、今でも島民の多くが知っているようです。

2000年代、大東諸島の中で最大の南大東島には、日本ではかなり珍しい名前の歌手グループが誕生しました。沖縄民謡を披露している女性歌手たちのグループ名は、なんと「ボロジノ娘」です。南大東島の公式ホームページには、同島の英語名は「South Borodino Island」と表記されています。ロシアのボロジノ村との民間交流も行ってきました。このように、太平洋の小さな島嶼群と大陸ロシアとの間には200年もの歴史が横たわっており、激動の時代を経てもなお、その縁が大事にされ続けることを願うばかりです。

南大東島
South Borodino Island

南大東島＝South Borodino Island［南大東村役場提供］

第16回

日本開国前夜の極東政策
――激化する東アジアをめぐる列強間競争

19世紀半ば

1820年代に日本と交易関係を結ぶことを一旦あきらめたロシアは、一方でクリル(千島)列島の開拓事業を展開していきました。ビーバーをはじめとする毛皮獣の捕獲が進められ、ウルップ島以北の島々の間をロシア商船が盛んに航海していました。その中心となっていたのは、依然として極東海域における独占貿易権を握り続けた露米会社でしたが、この会社の優先地域はあくまでアメリカ大陸での植民地で、資金や物資の多くは太平洋東北岸に流れていきました。日本から見ると、この時期のロシアは日本に対してあたかも無関心だったように見えたかもしれません。しかし、カムチャツカやその周辺地域を発展させるという課題は常に残り続け、それを促すためにも対日交易を始めたいという思いがロシアの実業家たちの念頭を去ることはなかったのです。その思いは、日本の開国期にロシアがいち早く動くことができた理由の1つになっていきます。

続く漂流民の送還

この時期、日露の接触も完全に途絶えたわけではなく、漂流民をめぐって散発的に続いていました。1835年、ロシア政府は露米会社に対し、3人の日本人をエトロフ島に送還するよう命令しました。この漂流民は、越後早川村《はやかわ》（現在の新潟県村上市）の「五社丸《ごしゃ》」の乗組員であり、ハワイ付近で遭難し、アラスカ経由でロシア極東に届けられた者でした。フヴォストフ事件とゴロヴニン事件の教訓から、ロシア政府は日本に対して慎重な姿勢を保っており、漂流民送還に際して極めて具体的な訓令を発しています。そこでは、船長にはしっかりした人物を任命し、日本人漂流民に対しては「なるべく慈愛に富む」対応を心掛け、必要なものをすべて提供し、彼らが望む場所に上陸させることなどが定められていました。船長に対しても、日本の官僚との接触は控えるべきだが、一般の日本人や現地の役人と話をする機会があったら、ロシア側が善意をもって日本人を保護し送還していること、そして、同じような苦難に遭遇する日本人が現れた場合も丁重に対応することを常に強調すべし、と命じています。ロシア政府は、日本でロシアに対する不信感が生じないよう配慮しながら、現地の日本人と繋がりができることに期待していたのです。

1836年夏、露米会社の「ウナラシカ号」（«Уналашка»）は3人（伝吉、長三郎、忠次郎）を届けるためにエトロフ島に近づきましたが、日本側は砲撃で打ち払おうとします。結局、漂流民を日本人の会所があった振別《ふれべつ》の近くに上陸させて生還させましたが、会談はとてもできそうにありませんでした。一方、オホーツク長官と露米会社のノヴァアルハンゲリスク支配人が書いた、日本側に宛てた2通の書簡は漂流民によって無事に届けられ、和訳されました。そこには、日本人遭難者の人柄を褒めながら、ゴロヴニンやリコルドの様子を知らせる記述もあり、日本人との繋がりと友好的な人間関係を強調する文章（「リコルトと致懇意候松前之高田嘉兵衛・村上貞助ハ利発人ニ而当国之者共一同感心仕居候」）もありました。ロシア側としては、直接の交流が制限されていたからこそ、情報の流れだけは維持しようとしたのでしょう。

数年後の1841年、ロシア政府は上記の訓令を別の漂流民事件に適用すると命じます。1838年に遭難し、アメリカの捕鯨《ほげい》船に救助され、ハワイ経由でカムチャツカに送られた越中《えっちゅう》富山の「長者《ちょうじゃ》丸」の乗組員たちでした。

1843年6月、訓令を受けた露米会社の「プローミセル号」（«Промы́сел»）は、エトロフ島の振別沖に到着しました。このときは日本側も砲撃で打ち払うことはせず、別の対応になりました。実は、前年に幕府は打払令を廃止して、外国船には薪や水を与えて速やかに退去してもらうとする薪水給与令《しんすいきゅうよれい》を発していたのです。それゆえ現地の役人の態度も親切でした。松前藩の足軽《あしがる》小林《こばやし》朝五郎《あさごろう》（?-1844?）たちがロシアの帆船に乗り込み、船長アレクサンドル・ガウリーロフ（A.M. Гаври́лов, 1818-1848）と懇談します。ロシア側の資料によると、小林は漂流民の送還に感謝を述べ、これから日本は異国船に対して発砲することなく、必要な物資を調達する覚悟がある、と話したそうです。漂流民6人（次郎吉、太三郎、六兵衛、金蔵、左衛門、七左衛門）も上陸し、帰国が叶いました。しかし、幕府の対外姿勢は軟化したものの、漂流民の扱いは厳格でした。6人は同年9月に江戸に送られ、幕府と加賀《かが》藩から厳しい取調べを受けました。そのうち2人は江戸で病死し、残り4人が越中に帰還できたのは、日本への帰還から5年後の1848年のことでした。

ロシア側にしてみれば、こうした日本側の変化は大きな期待感を生み出すには十分で、露米会社に加えて外務省も動き出し、皇帝も再度日本にアプローチする案を裁可します。ところが、ガウリーロフが1845年8月にエトロフ島に再来すると、小林の姿はなく、そこにいた別の役人は対話を拒みました。小林と結ばれたかのように見えた個人間の関係は、国家間の対話、交流の発展には繋がりませんでした。しかし、1840年代にはすでに、ロシアの政界では対日関係樹立を掲げる議論が再燃してきているところでした。背景には、アジアにおける国際情勢の急激な変化がありました。

激変するアジア情勢

19世紀前半、西洋列強はアジアへの進出を強めていきました。いち早く貿易による支配権を固めたオランダに加え、イギリスやフランスがインド洋や太平洋南部を中心に活動を広げ、次々と植民地を作っていきます。ロシアもそれに遅れまいと太平洋北部、とりわけ極東沿岸とアメリカ大陸北西部で支配権を固めようとしましたが、アメリカ合衆国やイギリスの商船との競争に苦戦していました。当時、ロシアにとって最も強力な競争相手はイギリスでした。1810年代後半から激化しつつあったグローバルな舞台における両帝国の地政学的な対立、とりわけ中央アジアなどをめぐる競争は「グレート・ゲーム（Great Game）」とも呼ばれました。それが日本を取り巻く環境やその他の国々に影響を及ぼし、20世紀初めごろまで続いたのです。

１８４０年代からは、特に東アジアをめぐって列強間の競争が激しくなっていきました。１８４２年、アヘン戦争で敗北した清国はイギリスと不平等条約（南京《ナンキン》条約）を結ばされ、５つの港を開港することを余儀なくされました。その後、１８４４年にアメリカとフランスも清国に不平等条約を押し付けます。中国を中心とした「華夷《かい》秩序」が崩壊し始め、東アジアにおける国際情勢は大きく動揺していきます。幕府をはじめとして、日本の知識人などは清国に対する西洋列強の圧勝に大いにショックを受けました。異国船打払令の廃止も、この衝撃によるものだとされています。日本国内では、開国をめぐる議論が改めて沸き上がりました。ロシアでも、ほかの列強のアジア進出を懸念する声が強くなり、対日関係をめぐる議論が活発化しました。特に積極的だったのは、海軍の将校でした。

再燃する対日貿易論

１８４３年７月、ある有能な海軍少将が、首都でシベリア・極東地域を管轄していた「シベリア委員会」に報告書を提出しました。この報告書はサハリン周辺、およびアムール川の河口地域を調査することや、中国（清国）・日本への使節派遣も訴えていました。この軍人の名はエフィム・プチャーチン（1803-1883）。外交官としてロシアのアジア政策、特に日露関係において極めて重大な役割を果たすことになる人物です。

当時、西洋の地理学では、アムール川の河口付近は船舶の通航が不可能だとされ、サハリンは半島だというのが通説でした。ユーラシア大陸とサハリンの間の海峡(日本では間宮海峡、ロシアや世界各国ではタタール海峡)を発見した間宮林蔵の功績は、いまだ知られていなかったのです。プチャーチンは、これまでの航海者による探検の成果を再確認する必要性を指摘し、ロシアが主導権をとらなければイギリスに先制されると警戒しました。対中・対日交渉も、ほかの列強諸国との競争という文脈で検討されました。プチャーチンの意見は承認され、遣中・遣日使節隊の隊長に任命されます。そして1843年8月、皇帝ニコライ1世(Николай I, 1796-1855)は日本の「皇帝」宛の親書を書き、交易は双方の国益にかなうものとして日露の友好関係を締結することを提案しました。この親書では、ロシア人臣は日本の法律および習慣に従うとも述べていて、英国による強硬な対中姿勢と異なる、対比的なアピールだったと思われます。

しかしながら、この使節案はすぐに延期されてしまいます。長年外相を勤めた宰相カール・ネッセリローデ(K.B. Нессельроде, 1780-1862)が、特にイギリスの反発を警戒したからです。また、この使節隊は清国に対して開港を要求する遣中使節を兼ねていたため、すでにキャフタ条約(1727年)などを結んでいた清との安定した関係を損ねるものだと心配していました。さらに、陸路で対中貿易を行っていた勢力が動き、蔵相も反対の意を示します。対日交渉も成功する見込みがなく、経費の無駄遣いになると判断されたのです。

これに対し、30~40年前に日露交渉に関わった長老たちが動きます。ナデージダ号の艦長として日本を訪れたイワン・クルーゼンシュテルン提督は、1844年春、対日関係樹立に関する文書を上奏します。彼は、幕府が清国の例を考慮して平和的な形で開港に踏み切る可能性があると指摘し、日本市場がいかに重要であるかを主張するとともに、日露貿易の対象になりそうな商品についても言及しました。これによると、ロシア商船は長崎あるいは北日本の港に毛皮や鯨油《げいゆ》、魚類を運び、日本からは塩や米、その他の物資をカムチャツカや東シベリアに調達できるとしています。

右：ニコライ・ムラヴィヨフ=アムールスキー
左：ゲンナーディー・ネヴェリスコイ

1850年8月には、同じく訪日経験のあるピョートル・リコルド提督が上奏文を提出し、遣日使節を呼びかけ、自らそれを率いる構えを明らかにしました。ところが、これらの案は、主にネッセリローデらの反対によって却下されてしまいました。

一方、アムール川河口とサハリンの開拓については、官僚たちの姿勢はもっと積極的でした。1847年に東シベリア総督となり、極東政策に大きな影響力を持ったニコライ・ムラヴィヨフ（のちにムラヴィヨフ＝アムールスキーと改名。Н.Н. Муравьёв-Аму́рский, 1809-

ニコラエフスキー哨所設立の記念碑（ニコラエフスク＝ナ＝アムーレ市、著者撮影）

1881）は、イギリスの進出を警戒して対策を訴えていました。この地域の開拓に特に関心を示したゲンナーディー・ネヴェリスコイ（Г.И. Невельской, 1813-1876）大尉は、ムラヴィヨフ総督の協力を得て、1849～54年にアムール探検とサハリン探検を実施します。そして、カムチャツカに向かう輸送艦「バイカル号」（«Байкал»）の艦長として、初めて大陸とサハリンの間を大型船で航海し、通航が可能であることを実証したのです（間宮林蔵は大陸まで渡りましたが、船舶の航行が確認されたのはこの時期になってからでした）。ネヴェリスコイの功績が認められて、間宮海峡（タタール海峡）の最狭部は「ネヴェリスコイ海峡（пролив Невельского）」と呼ばれるようになりました。

ネヴェリスコイの行動はこれにとどまりませんでした。1851年、自らイニチアチブを取ってニコラエフスキー哨所《しょうしょ》（現在のニコラエフスク＝ナ＝アムーレ Николаевск-на-Амуре）などを設立し、サハリンの天然資源に関する調査も始めました。また、ほかの将校たちもサハリンなどで探検を行い、アムール川沿岸周辺のロシア領化が進むようになりました。このように、ロシアは極東地域における立場を強め、日本の玄関先にまで接近してきていました。日本の開国まで、いよいよ秒読み段階に入ります。

第17回

開国を迫るロシア
——アメリカとの競争

19世紀半ば

1852年10月7日（旧露暦9月25日）、サンクトペテルブルクの海への玄関であったクロンシュタット港の海岸は、多くの人で賑わっていました。数百人の水兵、士官や軍楽隊員など合わせて486人の乗組員がフリゲート艦「パルラーダ号」（«Паллада»）に乗艦し、臨席した皇帝の次男で海軍総裁のコンスタンティン・ニコラエヴィチ大公（Константи́н Никола́евич, 1827-1892）の激励を受けたのです。ロシアの新たな遣日使節が出発する瞬間でした。パルラーダ号は、この使節の旗艦として帆を張ることになりました。

最後の漂流民送還

1850年代に入り、アムール川河口周辺での立場を固めたロシアはサハリンの開拓（植民地化）にも積極的に乗り出し、極東地域で存在感を増していきました。それと同時に、これまで対日関係の樹立に対して慎重だったロシア外務省では、新たな動きがありました。

1850年、カムチャツカに新たな日本人漂流民が送られてきました。彼らは紀伊国《きいのくに》日高《ひだか》郡（現在の和歌山県日高郡）の和泉屋庄右衛門《いずみやしょうえもん》の船、「天寿《てんじゅ》丸」の乗組員でした。同年3月にアメリカの捕鯨船に救助され、ロシアに引き渡されました。1850年9月半ば、外務省アジア局局長レフ・セニャーヴィン（Л.Г. Сеня́вин, 1805-1862）は、これら漂流民の送還方法と、新たな日本へのアプローチを論じる上奏文をニコライ1世に提出しました。セニャーヴィンは従来のやり方を見直すように呼びかけます。ラクスマン遣日使節以来、ロシア高官の書簡では、日本では国民がロシアとの関係樹立と交易に好意的なのに対して、政権（幕府）が閉鎖的な政策にこだわっている、という考えが主流でした。セニャーヴィンは、対日接近が失敗を続けてきたのは、漂流民がもっぱら都から遠く離れたところに送還され、現地の役人がロシアとの関係の樹立に踏み切る権限がなかったことで説明できるのではないか、と推測します。このため、天寿丸の漂流民を、これまで返還の窓口としていたエトロフ島ではなく、露米会社の船で日本本土に生還させ、交易開始を促す書簡を日本側に渡すことを提案。ロシア外務省は、人の流れのルートを変えようとしたのです。

外務省の方針は裁可され、露米会社のロシア領アメリカ植民地支配人ニコライ・ローゼンベルグ（Н.Я. Ро́зенберг, 1807-1857）が日本宛ての公文に署名しました。ロシア側は善意と平和的な姿勢をアピールしつつ、日本がオランダと交易しているという事実を指摘し、日本の港を利用させてもらいたいと訴え、交易の開始を呼びかけたのです。漂流民はすでにアラスカに移されて、ロシア語の教育を受けていました。その結果、新たな露和辞典が作られ、ロシア語をある程度話せるようになった者もいたため、通訳としての役割を期待されました。1852年6月、日本人7人（長助、辰蔵、浅吉、太郎兵衛、清兵衛、与吉、新吉）を乗せた「メンシコフ公爵号」（«Князь Ме́ньшиков»）はノヴォアルハンゲリスクを出帆して、江戸にほど近い重要な港だった伊豆下田《しもだ》に針路を取りました。船長リンデンベルグ（И.В. Линденберг、生没年不明）への訓令には、地元住民に贈り物をして良好な関係を結ぶために最善を尽くし、日本市場の開拓に必要な情報を収集するとともに、慎重な姿勢を崩さず、危険を感じた場合には直ちに帆を揚げられる態勢を取るように、とありました。

このころ、異国船打払令はすでに廃止されていたため、メンシコフ公爵号は砲撃も受けることなく伊豆下田に入港し、そこで大きな騒ぎを巻き起こしました。住民たちは見慣れぬ異国船に驚き、船に上がってくる者も少なくなかったようです。やがて役人も姿を現します。役人たちは漂流民の聞き取り調査を行って武器や船を視察し、ローゼンベルグ書簡の写しを取ったり船の絵を描いたりしました。しかし、代官江川太郎左衛門《えがわたろうさえもん》は漂流民の送還に謝意を表しながらも、漂流民と公文の受け取りを拒否し、下田を離れるように要請してきたのです。リンデンベルグは抗議しようとしましたが、相手が武士と警備の船を増やしてきたため、あきらめて出港します。漂流民の願いを聞き入れ、少し離れた海岸付近で7人を小舟に降ろして帰国させたメンシコフ公爵号は、再び太平洋に出ていきました。漂流民らは下田を経て江戸へ護送され、翌1853年1月には無事に故郷へ帰っていったそうです。

日本への接近はまたもや失敗に終わりました。そして、これが漂流民の送還を利用して対日交渉に臨む最後の試みになりました。もはや、露米会社を通じてではなく、日本との関係をロシア政府が国策として考える時代が訪れていたのです。

先手を取られたロシア

ロシアがそう考えるようになった背景には、再び極東進出を強める列強の動きがありました。1840年代後半から、アメリカでは、強制的に日本を開国させることも視野に入れた太平洋政策が積極的に論じられるようになっていました。この議論で特に重要な役割を果たしたのは、新たな市場の開拓を目指す実業家アーロン・パーマー（Aaron Palmer, 1779-1863）です。彼は軍事的な圧力も辞さない考えを示して、国務長官や大統領に強く訴えました。そして、1852年初頭、中国と日本に艦隊を送るという政治決断が下ります。この艦隊の司令長官兼遣日公使に任命されたのが、かのマシュー・ペリー（Matthew Perry, 1794-1858）です。

マシュー・ペリー［ニューヨーク・メトロポリタン美術館所蔵］

こうした議論は新聞で盛んに取り上げられ、ロシアの高官たちの耳にも入りました。これまで何度も日本との国交樹立のために努力を重ねてきたロシアはすっかり慌ててしまいます。1852年

3月初旬、ムラヴィヨフ東シベリア総督はコンスタンティン大公に書簡を送り、アメリカの戦艦は「パーマー計画に基づいて」その年の夏に日本に向かうと指摘し、「中国と日本は次第にイギリス人とアメリカ人の獲得物になりつつある」と述べました。日本への接近をめぐり、アメリカがロシアの最も手ごわい競争相手になったのです。

エフィム・プチャーチン

1852年5月初旬、極東地域の政策を討論する機関「特別委員会（Особый коми́тет）」が設置され、海軍参謀総長アレクサンドル・メンシコフ（А.С. Ме́ньшиков, 1787-1869）、陸相、大蔵省幹部と外務次官兼アジア局局長セニャーヴィンが委員となりました。外務省は急いで「日本事情具申書」を特別委員会に提出します。その中で、アメリカは武力で日本に圧力をかけて必ずや開国させることができるだろう、との見解を示し、アメリカが得るであろう好都合な貿易条件をロシアが確保するにはどうしたらよいか検討するように訴えました。そして同月19日、特別委員会は中国と日本に使節団の派遣を決定します。全権になったのはエフィム・プチャーチン海軍中将・侍従武官でした。

プチャーチンの出航

プチャーチンが任命されたのは偶然ではありません。彼は、南極大陸を発見した名将ラザレフ（第15回で紹介）とともに、1822～25年に世界を一周し、露土《ろと》戦争などで功績を上げました。また、イギリスやペルシャ、エジプトで外交任務を担った経験もあり、鮮やかなキャリアを積んでいたのです。そしてもとより、1843年に中国と日本に使節を送るように強く訴え、一時的に全権に任命されたのが彼だったので、最適な人選と言えましょう。

遣日使節の主な目標は通商条約締結だとされましたが、特別委員会や外務省の訓令などにおいては、これを「交渉と平和的手段のみで」達成するよう力を尽くす、と強調されていました。アメリカからの挑戦を受けていたロシアは、同じように「海禁」体制下の日本の門を叩く方針を取りましたが、ライバルとは対照的に、平和的な姿勢を貫くことをよりアピールしようとしたのです。

1852年9月初旬、日本の「皇帝（император）」に宛てたニコライ1世の親書、日本当局に宛てたネッセリローデ宰相の書簡、そして対日交渉に関する訓令を受け取ったプチャーチンは、まず単身でイギリスに出発します。そこで、メンシコフ海軍参謀総長の命令に基づいて、パルラーダ号の随行船として小型汽船のスクーナー船を購入して改装させます。この船は「ヴォストーク号」（«Восто́к» = 東洋）と象徴的な名前をつけられました。極東地域でのロシアの積極的な姿勢を強調するものでもありました。

1852年10月7日にクロンシュタット港を出港した旗艦パルラーダ号は、イギリスでヴォストーク号と合流し、プチャーチンもそこで乗艦する予定でした。10年も前に彼が訴えていた極東使節がついに実現することになり、今度こそ遣中・遣日使節を成功させよう、という思いは強かったことでしょう。歴史家の麓慎一が指摘するように、プチャーチンの派遣はペリーによる開国の成功を見越して設定されていました。ロシア政府の訓令も、アメリカに先んずるのではなく、「ペリーの成果をロシアにも拡充する」という課題設定になっていました。いずれにせよ、プチャーチンにとって、この使節は失敗が許されないほど重要だったはずです。

ところが次回で触れるように、この使節には波乱に満ちたドラマが待ち受けていました。

1850年代前半

第18回 長崎での開国交渉——第一ラウンド開幕

1852年、アメリカ合衆国がペリー艦隊を日本に送るという情報がロシアに舞い込みます。これまで長年日本との関係を結ぼうと努力を重ねてきたロシアは先手を取られた形になり、急いでプチャーチンを全権とする使節団を送ることを決めました。

そうそうたる使節団

この重要な使節団には、プチャーチン以外にもそうそうたる人材が動員されました。代表補佐官に任命されたコンスタンティン・ポシエット（К.Н. Посьéт, 1819-1899）は、オランダ語に堪能で、軍事学の研究書が科学アカデミーから賞を獲得したほどの有能な士官でした。のちには交通大臣も務めるなど、輝かしい経歴を残しました。

秘書官のイワン・ゴンチャロフ（И.А. Гончарóв, 1812-1891）は大蔵省対外貿易局の職員でしたが、優れた文学者でもありました。のちに長編小説『オブローモフ』（«Обломов»,

パルラーダ号の士官ら（前列左から6番目がプチャーチン）

1859）として知られる作品の断片をすでに発表していましたが、この作品はやがてロシア文学の名作の1つとして語り継がれることになります。彼は帰国して間もなく、日本などの事情を生々しく紹介した『フリゲート艦パルラーダ号』（«Фрега́т "Палла́да"», 1858）という貴重な文献を残しました。

司祭のアヴァークム（Авваку́м, 1801-1866）は、長期間にわたって在北京ロシア宣教師団に所属し、外務省アジア局が所蔵していた中国語（漢語）、モンゴル語、チベット語、サンスクリット語の文献目録を作るなど、大きな貢献をした東洋学者でした。

通訳として外務省から派遣されたヨシフ・ゴシケーヴィチ（И.А. Гошке́вич, 1814-1875）も長年清国に駐在した経験があり、東洋の情勢や中国語に精通する研究家でした。ヴォストーク号の艦長となったヴォイン・リムスキー＝コルサコフ（В.А. Ри́мский-Ко́рсаков, 1822-1871）は世界的に有名な作曲家ニコライ・リムスキー＝コルサコフの実兄でした。遅れて使節に加わった海軍士官アレクサンドル・モジャイスキー（А.Ф. Можайский, 1825-1890）は１８８０年代に航空機を製作し、ロシアで初めて飛行実験を実施した人物でした。この時期の日露関係の舞台に上がったのは、目を見張るばかりの豪華な役者たちでした。

しかし、艦隊の編成は難航します。アメリカのペリー艦隊の主力は数隻の大型蒸気船でしたが、当時のロシア海軍には汽艦が少なく、大型蒸気軍艦はまだありませんでした。使節のために購入された小型船ヴォストーク号が、太平洋ではロシア初の蒸気船だったのです。また、旗艦パルラーダ号は、20年ほど前に建造された老朽艦でした。「帆船」主義者のプチャーチンは、旗艦に最新の帆船フリゲート艦「ディアナ号」（«Диана»）を望んでいましたが、それはまだ完成しておらず、早期出発を優先するとの決断が下されました。

プチャーチン艦隊はこの2隻だけではありません。日本付近でカムチャツカ小艦隊のコルヴェット艦「オリヴツァ号」（«Оливуца»）および以前に日本訪問をしたことのあるメンシコフ公爵号と合流する予定でした。こうしてロシアはようやく4隻の艦隊を編成することができたものの、艦船のクラスやスピードの面でペリー艦隊に劣るものとなってしまったのです。

そして1852年11月、ペリーの艦隊がアメリカ東海岸から出航しました。アフリカの喜望峰を回って、インド洋、マラッカ海峡を経て日本を目指す航路でした。

一方のプチャーチンらが旗艦の修理を終えてようやくイギリスを出たのは、1853年1月のこと。ペリーよりすでに2か月出遅れてしまっていたのです。風向きの関係でアフリカ南部に向けて舵を取りましたが、このころペリーはすでに喜望峰に近づくところでした。両者は同じくインド洋経由のルートを取り、航海はまるでレースのような様相を呈してきます。先に本国を出発したプチャーチンたちでしたが、ペリーに先行され、ライバルを追う形で太平洋へと入っていきました。

そして、江戸の目と鼻の先にある浦賀《うらが》にペリーの艦隊が威圧的な姿を現し、江戸中が大騒ぎになって間もなく、プチャーチンは小笠原諸島で残り2隻と合流します。

使節団、長崎へ

プチャーチンの航海中に、ロシア政府の対日姿勢に重要な変化が起こります。その背景には、ドイツ人学者フィリップ・フォン・シーボルト（Philipp von Siebold, 1796-1866）の影がありました。長崎のオランダ商館に勤務経験のある彼は、1828年に幕府から追放処分を受けましたが（「シーボルト事件」）、日本をヨーロッパに紹介するうえでは大きく貢献し、日本の開国をめぐる欧米での議論にも参加してきました。1852年末にはロシアに対して日露の国交樹立に関する意見書と資料を提供し、翌1853年初頭、ネッセリローデ外相からロシアに招待されます。それを契機に首脳部で新たな協議が始まり、遣日使節への追加訓令がまとまりました。特に重要なのは、日露交渉は長崎で行うべし、という訓令でした。

当初、ロシアの要人らは、オランダに邪魔されぬように長崎には立ち寄らず、直接江戸に向かう計画でしたが、日本の法と習慣に従って「表玄関」の長崎から扉を叩くのが最適だというシーボルトの見解に傾きます。また、国境画定の必要性も議題となり、皇帝ニコライ1世はエトロフ島とウルップ島の間に日露の国境線を引く意志を明らかにしました。

プチャーチンがこれらの追加訓令を受けたのは、小笠原諸島でした。そして、ペリーによる電撃来日から約1か月後の1853年8月21日夜、ロシア艦隊は4隻揃って長崎湾に姿を現しました。やっと辿り着いた「神秘の国」日本を目《ま》の当たりにし、好奇心と熱意とでプチャーチンたちが大変な興奮ぶりだったことが秘書官のゴンチャロフによって記録されています。しかし、このときは長期間におよぶ交渉に耐えながら何度も日本を出入りしなければならなくなることなど、予測していなかったに違いありません。ペリーのように強硬な行動には出ず、日本の習慣と規則を厳格に守ろうとした結果、歴史家の白石仁章が述べるように「うんざりするほど長崎で待たされる」ことになったのです。

長崎に入港したプチャーチン使節［『嘉永六年丑七月魯西亜船四艘入津之図』、早稲田大学図書館、リ05 09320より抜粋］

ペリー艦隊への対応で大混乱に陥っていた幕府は、長崎にロシア艦隊もやってきたと聞いて、急遽さらなる対応を迫られます。差し当たりロシア使節の書簡は受け取るという結論が出ましたが、その後上層部では、本格的な交渉は避けるべきだという意見や反米親露論

長崎に上陸したプチャーチン使節（『魯西亜使節応接図』［早稲田大学図書館、リ05 09322より抜粋］

に傾いた意見なども出て、ロシアをめぐる論争が活発になっていきます。

ロシア側はなるべく早く長崎奉行宛と老中宛の2通の国書を手渡したいと伝えましたが、老中宛の国書を渡して長崎奉行大沢豊後守《おおさわぶんごのかみ》（＝大沢安宅、生没年不明）と会談ができたのは1か月後のことでした。その間、プチャーチンの指示により、ヴォストーク号はサハリン（樺太）へ西岸部の調査のために送られます。

幕府の全権代表との会談もさらに待たされました。第12代将軍徳川家慶《いえよし》（1793-1853）が亡くなり、幕府はそれを理由に交渉開始を延期しようとしたのです。じりじりと交渉を引き延ばされ、ロシア人代表団の我慢は限界に近づきます。プチャーチンは速やかな対応を要請し、江戸に向かう構えも見せました。

11月、ヴォストーク号がサハリンから戻り、最新の情報を報告しました。先立つ10月、ネヴェリスコイが率いる探検隊はサハリン南部の久春古丹《クシュンコタン》に上陸し、ムラヴィヨフ哨所（Муравьёвский пост）を建設し、ロシアの領有を宣言した、と。久春古丹には日本人部落もあり、当時は約30人の番人がいましたが、良質な石炭が見つかったこの島にアメリカが手を伸ばすことを危惧したロシアは、日本との国境線をサハリン以南に引こうと考えたのです。

ヴォストーク号の知らせを受けたプチャーチンは、緊迫するヨーロッパ情勢に関する情報収集と物資調達のために、11月末、上海《シャンハイ》を目指して一旦長崎を離れました。

交渉の末に

このとき幕府は交渉をなるべく延期しようとし、しびれを切らしたロシア使節が帰国すればめでたし、というスタンスを取っていました。しかし、ロシア使節団が忍耐強く回答を待ち続け、艦隊を訪れる役人を手厚くもてなし礼儀正しく接したことは大いに評価しました。ロシア近現代史の泰斗《たいと》和田春樹は、この心を尽くしたロシア側の態度によって、本気で日本と友好関係を築きたいという彼らの意思が、長崎の役人に伝わったとしています。それは、長崎奉行の側近らが準備した意見書からも読み取れます。その意見書は、アメリカが攻めてきた場合にはロシアが日本の味方になり、アメリカの攻撃を抑えてくれるだろうとまで述べ、ロシアと信義を通じるべきだと主張しているのです。このように、長崎奉行はかなり踏み込んだ参考意見を幕府に送りました。プチャーチンは着実に日本側の人心を収攬《しゅうらん》していきました。

1854年1月中旬、ようやく現地に着いた幕府全権との会合が始まりました。魯西亜《ろしあ》応接係《おうせつがかり》（＝対露交渉を担当する日本側代表）には、開国派の川路聖謨《かわじとしあきら》（1801-1868）と筒井政《つついまさ》憲《のり》（1778-1859）が任命されました。2人ともロシア人たちに好印象を与えました。ゴンチャロフは、筒井のような好々爺《こうこうや》は誰でも自分のおじいさんにしたがるとまで書き、また川路の聡明さも高く評価しています。

日本側の代表者も、ロシア側の姿勢から好印象を受けました。1月12日、プチャーチンは日本人たちを船に招待して宴会を開き、そこでの「もてなし振りの上手なること、実に驚きたり」と川路が書いています（口絵㉕参照）。年上の筒井に対して特に親切な配慮をしたことに感激する場面もあれば、江戸に愛妻を残して寂しがっていた川路に対して、プチャーチンは自分も同じ状況であると強く共感し、一同ほろりとなる場面もあったようです。川路の日記には、「異国人、妻のことを云エバ泣いて喜ぶ」気持ちになり、「人情、少しも変わらず候」とあります。活発化した人の流れは、相互理解を生み出す感情の流れを促進させたのです。

このように、両者の交渉は友好的な雰囲気のもとで行われましたが、実質的な協議になると難航してしまいます。国境画定については決着がつかず、川路はロシアの悲願である通商関係樹立まで3～5年ほど待ってほしいと要請します。ロシア全権はそれでは長すぎるとして、交易から生まれる日本側のメリットについて繰り返し説明しました。また、アヘンの取引を禁じることで、ロシアの商人が日本の法令に違反しないよう厳しく取り締まる旨も伝え、ほかの列強との違いを強調しました。しかし、日本全権の主張は、通好条約と国境画定についてはさらに検討する、というものでした。結局プチャーチンは、日本が通商を許す場合には、ロシアを相手にするという書簡を入手し、残りの問題については次の来日の際に議論することで合意しました。

ロシアは、ペリーは間違いなく日本を開国させるだろうと予測していたため、この覚書によって同等の権益が確保できると考えたのです。一定の成果を上げたプチャーチンは、直ちに出港することにしました。日露交渉の第一ラウンドは、一旦幕を閉じたのです。

第19回

日露国交樹立
――親密な条約、プチャーチンの手腕

1850年代半ば

ペリーに1か月ほど遅れる形で日本に入り、開国交渉に臨んだプチャーチン。ただし、この間プチャーチンはずっと長崎に腰を据えていたわけではなく、情報収集のため何度も長崎を出入りしていました。その背景には、日露関係やロシアの対外政策のみならず、ロシア全体に極めて大きな影響を与えた出来事がありました。クリミア戦争です。1853年10月末、オスマン帝国とロシア帝国の間に勃発したこの戦争は、当初ロシアに有利に進みましたが、ロシアの影響力の拡大を抑えたい英仏両国が1854年3月に参戦し、戦局は黒海《こっかい》地域からバルト海や白海、さらに太平洋にまで拡大していきます。また、オーストリア＝ハンガリー帝国やプロイセン王国もロシアに対して厳しい立場をとり、優れた海軍を持つ英仏との戦いに苦しむロシアは外交的にも孤立します。この戦争で、ロシアの国家体制と経済の後進性が浮き彫りになりました。

クリミア戦争の影響

クリミア戦争勃発の前にヨーロッパをあとにしたプチャーチンは、ロシアから遠く離れた場所で、緊迫する国際情勢を考慮に入れながら慎重かつ迅速に行動することが求められました。日露条約の締結をことさら急いでいた大きな理由はそこにもありました。

1854年2月に一旦長崎を出港したプチャーチン艦隊は、まず那覇《なは》に向かい、そこで重要な情報を手に入れます。わずか2日前に、7隻もの軍艦から構成されたペリー艦隊が琉球から江戸湾に出発した、というのです。これでペリーによる日本の開国は確実になりましたが、プチャーチンはそれよりも暗雲漂う国際情勢を危惧しなければなりませんでした。そのため、琉球からマニラ、そして朝鮮半島南部に移動し、現地調査をしながらヨーロッパからの情報を得ようとします。

ここで英仏との国交断絶の知らせを聞いたプチャーチンは長崎に戻りましたが、江戸からの回答はまだありません。とりあえず国境画定に関する交渉はサハリンの亜庭湾で行う約束を確認し、再度長崎を出て、サハリンの対岸の大陸側に位置するインペラトルスカヤ湾（現在のСове́тская Сове́тская га́вань《ソヴィエツカヤ ガヴァニ》市）に向かいます。途中で朝鮮半島東岸部と沿海州を調査し、朝鮮政府に通商関係樹立を呼びかける書簡を送ってその年の夏に再訪する旨を伝えました。ところが、英仏が宣戦布告をしたという新たな知らせが、これを不可能にしてしまいました。予定されていた亜庭湾での日露協議も実現されず、ロシアは極東でも敵軍の攻撃に備えて防衛強化に追われることになります。そしてロシアが直面したのは、英仏海軍によるカムチャツカへの攻撃や、ウルップ島にあった露米会社の拠点の破壊でした。

日本との交渉は、こうした非常に厳しい国際環境で続けなければなりませんでしたが、プチャーチンは国交樹立を断念せず、間宮（タタール）海峡にようやく到着したディアナ号を新たな旗艦として、1854年10月に4度目の訪日に旅立ちます。最初は箱館に寄り、大阪に向かう旨を伝えて、日本全権をそこに派遣するように要請しました。ところが、ディアナ号の動きが早すぎたためか、ロシア人の上陸を許して罰せられることを恐れた箱館奉行堀織部正《ほりおりべのしょう》（1818-1860）がロシア使節の書簡の提出をためらったためか、この知らせはかなり遅れて江戸に届けられることになりました。そのためディアナ号が大阪湾の安治《あじ》川口《かわぐち》に姿を現したとき、大阪や京都では大変な騒ぎとなり、攘夷派がロシア軍艦を襲撃せんと集まり始めたのです。日本側は日米和親条約（1854）によって開港された下田に行くように促し、ロシア使節団はそれを受け入れます。

伊豆半島に向かう途中では、思いがけない出会いがありました。紀伊国加太浦《かだうら》（現在の和歌山市加太）を通りかかったところ、前年にメンシコフ公爵号で日本に生還した元漂流民が、ディアナ号に小舟で漕ぎつけてきたのです。彼らによれば、長崎で停泊していた4隻の英国軍艦が10月に出港して、ロシア軍艦を探しているので気をつけるようにと、わざわざ知らせたのです。それを聞いたプチャーチンたちは、12月初旬に下田に着くと、日本側の反対を押し切って岬に見張り台を設け、万一の場合に「血の最後の一滴まで戦う」覚悟を決めました。幸いロシアとイギリスの軍艦が相まみえることはありませんでしたが、このようにクリミア戦争は、日本を戦場にしかねないほど緊迫した情勢にあったのです。

ディアナ号の悲劇

幕府全権代表の川路《かわじ》聖謨《としあきら》らが下田に到着し、12月22日に福泉寺《ふくせんじ》で新たな日露交渉が始まりました。久しぶりに再会した双方の代表らは、国交樹立や国境確定、開港する港、日米条約の内容などについて話し合いました。

ところが、翌23日の午前、思いもかけない大惨事が起こります。マグニチュード8・4という巨大な地震（安政《あんせい》東海地震）が発生し、大津波が一帯の沿岸部に襲いかかったのです。ディアナ艦上にいたロシア人たちは大きく波打つ海に激しく揺さぶられ翻弄されながら、津波で一飲みにされる下田の町を目の当たりにしました。ディアナ号の司祭ワシーリー・マホフ（B.E. Махóв, 1796-1864）は、このときの様子を『ディアナ号航海誌』（«Фрегат «Диана»»）で生々しく描き、目の前にあった町がまるで姿を消したかのように見えた、と記しています。下田の町はほぼ全壊となり、多数の犠牲者が出ました。

ディアナ号も非常に大きな被害を受け、死傷者が出ました。修理のために船を伊豆半島

川路聖謨、モジャイスキー撮影
［東京大学史料編纂所所蔵、維新史料引断本-IIり-29-イ］

日露（「日魯」）交渉の様子。食事の提供［『魯西亜使節応接図』、早稲田大学図書館、リ05 09322より抜粋］

西岸の戸田村《へだ》に移動させることが決まりました。三方を山に囲まれ、入り江が大きく食い込んで閉ざされた地形になっていた戸田は、敵艦から身を隠すのにも適していたからです。ところが、不幸なことに、今度は回航中に嵐に遭遇し、ディアナ号は漂流の末沈没してしまいます。１８５５年1月のことでした。大砲52門などの貴重なものは事前に海岸に運ばれましたが、今回は1隻だけで来日していたプチャーチンたちは、船を完全に失ってしまったのです。

しかし、ある意味ではこの天災が、ロシアの使節団と現地の日本人がお互いに親しむきっかけを作ったのです。津波が発生したとき、ディアナ号の乗組員たちは自らも被災しながらも、海へ流されていく日本人を懸命に助けようとしましたし、プチャーチンは日本全権を見舞って船医を被災者の治療にあてる用意があると伝え、街の復興を手伝いたいと申し出ました。一方、日本側は戸田村への回航の際に付き添いの船を提供したり、のちにディアナ号が漂流したときには小舟を動員して曳航《えいこう》したりしました。また、乗組員が荒れ狂う海をカッターボート（手漕ぎの救命艇）で陸に向かおうとしたときは、海岸で見守っていた地元の人々がロシア人たちを救おうと体に綱を巻いて次々と海に飛び込み、ボートを捉えて無事に上陸させたのです。日本側は食糧や衣類、宿泊所を提供し、官民揃って心を尽くして対応しました。

プチャーチンたちは心のこもった支援にとても感動しました。災害に遭った日々をつづったマホフの記述は、感激に満ち満ちています。「誠に善良な、博愛の心に満ちた」日本人が我々を救助したことを決して忘れない、と強調していました。外交交渉は公式的《フォーマル》で冷静、ときには素気《すげ》ない雰囲気で行われることが一般的ですが、日露国交樹立の背景に心温まるエピソードがこれだけあったことは、興味深い事実でしょう。

日露和親条約

駿河国宮嶋村《するがのくにみやじま》（現在の静岡県富士市）に上陸した約500人のロシア人は、目的地の戸田村に移動しました。乗組員の拠点を戸田に置きつつ、プチャーチンは下田で筒井・川路らとの交渉に臨み、ようやく1855年2月7日に長楽寺《ちょうらくじ》で初の日露和親条約（＝日魯通好条約）が調印されました。国境線はエトロフ島とウルップ島との間に引き、サハリン（樺太）については確定せず、「是迄仕来之通《これまでしきたりのとおり》」（＝これまでどおり）としたのです。日本はアメリカのために開港した箱館と下田に加えて長崎も開き、さらに航海にあたって何か欠乏

日露和親条約が調印された長楽寺（静岡県下田市、著者撮影）

品を手に入れたい場合には、金銀銭による支払いだけでなく品物を代価とすることも許しました。これが日米和親条約との違いで、ロシアを優遇したことがわかります。日米和親条約と同様に、最恵国待遇《さいけいこく》（いずれかの国に与える最も有利な待遇を、ほかのすべての加盟国に対して与えなければならないという原則）はロシアだけに与えられたため、片方的（不平等）な規定になりましたが、領事裁判権については双務（平等）に規定されたことは特筆すべきところです。総じて見れば、ロシア側は基本的には日本を対等な相手として交渉を行い、条約締結にあたって強引なことをしなかったことは、日露の歴史家たちの共通認識となっています。

日本がアメリカよりもロシアと親密な条約を結んだのは、交渉に対するロシア側の姿勢を評価するとともに、西洋列強が次々と日本に到来するなかでロシアとの関係の重要性を認識したとも考えられますが、ある意味では、プチャーチンの人柄と外交手腕によるところもあったと言えるでしょう。明治維新後にも日露友好に貢献し続けた彼の功績は、当時の日本でも高く評価され、1881年に勲一等旭日章《くんいっとうきょくじつしょう》が叙勲されるほどでした。400年にわたる日露関係史においてプチャーチンが特別な存在であることは、日露双方が認めるところです。

しかし、このとき条約の締結を成し遂げたプチャーチンたちは、船を失い、帰国できないという窮地に陥っていました。彼らの帰国を助けるために、戸田村の人々をはじめ、日本の官民の骨身《ほねみ》を惜しまない協力が始まります。

こうして日本が世界に向けて開かれた今、情報・モノ・ヒトの流れは一層加速し、新たなフェーズへと突入していくのです。

第2部

加速する外交、多様化する相互認識

第20回

「ピョートル・モデル」——近代化の師としてのロシア

幕末期〜明治初期

日本でのロシアへのイメージは実に多様で、時期によっても大きく変化していました。ベニョフスキー事件（18世紀後半）やフヴォストフたちの襲撃（19世紀初頭）を受けて「脅威」または「敵」と見なしたこともあれば、漂流民を救助してくれた「優しき国」ないし「恩人」と見なしたこともありました（「脅威」の対露観はずっと強かったですが）。さらに、幕末期にはロシアから学ぶべきだと考えた知識人が少なくなく、歴史家の和田春樹が指摘したように「先生」としてロシアをイメージしたこともあったのです。

ピョートル・モデル

18世紀末から、日本ではロシアに関して様々な書籍が出版されるようになりましたが、そこではあらゆるロシア事情が紹介されました。政治に関しては、ピョートル1世と彼の改革が大きな注目を集めていました。例えば、仙台藩医の工藤平助（第5回参照）は、ロシアの偉大な君主として紹介しました。また、桂川甫周《かつらがわほしゅう》は、海外貿易を発展させ、諸外国からの有識者を招待して国制を変え、ロシアを強力な国にしたとして、大帝の功績を評価しました。このように、のちに日本が参考にすることになる政策が、この時期にはある程度紹介されていたことがわかります。

一方、初めて直接的に日本とピョートル大帝とを結び付けて考察したのは、2年以上にわたって日本に囚われたワシーリー・ゴロヴニンです。彼はピョートルの名前を挙げて、彼のような「偉大な王者が君臨すれば」、日本は内蔵する能力を生かして「全東洋に君臨する国家になるであろう」と予言したのです（第12～13回参照）。しかし、1816年に出版されたゴロヴニンの回想録は5年後に和訳されますが、翻訳の原典となったオランダ語版にはこの一節が記された第3巻が入っていなかったため、彼の予言は当時の日本人まで届きませんでした。

18世紀末に日本人が描いたピョートル1世［桂川甫周『ロシア事情』1792年、早稲田大学図書館、文庫08 J0023］

ところが、1820年代後半（幕末期）からは、ピョートル時代の近代化のパターン、いわゆる「ピョートル・モデル」を参考にすべきだという議論が日本の知識人たちの間に広がっていきました。

当時、外圧（＝西洋）に対抗するために、多くの武士や思想家が国力（＝軍事

佐久間象山［国立国会図書館デジタルコレクション、427-53より抜粋）］

力）の増強を主張しました。ピョートル・モデルは、尊王攘夷《そんのうじょうい》論を理論化した水戸《みと》藩士会沢正志斎《あいざわせいしさい》（1782-1863）や開明《かいめい》派の田原《たはら》藩士渡辺崋山《わたなべかざん》（1793-1841）によって、海軍の創設や他国の経験を生かすという側面を中心に検証されてきました。この議論に特に重要な役割を果たしたのは、幕末期の代表的な思想家の1人、佐久間象山《さくましょうざん》（1811-1864）です。1840年代初頭、松代《まつしろ》藩主真田幸貫《さなだゆきつら》（1791-1852）が幕府の海防掛《かいぼうがかり》に就任すると、彼の顧問であった象山は、ピョートルの功績を高く評価しました。海軍建設などの政策を成功させ「西洋諸州の内にも頑愚之貧国《がんぐひんこく》」だったロシアを近代化させた大帝に、日本も学ぶところがあると述べたのです。1850年に江戸で砲術塾を開くと、そこでは幕府の海軍総裁となる勝海舟《かつかいしゅう》（1823-1899）や、倒幕運動に大きな影響を及ぼした吉田松陰《よしだしょういん》（1830-1859）が学びました。また、象山は海防掛でもありプチャーチンとの交渉に当たった川路聖謨《かわじとしあきら》と親交を持っていました。これらの人々とピョートル・モデルについて議論を交わしたことは想像に難くありません。

そのピョートルの国からプチャーチン使節団が長崎にやってくると、象山たちは動き出します。今外国から学ぶには、海外に出るしかない――弟子の吉田松陰に、ロシアの船に乗り込めば海外に行けるとほのめかしたのです。松陰は慌てて江戸を出発しましたが、長崎に着いたときにはロシア艦隊はすでに出港したあとでした。のちに松陰が米艦「ポーハタン号」に乗り込もうとした事件は有名ですが、実は最初は露艦への乗船を目指したのです。もしも松陰が長崎で間に合っていたら、彼の運命は違ったものになっていたかもしれません（ちなみに、第25回で紹介するように、ある日本人はプチャーチン一行とともに海外脱出に成功しています）。

ピョートルが実現した近代化は、明治維新後にも経国《けいこく》の士から大いに注目されていました。激動の時代にあった日本の知識人にとって、上からの改革で近代化を遂げたロシアは参考にすべき重要なモデルであり続けたのです。

日本初の近代洋式帆船

当時、ロシアからの影響は思想や政治論のレベルにとどまりませんでした。日本から見れば、ロシアは最新の技術を提供してくれる存在でもありました。実は、そのきっかけの1つになったのが、第1部の最後に紹介したプチャーチン使節団の遭難事件です。

1854年、安政東海地震によって損傷したディアナ号が曳航されたとき、プチャーチンは小型帆船を日本で建造しようと考えるようになりました。幸い、沈没する前に旗艦から運び出された荷物の中から貴重な雑誌『海軍論集』（«Морской сборник»）が見つかりました。そこにはヨットの「オプィト号」（«Опыт»）の設計図が載っていました。プチャーチンが帆船建造への協力を求めたところ、日本側は迅速に対応し、この案を強く支持します。苦境に陥ったロシア人たちに同情する気持ちもあったでしょうが、そもそも幕府にとって、これだけの数の外国人の残留は頭痛の種であり、露英の衝突についても危惧していたので、早く帰国してもらいたいところでした。そして、何よりも、この帆船建造への協力は、西洋式造船術の知識を学ぶための最良のチャンスでもありました。

ディアナ号から500人ほどのロシア人が上陸し、戸田《へだ》村に歩いて向かいます。ペリーの横浜上陸（同年2月）も約500人だったとされていますから、最大規模の外国人上陸だったことがうかがえます。横浜ほど人口密度が高い地域ではなかったとはいえ、「異人」を見て驚いたり、彼らが持参したモノに好奇心を持ったりといった地元の人々の反応は変わりません。

一行が戸田村に入ると、湾内の南岸でロシア士官の指導のもと作業が始まりました。伊豆韮山《にらやま》代官の江川《えがわ》太郎《たろう》左衛門《ざえもん》（＝英龍《ひでたつ》、1801-1855）をはじめとする日本側の役人たちの姿勢は協力的で、この時期の韮山では日本初の製鉄用の反射炉が建設されるなど近代産業技術が芽吹き始めていました。ディアナ号乗組員と戸田村民のほかにも下田などから職人が動員され、200人近くの作業員がロシア水兵と一緒に資材を用意したり、帆や綱を作ったりしました。造船にあたった戸田村の船大工棟梁《とうりょう》上田《うえだ》寅吉《とらきち》（1823-1890）ら7人は、最新の帆船建造術に直に触れながら身につけていったのです。

言語の壁はあったものの、日露合同チームが熱心に作業に取り組んだ結果、わずか3か月足らずで50人乗りの帆船が完成しました。1855年4月末に進水式が行われ、その後の祝賀会では日露友好のための乾杯が重ねられました。プチャーチンは感謝を込めて、新船を「Хэда《ヘダ》」号と名付けました。大きな船ではなかったので全員が乗り込むことはできませんでしたが、この船で全権代表を含む乗組員たちは無事に帰国を果たしたのです。このとき乗船できなかった乗組員たちは、他国の船でロシアへと帰っていきました。

戸田村は日本の近代造船技術の発祥地となりました。佐久間象山の弟子勝海舟が述べたように、旗艦を失ったロシアの「不幸」は「わが国にとって幸いと言わざるを得ない」ものになったのです。そして、日本の職人たちは、初めて習得した西洋式造船術を最大限に活用していきました。ヘダ号と同様の洋式帆船が数隻建造され、「君沢《きみさわ》形《がた》」として利用されるようになりました。上田寅吉は長崎海軍伝習所《でんしゅうじょ》やオランダ留学を経て、明治時代には横須賀《よこすか》造船所で多くの艦船建造に従事し、「日本近代造船の父」とも呼ばれるようになりました。

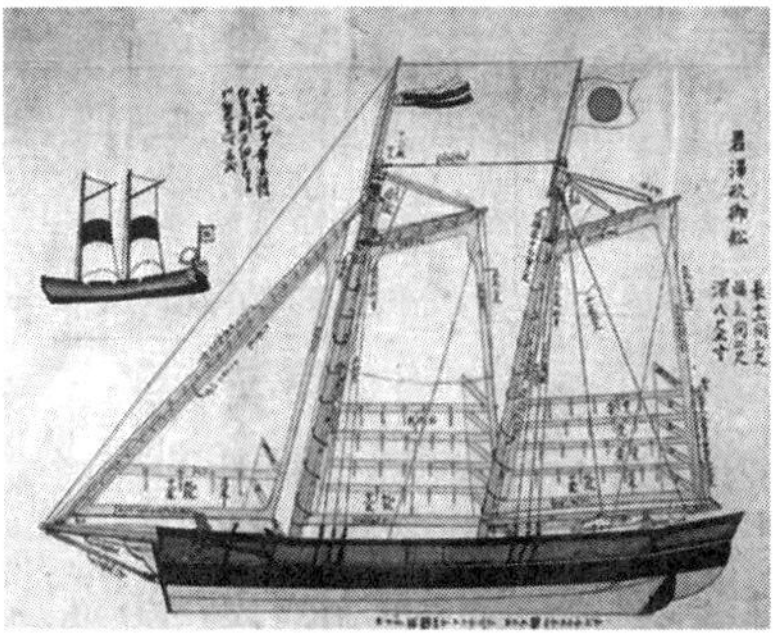
君沢型御船［松平文庫（福井県文書館保管）］

日本初の蒸気機関車模型

ロシアから学んだのは造船術だけではありません。のちに世界的に有名な電機メーカーを築き上げること

田中久重製作の蒸気機関［株式会社東芝提供］

になる田中久重《たなかひさしげ》（1799-1881）は、数々の発明をして「東洋のエジソン」「からくり儀右衛門《ぎえもん》」などと呼ばれましたが、その傑作の1つはロシア人が披露した技術から始まっています。

プチャーチンたちが長崎に来航したとき、パルラーダ号の甲板にレールを敷き、模型の汽車を走らせて日本人に見せていました。このデモンストレーションに招待された人々には、長崎奉行だけではなく、近くの諸藩の藩主などもいました。その中には、佐賀藩主鍋島直正《なべしまなおまさ》（1815-1871）の命により設置され、西欧技術の習得に積極的に関わった精煉方《せいれんかた》の中村奇輔《なかむらきすけ》（1825-1876）も混じっていました。彼はアルコール燃料で蒸気を吐きながらレールの上を快走する汽車を食い入るように観察し、それを精密な絵図にして三重津《みえつ》（現在の佐賀市川副《かわそえ》町）に戻ると、田中久重を含む仲間と共有します。すでに蒸気船の模型作りに取りかかっていた久重は、そのときから蒸気機関車の模型作りにも加わり、１８５５年に完成させて時の鍋島藩主の御前で走らせたと言われています。模型とはいえ、日本で初めて製作された汽車はロシアの技術に倣《なら》ってできたものだったのです。

このように、開国を迫られて近代化の課題に直面した日本にとって、ロシアは文明的な先進国として学ぶべき対象であり、新たな知識を得るための重要な情報源でもありました。小川のようにか細かく始まった情報の流れは、幕末以降、次第に勢いを増し、思想、政治、技術、文学などの分野においても活用されることになります。

＊＊＊

長年、戸田では夏に、「プチャーチン・パレード」という行事が毎年開催されてきました。村の内外から訪れた観光客は、地元の有志による楽隊とともにプチャーチンの宿泊場所やロシア水兵の墓を訪れたり、供養《くよう》祭に参加したりします。ロシア代表らが宿泊に使っていた宝泉寺《ほうせんじ》や日露交渉が行われた大行寺《たいぎょうじ》を結ぶ、両国の関係者が行き来した道路は「プチャーチン・ロード」と名付けられています。日露国交樹立から170年たってもなお、直接の交流によって当時築かれた絆《きずな》が大事にされている事実は、注目に値することでしょう。

第21回

加速する両国関係
――開国後の「最初の危機」を乗り越えて

幕末期

　100年以上にわたる双方の努力の結果、ついに幕末期に日露国交が樹立されました。ここから両国の外交関係は加速していきます。ロシアからの使節が相次いで日本に来航し、新たな条約を締結していきました。民間のロシア人と日本人の接触もますます頻繁になり、両国の交流は新たな軌道に乗っていきます。

外交関係の積極化

　1856年11月、日露和親条約の批准書を交換するために来日したロシア使節が下田に入港します。ポシエット全権が乗っていたオリヴァ号と、以前日露の共同作業で建造されたヘダ号の2隻でした。ヘダ号の船長は、建造の際に中心人物の1人となったアレクサンドル・コロコリツェフ（A.A. Колоко́льцев, 1833-1904）でした。12月に批准書の交換が行われ、ロシア側はディアナ号の大砲と航海用の器具を日本側に贈り、ヘダ号も引き渡しました。日本近代船舶の「おじいさん」とも言えるヘダ号は、こうして里帰りしたのです。

1857～58年、清国と新たな条約を結ぶ任務を負ったプチャーチンが、蒸気軍艦「アメリカ号」(«Аме́рика»)で再び日本を訪れました。清国との交渉が長引く間に日本と通商条約を結ぼうと考え、1857年9月、長崎に入港します。10月24日に調印された日露追加条約によって、長崎と箱館での貿易が認められ、関税や在日ロシア人の家族の滞在に関する規則が定まりました。プチャーチンは1858年6月に清国と天津《テンシン》条約を結ぶと、7月に「アスコリド号」(«Аско́льд»)で再び来日します。このころにはアメリカ領事タウンゼント・ハリス(Townsend Harris, 1804-1878)が、江戸で本格的な日米通商条約について交渉を進めていたからです。日蘭交渉も進展し、英仏両国も新たな遣日使節を準備していたため、ロシアは急いでいました。

プチャーチンは、今度は長崎に寄ってから、下田に舵をとりました。下田奉行は、数年前に日露和親条約をめぐる交渉に加わった中村為弥《なかむらためや》(?-1881)でした。使節団のコンスタンティン・リトケ(К.Ф. Ли́тке, 1837-1892)中尉によると、軍艦に上がった中村はプチャーチンを見るや「プチャーチン、プチャーチン!」と声をからして叫び、両手を広げて駆けつけました。中村には、和親条約締結の交渉に関わったパルラーダ号の士官たちが写った記念写真が贈られましたが、そのときの中村の「喜びは限りないものだった」そうです。交渉に当たった日本人がプチャーチンに寄せた信頼と親愛の情は、相当なものだったと伝わっています。

その後、ロシア船は神奈川に移動しますが、本格的な交渉は江戸で開催されることになり、プチャーチンは側近とともに行程のほとんどを歩いて江戸に向かいました。そのため、すれ違う日本人たちは驚きの目でロシア人たちを見つめ、ロシア人たちもまた周囲の日本人たちを興味深く観察したのです。ロシア人たちが特に驚いたのは、江戸周辺の人口密度の高さでした。当時の江戸は世界でも1、2を争う大都会であり、ヨーロッパ人にとっては極めて珍しい風景だったのです。江戸に近づくと駕籠《かご》に乗り換え、入城しました。これが恐らく、ロシア人が初めて江戸に入った日だと考えられます。

1858年8月19日、日露修好通商条約が調印されました。日本側は、兵庫と（下田に代えて）神奈川を順次開港し、通商のための江戸と大阪への来航、関税の引き下げなどを認めました。本条約は大筋では新たな日米条約に準拠するものでしたが、ほかの列強とは異なっていた点があります。それは、領事裁判権に加えて最恵国待遇も双務だったということでした。

この条約締結後、プチャーチンは信任状を持参していなかったにもかかわらず江戸城に入り、将軍の継嗣《けいし》であり、同年10月から第14代将軍になる徳川慶福《よしとみ》（1846-1866）に謁見しました。謁見が叶ったのは、プチャーチンが日本側からの信頼が厚く、相手を対等に扱うという彼の姿勢が評価されたからと言えましょう。彼にとっては日露条約に関わるのはこれが最後となりましたが、プチャーチン家と日本の縁はその後も続いていました。

ロシアの極東進出

清国と日本の開国を機に、太平洋における西洋列強の競争は激化していきました。ところが、日露貿易は期待されるほど発展せず、幕末日本の輸出入におけるロシアの割合はわずか0・5～3％と、ほかの列強に比べて最低レベルにとどまっていました。ロシア自身の産業の立ち遅れと、極東地域のインフラが未発達だったことが主な理由とされています。時代によって理由はまちまちですが、日露の貿易額が期待されるほど伸びないことは、その後の両国関係の特徴の1つとなりました。

当時、ロシアを含む列強の主な関心は中国であり、新たな利権を獲得するために、清国に不平等条約を押し付けてきました（日本との条約も基本的に不平等なものでした）。その狙いは新たな市場の開発だけでなく、領土的野心もありました。

ロシアはアムール川周辺地域での立場を固めようとしました。サハリン（樺太）の開拓に力を入れつつ、清国と愛琿《アイグン》条約（1858）、北京《ペキン》条約（1860）を結び、アムール川左岸と沿海州に対するロシアの領有権を認めさせたのです。アイグン条約の締結で主導的な役割を担ったのは、東シベリア総督ムラヴィヨフでしたが、その功績として伯爵位を授与され、名字に「アムールスキー」が付されるようになります（ムラヴィヨフ＝アムールスキー Муравьёв-Аму́рский）。そして、1858年にハバロフカ哨所（現在のハバロフスク Хаба́ровск）を、1860年にウラジオストク（Владивосто́к）を築いたロシアは、太平洋進出に最適な良港を手に入れました。ロシアの極東政策はまた積極化して、この地域の経営に力が注がれるとともに、対日関係にもさらなる注目が集まるようになっていきます。

サハリンをめぐる交渉と水兵殺傷事件

ムラヴィヨフ総督は、アムール地方の安全保障の観点からサハリンの戦略的価値を重視しながら、ほかの列強が石炭などの豊富な資源を狙って同島に手を伸ばすのではないかとも危惧していました。また、クリル（千島）列島については日本と国境線を画定しましたが、サハリンに関しては合意に至らず、共同で利用することにも様々な困難がありました。こうしてサハリンは、日露関係の主要な問題となっていきました。

ムラヴィヨフは、ロシアのサハリン領有権を日本に認めさせようと、新たな対日交渉に臨むことにしました。1859年8月17日、旗艦アスコリド号をはじめ8隻からなるロシア艦隊が江戸湾に姿を現し、24日には数百人のロシア水兵・士官が軍楽隊を伴い上陸して、三田《みた》の大中寺《だいちゅうじ》に入りました。交渉に当たってムラヴィヨフが提示したのは、日露国境を宗谷《そうや》海峡（国際的な名称はラ・ペルーズ海峡）に引く一方で、サハリン南端の亜庭湾における日本人の漁業権とアムール地方における居住・往来を保証する、という案です。これに対し日本側は、サハリン全島を譲渡することを拒絶し、北緯50度で南北に分割するという対案を提示します。結局、このときの交渉はつまずいてしまい、合意は得られませんでした。日露両国はそれぞれがサハリン（樺太）の開拓を進めながら協議を継続しましたが、1875年に日露国境が完全に確定するまで、さらに16年ほどかかることになるのです。

大艦隊で来航するという力によるパフォーマンスを行って日本側に圧力をかけたムラヴィヨフですが、脅迫的な態度を取ることはなかったとされています。しかし、その穏健な方針を揺り動かす事件が発生します。

同1859年8月26日、食料品を購入しようと横浜に出かけた3人のロシア人が、帰艦途中に数人の攘夷派の武士らに襲撃されます。刀で斬られた水兵イワン・ソコロフ（И. Соколо́в, ?-1859）は即死、重体となった少尉ロマン・モフェト（Р.С. Мофе́т, ?-1859）ものちに死亡。もう1人の軍属は左腕に傷を受けましたが、近くの青果店に逃げ込んで助かりました。この悲惨な事件は開国後初の外国人殺傷事件となり、海外の新聞でも報じられるほど大事件として扱われました。幕府はロシア側の反応を非常に憂慮し、在留外国人たちはムラヴィヨフが日本側を厳しく処罰するかどうかに注目しました。

横浜で殺害されたロシア人の墓と記念碑（横浜外国人墓地22区）［公益財団法人横浜外国人墓地提供］

ロシア側は幕府に謝罪を求め、神奈川奉行の罷《ひ》免《めん》、それから犠牲者の墓地を作るという約束を得て、各国領事も味方につけながら犯人の逮捕と処刑を幕府に強く要求しました。しかし、日露関係が専門の真鍋重忠が述べるように、ムラヴィヨフ

幕末期の日本におけるロシア人を描いた絵［『魯西亜国ノ商館休日ニシテ小児透引シ海岸ニ遊フ図』1861年、早稲田大学図書館、チ05 03929より抜粋］

は、「ロシアは自国臣民の血を売らない」、つまり失われた命のためにお金を請求することはないと述べ、「外人の期待に反して」報復行為にも出ず、賠償金も請求しませんでした。また、アムール川が氷結して船での通行が難しくなることを懸念した総督は、このような事件が起こったことも、国境に関する交渉が中止されたことも、それは日露友好関係の断絶を意味しないと日本側に言明し、急いで帰国します。

幕末期、攘夷派による外国人殺傷事件が複数起こり、列強はしばしば日本に賠償金を要求することもありました（特に有名になった生麦《なまむぎ》事件〈1862〉の結果、薩英《さつえい》戦争〈1863〉にまで展開しました）。一方、ムラビヨフはこの最初の殺傷事件を利用せず、外交を超えた手段は使わないという方針を貫いたと言えます。彼の外交をめぐる評価は様々ですが、この事件においては穏健な立場をとり、日本にとって開国後初の重大な危機は回避されたのです。

＊＊＊

日露交流は新しい段階に入りました。情報の流れはもちろん、人とモノの流れも活発化します。箱館や長崎にロシア艦船が出入りするようになり、ロシア人たちは自らの体験や日本の風土を回想録に著して紹介し、読者の注目を集めていきました。1858年、箱館ではロシア領事館が新設されます。箱館と長崎を中心として、日本の町ではロシア人の姿を目にするようになりました。次回は、そんな「来日ロシア人」たちについて見ていきましょう。

第22回

箱館と長崎
――日露交流を担った町

幕末期
〜
明治初期

19世紀後半から、ダイナミックな外交関係に加え、思想、文化、技術などの分野における情報の流れも活発化していった日露関係は、多面的な性格を持つようになりました。人的な交流が拡大し、開港されたいくつかの港ではロシア人の姿を頻繁に目にするようになりました。最初期の「来日ロシア人」とは、どんな人たちで、どんなことをしていたのでしょうか。

幕末期から明治初期にかけて、ロシア人にとって日本への主な出入り口となった箱館と長崎は、太平洋で不凍港を保有していなかったロシアにとって実に魅力的な停泊地でした。日本を訪れたロシア人は、主にこの2つの港を拠点として活動していったのです。

箱館－ロシアの窓口となった町

ロシア艦船は国交樹立の前にも箱館に出入りしていましたが、日露条約締結後はとみにその頻度が高くなり、次第に外国の艦船の中でも第1位を占めるようになりました。1858年に在箱館ロシア領事館が新設され、さらに1860年秋に領事館附属正教会ができると、ロシア文化の発信地となるとともに日露交流を担う場にもなっていきます。興味深いことに、江戸に公使館を開設した米英仏蘭などの欧米諸国と違い、ロシアは1874年まで日本の首都に外交施設を持ちませんでした。そして、最初に本拠を置いたのが箱館でした。そのため、しばらくの間、日本で唯一のロシアの窓口となった在箱館領事館（1868年に総領事館に昇格）は、ただの外交施設ではなく、西洋文化の発信地でもあり、少し特別な存在だったのです。

初代領事となったのは、ヨシフ・ゴシケーヴィチ（И.А. Гошкéвич, 1814-1875）です。ミンスク（現在のベラルーシ首都、Мінск《ミンスク》）の神学校とサンクトペテルブルク神学アカデミーを卒業後、10年ほど清国に駐在し、通訳・顧問としてプチャーチン使節団に参加した人物です。すでに権威ある東洋専門家とされていた彼は、外交官としての資質も兼ね備えていました。ゴシケーヴィチと親しくなった作家のゴンチャロフも、彼の冷静さと優しさを評価していました。ロシア領事となった彼は、積極的に現地の日本人たちと交流していきます。

ヨシフ・ゴシケヴィッチ（19世紀撮影）

当初の領事館には15人が派遣されましたが、その中には外交官のほか海軍士官や医師などども含まれていました。彼らは日本人に西洋医学や写真術、パン作りや洋裁、天文学・気象学など、ヨーロッパの先進的な技術や知識を伝えるようになります。例えば、医師ミハイル・アリブレフト（М.П. Альбре́хт, 1822?-1867）は、1859年に幕府から日本人に治療を施す許可をもらい、無償で診察を始めました。当初、箱館の住民たちは得体の知れない外国の医術に懐疑的でしたが、日本人の医師では手の施しようがなかった重い水腫の患者を治してみせると、このロシア人の診療所には行列ができるほど人気が集まるようになりました。役人も関心を寄せ、日本人医師のための研修も行われることになりました。

さらに特筆すべき人物は、事務官イワン・マホフ（И.В. Махо́в, 1820-1895）です。彼は、津波の被害に遭ったディアナ号に乗り合わせ、援助してくれた日本人について温かいコメントを残したワシーリー・マホフ司祭（第19回参照）の息子にあたります（ワシーリー自身も1859年に箱館に赴任しましたが、健康上の理由で翌年に帰国しました）。息子イワンは、西洋からあらゆる知識を貪欲に吸収しようとしている日本では、きっとロシア語の需要があるだろうと考え、ロシア語の普及に力を入れます。そして1861年には、日本の子どものために、箱館で『ろしやのいろは』という小冊子を出版しました。タイトルに「日本児童の為めに魯西亜のさむらいはこれを贈る」というメッセージを添え、冒頭では「賢い子供、取って！これは『いろは』、学んで、読む、書く、且つ又、言う、ヲロシアの言葉に」（原文はカタカナ）と呼びかけています。原本は日露両国で保管されています（函館市の指定

函館市の重要文化財にも指定されている、イワン・マホフ『ロシヤノイロハ』1861年

文化財となっています）。歴史研究者の倉田有佳によると、マホフは本書を将軍献上用、箱館奉行用、そして函館、江戸、京都、長崎の子どもたち用として各100部ずつ箱館奉行に贈呈しました。また、ロシア領事館内にはロシア語学校に充てた施設もあり、箱館奉行所の役人の子弟にロシア語が教えられていました。こうして箱館は、日本におけるロシア語教育の主要な拠点となり、そこから様々な情報も発信されていきました。

1860年代初め、ロシア人たちは箱館に日本初のロシア正教会や病院なども建てていきました。それらがこの町を近代的な装いに変えることに貢献し、夜になるとライトアップされる洋風建築の街並みは、やがて函館の大きな魅力となっていきます。ゴシケーヴィチのイニチアチブによって、子ども向けのクリスマスツリー・パーティーが開催されたり、舞踏会も行われたりしました。舞踏会では女性の参加者が少なかったため、男だけの踊りの列ができたほどでしたが、ロシア人女性が日本の役人をダンスに巻き込み、役人が慌て

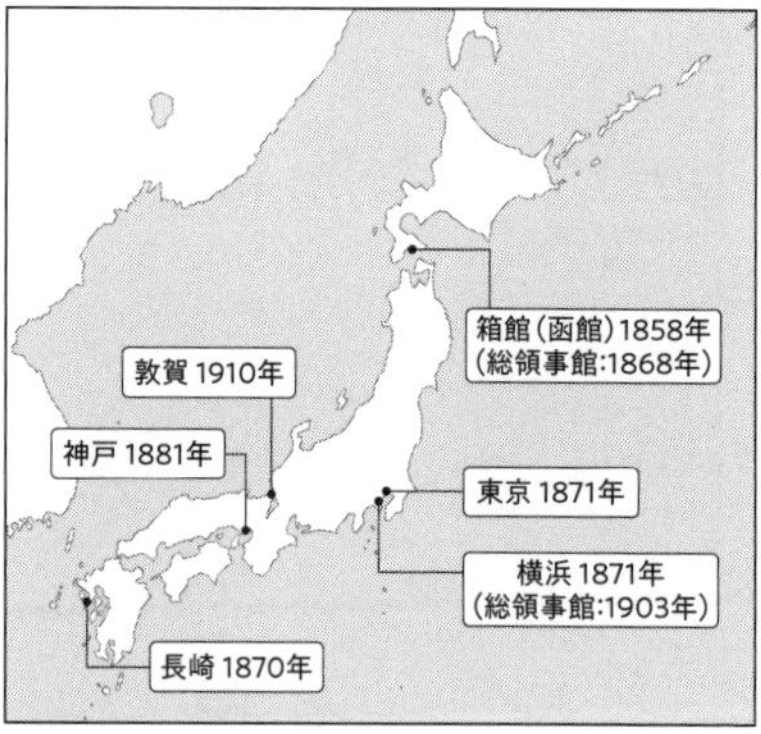

幕末～明治期のロシア公（大）使館、（副・総）領事館。年号は開設年

るなど、ユーモラスなシーンもあったと記録されています。市内にはロシア人が頻繁に訪れる店が現れ、中には「ペテルゴフ」（ペテルブルク郊外、豪華な宮殿で有名なПетерофのこと）《ペテルゴフ》などロシア語の店名がつけられることもありました。

　当時の箱館は北から日本の「文明開化」を促した特別な町だったことがわかります。そして、それを促進役として、来日ロシア人も重要な役割を果たすことになりました。ロシア領事館は町の社交の中心の1つとなり、地元の人々にとってロシアや西洋の文化と触れ合う場となりました。1870年代後半には、総領事館が一時閉鎖されることもありましたが、初期の日露交流において、実に大事な存在でした。

長崎－東アジアの最良の港

　長崎は以前からロシア人にとって日本の玄関になっていましたが、複数のロシア人が長崎に滞在するようになったのは、1858年のアスコリド号の来航（前回参照）からだと言ってよいでしょう。このとき、アスコリド号で長崎に向かっていた乗組員は長い長い航海ややまない嵐で疲れきっており、半数以上がマラリアなどにかかって死者も出るなど、極めて苦しい状況にありました。船も大規模な修理が必要でした。しかし、長崎に近づくにつれて荒れた天気は快晴に転じていき、長崎はまるで天国のように見えた、と記録されています。

アスコリド号は長崎湾に停泊し、病人たちは稲佐《いなさ》地区の悟真寺《ごしんじ》に身を寄せました。寺には宿舎や治療するための場所が設けられましたが、結局多くの乗組員たちが息を引き取りました。近くにあった外国人墓地にはロシア人の墓が急激に増え、「アスコリドの墓」とも呼ばれたそうです。その後も墓地の面積は拡大し、現在、長崎のロシア人墓地には５３０人ほどが葬《ほうむ》られています。

長崎のロシア海軍病院（1886年春）

悟真寺の診察所は海軍病院となり、閉鎖、再建、移転などを繰り返しましたが、基本的に１８５８年から１９０６年まで機能していました。数百人ほどが治療を受けた年もありました。ロシア人患者たちは長崎を出て、治療のために長崎県内の雲仙《うんぜん》や小浜《おばま》といった温泉地を訪れることもあったそうです。

長崎の港としての評判は最高のものでした。ロシア人はそれを「東アジアの最良の港」とも呼んでいました。

1860年にウラジオストクが創建されますが、その後数十年は、不凍港であり立派なインフラを持った長崎こそが、ロシア太平洋艦隊にとって主要な冬季の停泊地であり続けたのです。

ロシア人と地元民との間に様々な関係が結ばれていったのも、当然のことと言えるでしょう。特に太平洋艦隊が拠点とした稲佐では、ロシア人を対象とした様々なビジネスが盛んになり、「ヴォルガ」や「クロンシュタット」のようなロシア語の名前を持つ店も珍しくありませんでした。あるロシア海軍士官が述べたように、地元住民との関係も親密で、それがお互いの利益にもなっていました。ロシア語が通じることもあるなど、ロシア人に好意的な日本人が多かったようです。正教徒となってロシア士官からロシア語を学ぶ日本人が現れたり、ロシア人水兵がたびたび消防活動に参加したりしたほか、ロシアの皇族が町を訪れることもありました。

このように、この時期の長崎は、日露交流史の重厚な1ページとして刻まれています。今もあちこちにその面影が残っています。長崎を訪れる機会のある方は、ぜひロシア関連の旧蹟《きゅうせき》を探ってみてください。

その後、ロシア人コミュニティの中心は神戸と関東地方（東京と横浜）に移ります。来日ロシア人の中には外交官や役人のみならず、司祭や学者、ロシア政府に批判だった思想家や知識人などもいて、立派な功績を残した人物も数多く含まれています。彼らは積極的に日本人と触れ合い、日本の近代化にも貢献しながら、日露の交流を新しい段階へと高めていったのです。その中でも特に重要な人物の1人に、ニコライという若き青年がいました。

第23回

日本における正教会(1)
――ニコライの来日

幕末期～明治初期

東京の御茶ノ水《おちゃのみず》には、おのずと人々の目を引く珍しい建物があります。大きなドーム型屋根の上の八端《はったん》十字架が特徴的なビザンチン様式のこの建築物は、1962年に日本の重要文化財に指定されました。これはロシアやウクライナで最も普及している宗教「正教」の日本最大の教会です。正式名称は「東京復活大聖堂」ですが、「ニコライ堂」の愛称で知られています。その名の起源となったのは、聖ニコライという大主教でした。ニコライ大主教は、明治期の日露交流の象徴のような存在です。彼は「日本の」という形容詞をそのまま冠して、ロシアでは「Николай Япóнский《ニコライヤポンスキー》」とさえ呼ばれるようになります。彼の宣教の歩みを知ることは、明治日本の歴史と日露交流史を知ることに繋がるのです。

熱い思いを胸に

1861年夏、箱館のロシア領事館に25歳の修道司祭が着任しました。この青年の本名はイワン・カサートキン（И.Д. Каса́ткин, 1836-1912）でしたが、修道名ニコライで呼ばれていました。スモレンスク県で輔祭《ほさい》の家族として生まれ、地元の神学校を経てサンクトペテルブルク神学大学に入学した彼は、ゴロヴニンの『日本幽囚記』（第13回参照）を読み、日本に関心を持つようになりました。ちょうどそのころ、箱館にいたマホフ司祭が帰国することになります。そこでゴシケーヴィチ領事は、ロシア外務省に宣教もできる新たな司祭を派遣するよう依頼します。神学大学で「在日ロシア領事館附属聖堂司祭募集」の文書を偶然目にしたニコライは、修道士として日本に渡航したいと志願しました。そして、願いが叶ったニコライは、遠路はるばるシベリアを横断し、熱意を胸に来日したのです。以来、およそ半世紀にわたって日本での宣教活動に励んだニコライによって、正教は「日本ハリストス正教会」（「Χριστός《ハリストス》」は「キリスト」のギリシャ語読み）としてゆるぎない地位を確立していきました。

若き日のニコライ・カサトキン（＝ヤポンスキー）

日本初の正教徒

日本の言葉と文化を理解しないと布教が不可能であると確信したニコライは、着任後すぐに日本語を習得するために猛勉強を始め、日本文化や仏教も学びました。日本人とも幅広く積極的な交流を重ね、彼らから日本のことを学ぶ代わりにロシア語を教えたり、国際情勢などの知識を伝えたりします。秋田大館《おおだて》の医師で儒学者の木村謙斉《きむらけんさい》（1814-1883）、そして、のちに同志社（大学）を設立した新島襄《にいじまじょう》（1843-1890）からは、『古事記』などの古典書を用いて日本語や日本史、日本の風土について教えてもらっていました。ニコライの日本語能力はめきめきと上達し、法華経《ほけきょう》を読めるほど漢文にも熟達したそうです。ニコライの努力はやがて美果《びか》を結ぶことになりますが、本格的な伝道開始までの道程は、実は苦難に満ちたものでした。

日本初のロシア正教会（箱館）

　幕末の日本は激動の渦中にあり、社会には混乱が広がっていました。尊王攘夷派の武士たちが箱館も含めた日本中で盛んに活動し、外国人殺傷事件も相次いでいました。こうした不穏な状況下で、日本で初めての正教徒となる者が現れます。意外にも、それは熱心な尊王攘夷論者の武士でした。その人物とは、土佐藩士であり坂本龍馬《さかもとりょうま》（1836-1867）の従弟でもあった沢辺琢磨《さわべたくま》（1834-1913）です。江戸で問題を起こし、逃げるように箱館に渡った沢辺は、箱館神明宮《しんめいぐう》宮司の女婿となりました。彼は外国人もキリスト教も嫌っていました。

　当時、１８６５年に帰国したゴシケーヴィチに代わって、新たな領事エフゲーニー・

ビュツォフ（Е.К. Бюцов, 1837-1904）が赴任しました。このころ、領事館に日本の武術・剣道を習いたいという者が現れ、師匠が必要になりました。そこで招かれたのが沢辺琢磨でした。沢辺は領事館に出入りし、司祭ニコライとも会うようになります。しかし、熱心に日本のことを研究している司祭がかえって極めて疑わしい存在に思えたようで、彼を憎んでいたと言います。

1865年のある日、激情に駆られた沢辺は刀を腰に帯び、殺害も辞さない覚悟でニコライの部屋に押し入ります。そして、「禍根《かこん》」である外国人やキリスト教を悪罵し、喧嘩《けんか》を売ろうとしました。ところが、ニコライは極めて冷静でした。逆に沢辺に対し、正教の教えについて何か知っているのか、と問いかけます。知らぬと回答した沢辺に対し、ニコライは「未だ自ら識らざるのハリスト教を、何故に憎むべきの邪教と名付けらるるか、もし自ら識らずんばこれを研究して、然る後に正邪如何を決すべきにあらずや」と述べたそうです。この会話は通訳を通じて行われましたが、沢辺は司祭の姿勢と言葉に深く胸を打たれたようです。この日を境に、沢辺は熱心に正教の教えを仰ぐようになり、次第にニコライを深く尊敬するようになりました。仲間にも正教を勧めたほどでした。

沢辺（パヴェル）琢磨［国立国会図書館デジタルコレクション、419-34より抜粋］

ニコライのもとに来て教えを求める日本人は少数ながらも徐々に増えていきましたが、法律上ではキリスト教の布教はまだ禁止されていたため、途中でやめる者もいました。しかし、そのような状況下でも沢辺と彼の2人の仲間（仙台藩出身の酒井篤礼《さかいとくれい》〈1835-1882〉、南部藩出身の浦野大蔵《うらのだいぞう》〈1841-1916〉）の意志は強く、洗礼を受けることを決意します。承諾したニコライは、1868年4月、3人に密かに洗礼を行いました。これまで伝兵衛をはじめ、ロシアに渡った日本人漂流民たちの間で正教徒となった者もいましたが（第3回など参照）、日本の地で完全に自分の意志で正教式の洗礼を受けた日本人は、沢辺たちが初めてでした。沢辺は「Па́вел《パヴェル》」、酒井は「Иоа́нн《イオアン》」、浦野は「Яков《ヤコフ》」とそれぞれ洗礼名をもらい、その後の布教に大きく貢献します。やはり注目に値するのは沢辺です。彼の洗礼名は、いにしえの時代、若いころにはキリスト教を迫害したものの、回心してからは様々な土地を行脚《あんぎゃ》し宣教に命を捧げた聖使徒パウロ（Παῦλος《パウロス》）に因んだものでした。当初は正教への憎しみに満ちていた沢辺が日本における伝道の牽引役となっていく姿に、パウロのそれがぴったりと重なります。ただ、彼は幸いにもパウロのように殉教することはありませんでした。

激変する日本社会と正教

1867年11月、最後の将軍徳川慶喜《よしのぶ》（1837-1913）が大政奉還を行い、翌1868年には王政復古が宣言されました。新政府が樹立されたものの、国内情勢は直ちにはおさまりませんでした。戊辰《ぼしん》戦争が勃発し、東北では旧幕府軍と新政府軍の間の戦いが続き、ロシアの拠点地だった箱館はこの戦争の最後の戦場となりました。

このころ、箱館には幕軍の脱兵や仙台藩などの佐幕派《さばくは》の武士たちが多く集まっていました。日本の内戦に対してロシアは基本的に中立を保っていましたが、ニコライは戊辰戦争の敗者たちを心優しく受け入れ、正教信者の輪が徐々に広がっていきました。初期にその中心となったのは、仙台藩や南部藩の士族や知識人たちでした。歴史家の長縄光男が指摘するように、それ以降、正教は主に東北地方において「燎原《りょうげん》の火」のごとく普及していきます。それには以上のような背景だけでなく、沢辺・酒井・浦野をはじめとする、日本人信者らによる熱心な宣教活動が負うところが大きかったです。ニコライは、布教の成功は現地の伝道者の積極的な姿勢にかかっていると考えていましたが、現実がそれを証明したと言えます。

ニコライは、日本社会が混乱するなかで既存の仏教や神道に失望する者が現れるさまを目撃するとともに、多くの人々が西洋文明の知識に関心を抱いていることも認識しました。彼は布教の好機であると判断し、宣教体制を強化するため日本正教伝道会社の設立を考えます。その準備のため、1869年に一時帰国してロシア聖務院に赴きました。

日本に戻ったニコライの宣教は新たな段階を迎えます。彼は正教の枠を超えて様々な社会活動も行いました。その過程で、日本の近代化を支えていくことになる人々が世に出ていくことになります。

第24回

日本における正教会(2)
——知識人にとどまらない庶民レベルの交流

明治時代

正教は、この時期の日露交流において極めて重要な位置を占めています。これまで漂流民を除けば、ロシアの情報に接し考察の対象としていた日本人は主に知識人やエリートでした。しかし、正教の布教により、日本の多くの庶民もロシアの文化や伝統、言語に触れることができるようになっていきました。ロシア正教に身を投じた人々の中からは、ロシアと日本の架け橋となり、優れた足跡を残した人々がたくさん現れました。前回紹介したニコライをはじめとする伝道師のおかげで、多くの日本人にとって、ロシアを含む世界の文化がぐっと身近な存在となりました。

ニコライの上京と布教拡大

ロシアに一時帰国したニコライは、日本正教伝道会社の設立の許可を得て、掌院《しょういん》に昇叙されます。そして1871年に日本に戻り、翌1872年2月に東京に移りました。日本における正教徒の数はすでに4000人を超え、そのうちほとんどは箱館（明治初期に「函館」に改称）や東北に集中していました。それまでロシア正教を信奉していたのは、特に戊辰戦争に敗れ挫折感を抱いた北日本の人々でしたが、その後、布教の最前線は関東地方とそれ以南に移ることになりました。

当時、日本ではキリスト教の宣教が認められるようになり、新教各派の活動が盛んになっていました。ニコライの知名度も高まり、多くの名士らも彼のもとを訪れていました。1872年10月、皇帝アレクサンドル2世（Алекса́ндр II, 1818-1881）の4男にあたるアレクセイ・アレクサンドロヴィチ大公（Алексей Алекса́ндрович, 1850-1908）がロシア皇族として初めて来日し（第29回参照）、明治天皇（1852-1912）と面談しました。このとき通訳の大役を果たしたのは、ニコライでした。すでに外務卿副島種臣《そえじまたねおみ》（1828-1905）などの政治家と接触があった彼は、このころには皇室からも注目すべき人物として認知されるようになります。

布教活動は、大都市を中心として関東から関西地方にまで拡大し、信徒は増加していきました。1875年には、パヴェル沢辺が日本人初の正教司祭に、イオアン酒井が輔祭になりました。正教は着実に日本に根を下ろしていきます。

正教会も日本各地に建設されるようになりました。明治末期までには、箱館（函館）、秋田県、宮城県といった北海道と東北地方のみならず、東京、大阪、京都、豊橋《とよはし》、松山などでも出現しました。その中で特に重要な存在となったのは、もちろん東京復活大聖堂で

東京復活大聖堂（＝ニコライ堂）

す。聖堂建設にふさわしい場所を探していたニコライは、神田《かんだ》駿河台《するがだい》の高台を気に入りました。募金活動が日露両国で行われ、プチャーチンをはじめとする著名人たちも積極的に寄付しました。１８８４年に工事が始まり、１８９１年に完成したこの壮大な聖堂は、次第に一般の人々から「ニコライ堂」と呼ばれるようになり、現在もこの愛称が定着しています。敷地内には神学校などが入ります。宗教の枠を超えてロシア文化の発信地となったニコライ堂は、活発な日露交流の象徴となっただけではなく、19世紀末～20世紀初めの東京を代表する建物にもなりました。夏目《なつめ》漱石《そうせき》（1867-1916）や与謝野《よさの》晶子《あきこ》（1878-1942）などの文化人の作品にも登場する、この時代のシンボルとなったのです。

１９２３年の関東大震災では大聖堂の鐘楼《しょうろう》が倒壊、ドームも崩落してしまいました。しかし、ニコライの死後に日本ハリストス正教会を受け継いだ府主教セルギイ（本名ゲオルギー・ティホミロフ。Г.А. Тихоми́ров, 1871-1945）のほか、たくさんの人々の努力により、１９２９年に復興されました。

教育を重視するニコライ

日本人信者の協力を得て、自ら聖書やその他の教書を日本語に翻訳していたニコライは、聖書入門などを次々と刊行していきました。また、箱館時代からロシア語教育に従事し、1872年からは東京でも築地《つきじ》で、のちに入船《いりふね》付近でロシア語の学校を開き、その場所はやがて神田駿河台に移りました。そこでは外務卿の副島など名士の息子が学び、生徒数も150人に達しました。この学校は1875年から正教神学校となり、日本語で日本史や数学、漢文などが教えられた一方、聖書講読、世界史や地理学、物理学などの授業ではロシア語の文献も使われました。ニコライは若者の健康維持にも注意を払い、日課に体操を取り入れました。語学学校というよりも、総合的な教育を施す一般の学校に近かったと言えます。また、柔道クラブも開設されました。ここで柔道を習った者として、のちにロシアの若者に武道を広めた「ロシア柔道の祖」ワシーリー・オシェプコフ（В.С. Ощепков, 1893-1937）な

神学校の柔道クラブ。真ん中にはニコライ、その左に後の府主教セルギイ

どがいます。

明治末期、この学校は中等学校として認可されました。留学制度も機能していて、東京の優等生はサンクトペテルブルクとキエフ（現在のウクライナ首都、Київ《キーウ》）の神学大学に派遣され、ロシアからも若い生徒たちが来日していました。東京の神学校への留学を経た青年の中から、その後の日露関係に重要な足跡を残した人々も輩出されていきます。

特筆すべきは、ニコライが女性の教育を非常に大事にしたという点です。彼は、布教には女性の役割が特に重要であると考えました。キリスト教は家庭の隅々まで浸透することによって初めて定着することができるのであって、家庭を守っている女性が積極的にならない限りそれは難しい、とも述べていました。これが結果的に女性向けの教育が不可欠だという判断に繋がり、１８７３年には１００人もの規模の女子生徒のための神学校もできました。そのための募金には、プチャーチンの娘オリガ（O.E. Путя́тина, 1848-1890）が大きな役割を果たし、彼女自身も多額の寄付をしたのです。１８８４年、オリガはニコライの布教を手伝うため修道女として日本まで足を運び、その際は戸田《へだ》村も訪れ、父の遺言により村人に寄付しました。

女子神学校は東京のみならず京都でも開設され、その他の教区にも女子会が設けられました。女性向けの教育は宗教に関する科目にとどまらず、ロシア語、数学や哲学、歴史や物理学、儒教なども教えられ、高度なレベルを誇っていました。女性の地位が低かった当時の社会で、こうした教育機関の存在は極めて貴重なものでした。

こうした積極的な教育活動は実を結び、やがて正教の枠を超えていきました。「ニコライ学院」または「ニコライ塾」とも呼ばれたニコライ堂境内《けいだい》の神学校の門下生は、あらゆる分野において日露交流に貢献していきます。1880年代にキエフ神学大学にも留学した小西増太郎《こにしますたろう》（1862-1940）は、文豪レフ・トルストイと交流し、一緒に翻訳を手がけ、帰国後には京都帝大などの教壇に立ちました。瀬沼恪三郎《せぬまかくさぶろう》（洗礼名Иоа́нн《イオアン》、1868-1945）はキエフ神学大学で学び、トルストイと文通し、小説家尾崎紅葉《おざきこうよう》（1868-1903）と一緒に「アンナ・カレーニナ」（«Анна Каре́нина», 1875）の翻訳を行いました。瀬沼の妻、夏葉《かよう》（洗礼名Еле́на《エレーナ》）は女子神学校で学び、トルストイとアントン・チェーホフ（А.П. Че́хов, 1960-1904）の作品を翻訳していました。1903年に神学校を卒業した昇曙夢《のぼりしょむ》（1878-1958）もニコライ・ゴーゴリ（Н.В. Го́голь, 1809-1852）などを翻訳しながら、大阪朝日や毎日新聞にも勤務し、早稲田大学や陸軍士官学校で教えていました。山下《やました》りん（洗礼名Ири́на《イリーナ》）はサンクトペテルブルクへ留学して、伝統的なイコン（ико́на《イコナ》＝聖像画）の制作技術を習得しました。帰国後には神田駿河台に住んで、イコン制作に没頭し、日本の美術史上でも重要な聖像画家

日本ハリストス正教会が刊行していた『正教新報』（1880年12月号）、山下（イリーナ）りんが描いた表紙

となりました。彼女が描いたイコンは、今でも日本各地の正教会に置かれています。

激動の時代の生き証人

1912年、前年に大主教へ昇叙されたニコライは75歳で永眠しました。半世紀にわたって日本での布教に身を捧げた仁徳の人の物語は、こうして幕を閉じたのです。彼の布教により、日本ハリストス正教会の信徒数は3万2000〜3万4000人、教会数は265か所、年間の洗礼者は1000人を超える大きな教団になりました。ちなみに、当時の日本におけるカトリック教会の信徒数は約6万人以上、プロテスタント各派は約4万〜4万5000人でした。つまり、明治末期の全盛期には、正教徒の割合が日本のキリスト教信者のほぼ4分の1に達していたということです。

こうした成果は、もちろん多くの日本人やロシア人の宣教師の努力の賜物でもありますが、その中心にはカリスマ司祭ニコライ・ヤポンスキーがいて、彼こそが正教会の隆盛の大きな原動力でした。庶民から高官まで、あらゆる人々と親密に交流し、日露両国の政府や文化人からも尊敬されていました。当然、彼の日本での活動には、何度も危機が訪れています。その最たるものは日露戦争(1904-05)でしょう。戦争によってロシア人が日本を去ったときにも、ニコライは単身日本に残り、その身を危険にさらしながら日本人信徒のために奔走したのです。

近年刊行された彼の日記からは、当時に生きた人々の声や、優れた観察力を持った知日家であり親日家でもあるニコライの像が浮かび上がってきます。

日本ハリストス正教会は、幾多の消長を経て、現在も活動を続けています。また、ニコライ堂は現在2代目となっていますが、日露両国にとって根強い絆のシンボルであり続けています。ニコライ堂など日本全国に散らばる正教会を訪れ、その歴史を調べてみれば、日露交流に力を注いできた人たちの息吹を感じることができるでしょう。

第25回

ロシアを目指す日本人(1)——「密航者」橘耕斎、「外交官」志賀親朋

幕末期
〜
明治初期

幕末期、西洋の最新の知識などを得ようと、海外に渡ろうとする日本人は少なくありませんでした。初めての日露条約を締結することになるプチャーチンが長崎に来航した際、吉田松陰が乗船を希望して駆けつけたものの叶わなかったというエピソードは、すでに紹介した通りです（第20回参照）。ただ、当時の体制下にあって、密出国に成功した日本人もいました。津波と暴風雨で罹災したプチャーチン使節団のうち、ヘダ号で帰れなかった乗組員が、1855年にブレーメン（現在のドイツ・ブレーメン州）の商船グレタ号でロシアへの帰国の途につきました。この船に1人の日本人が隠れていたのです。彼の名前は橘《たちばな》耕斎《こうさい》。やがて優れたキャリアを積み重ねて、日露交流史において重要な位置を占めるようになっていきます。

ロシア官僚ヤマトフ

橘耕斎（増田甲斎《ますだこうさい》、1820-1885）は遠州掛川《えんしゅうかけがわ》藩（現在の静岡県掛川市）の藩士で、無頼《ぶらい》者だったらしく、前半生の経歴は謎に満ちています。戸田《へだ》村でヘダ号を建造していたときに村の蓮華寺《れんげじ》に寄寓しており、通訳官ゴシケーヴィチと親交を結びました。ところが、ゴシケーヴィチの依頼で海外への持ち出しが禁制だった書籍を購入したことが露見してしまいます。命の危険を感じた耕斎は、ロシア人の元で身を隠し、日本脱出を決意しました。樽の中に隠れたという説が有力ですが、出国の際に日本側の取調掛が近づくと、赤毛のかつらをかぶり、伝染病にかかった水兵になりすましたなどとも言われています。ともかく、1855年6月、ゴシケーヴィチらの手引きで密航に成功しました。

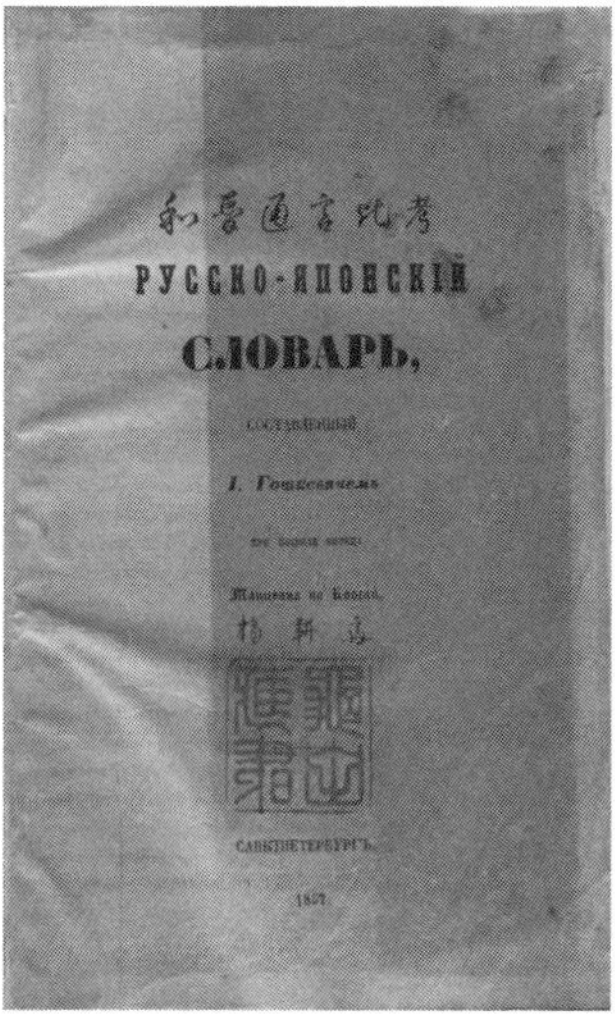

橘耕斎編『和魯通言比考』1857年［国立国会図書館デジタルコレクション、883-cG67wより抜粋］

ところが、グレタ号は途中でロシアと敵対していたイギリスの軍艦に捕まり、耕斎もほかのロシア人たちとともに数か月間にわたって捕虜生活を送ることになってしまいました。しかし、その期間中に耕斎とゴシケーヴィチはさらに親交を深め、お互いにそれぞれの言語や風習を教え合い、有益な時間を過ごしました。その最大の成果が1857年にロシア外務省から出版された和露辞典『和魯通言比考《わろつうげんひこう》』です。約1万8000の収録語に解説がついたこの労作は、ロシア人の日本についての知識を深め、科学アカデミーのデミドフ賞を獲得したほか、ヨーロッパでも高く評価されました。

ロシアに辿り着いた耕斎の生活は徐々に軌道に乗り、1857年にはゴシケーヴィチの推薦で、外務省アジア局の通訳官として就職することができました。翌1858年1月には洗礼を受けて正教徒となり、やがてロシア人女性と結婚して2人の息子ももうけます。こうして、ロシア社会に溶け込んでいた耕斎でしたが、ロシア風の名前に改名する際には日本の古名を使ってウラディーミル・ヤマトフ（＝大和夫、В.И. Ямáтов）と名乗っています。ここには、自分が日本人であることを忘れたくないという彼の気持ちが表れていたのでしょう。

耕斎は通訳としてはあまり有能ではなかったようですが、たびたび日露交渉の裏方として登場します。1862年、外国奉行竹内保徳《たけうちやすのり》（1807-1867）の使節団がサンクトペテルブルクを訪問した際、ロシア側の厚遇が日本人を驚かせました。この使節に同行した若き福《ふく》澤諭吉《ざわゆきち》（1835-1901）は、特に日本式の接待が目立ったと記録しています。「館内の処置専ら日本の習俗を用ゆ。室内えは刀掛《かたなかけ》、（寝床には）日本の枕［…］、手洗場え糠袋《ぬかぶくろ》等備へ、食物も勉て日本の料理を用ひ、箸茶碗等は全く日本と異なるなし」。実はそこには耕斎の影があったと言われています。福澤らはすでに「ヤマトフ」の噂を耳にしていて、通常ロシア人が思いつくはずのない接待の背後には、彼の姿があったと確信していました。しかし、耕斎は終始表に出ることはありませんでした。密かに日本を脱出し、正教に改宗したことによって、日本の法を破ったことを意識していたからだと推測されています。

1866年4月、幕府がロシアに派遣した留学生6人がサンクトペテルブルクに到着します（第26回参照）。ゴシケーヴィチはこの留学生たちを外務省に連れてきて、耕斎を紹介しました。密かに日本を出てロシアの官僚として働いている日本人がいることに、青年たちはどれだけ驚いたことでしょう。耕斎は親身になって彼らの世話をしたそうです。同年には、薩摩藩からイギリスに派遣されていた留学生もロシアを訪れました。のちに日本の初代文部大臣となって日本の教育制度の構築に貢献した森有礼《もりありのり》（1847-1889）です。耕斎は彼に対しても親切に接し、市内を案内するなどしました。耕斎自身も、目覚ましく変化していく日本についての貴重な情報を得たことと思われます。

サンクトペテルブルク時代の橘耕斎［国立国会図書館デジタルコレクション、赤松則良関係文書113(2)より抜粋］

1867年初頭、外国奉行兼箱館奉行の小出秀実《こいでほずみ》（＝大和守《やまとのかみ》、1834-1869）を正使とする遣露使節団が、樺太国境画定交渉のために訪露しますが、このときは耕斎が表に出てきて日本人をもてなしました。そして

1873年、使節団を率いて訪露した岩倉具視《いわくらともみ》（1825-1883）から、新政府が脱国の罪を問うことはないという説明を受けます。こうして、耕斎はようやく帰国することを決意します。

長年のロシア滞在のうちに、ユニークな日本人「ヤマトフ」の知名度は相当なものになっていました。1870年にはサンクトペテルブルク大学の中国・モンゴル学科で初代日本語講師にもなっており、あらゆる分野で活躍した人物として、日露交流史にその名を残しています。彼の功績はロシア政府から評価され、皇帝から勲章が下賜《かし》され、300ルーブルの年金も受給するようになっていました。

1874年、岩倉使節団と一緒にロシアを出国した耕斎は、19年ぶりに日本の地を踏みました。しかし、帰国後の彼に関する確かな情報は多くはありません。再婚して養子をもらい、明治政府に協力したとも言われています。仏門に復帰し、ロシア政府からの年金ももらいながら、晩年は芝公園《しばこうえん》内の増上寺《ぞうじょうじ》境内の家で生活を送ったようです。1885年に65歳で永眠した彼の墓は、東京港区高輪《たかなわ》の源昌寺《げんしょうじ》にあります。

外交交渉の立役者、志賀親朋《しがちかとも》

橘耕斎のロシア渡航にはやむを得ないいきさつがありましたが、熱心にロシア語を独学し、大志を抱いてロシアを目指そうとした少壮有為《しょうそうゆうい》の士もいました。志賀親朋（1842-1916）です。通称浦太郎《うらたろう》としても知られる彼は、幕末～明治初期の日露交流の最前線に立った極めて重要な人物です。

長崎浦上淵村《うらかみふちむら》の庄屋の家族に生まれた浦太郎少年は、10歳だった1853年夏、プチャーチン使節団が初めて長崎に来航したことに感銘を受け、ロシアに興味を持つようになりました。1858年、修理のために長崎停泊中だった軍艦アスコリド号(第20回参照)の海軍士官パヴェル・ムハーノフ(П.С. Муха́нов, 1840-1913)から、稲佐《いなさ》の悟真寺でロシア事情とロシア語を習い始め、その後も長崎を訪れたロシア人の乗組員から言葉を教えてもらっていました。そして、2年後には通辞(通訳)を始めたそうです。

ちなみに、親朋の父である親憲《ちかのり》は、仕事でロシア人と関わり、ロシアの海軍施設(「稲佐ロシア人休息地」)のために、自分の土地を貸与したこともありました。一方、それはあくまでビジネス上の関わりであり、息子が「夷狄《いてき》の言葉」を習うことを嫌い、通辞になるのにも反対していました。しかし、親朋の意志は揺るぎませんでした。そのようななか、1861年、親朋にとって大きなチャンスが訪れます。ところが、それは日本にとって深刻な外交危機でもありました。

1861年3月14日、対馬浅茅湾《あそうわん》の尾崎浦《おさきうら》に露艦「ポサドニック号」(«Поса́дник»)が投錨します。当初は、難破船の修理が必要だとして対馬藩の理解を得ましたが、艦長の本音はそこで海軍基地を構築することであり、対馬藩と幕府は困った状況に置かれました。これは、対英関係もあって不凍港を確保したいという海軍の独断行為であり、ロシア外務省は否定的だったのですが、半年ほど続いたこの事件が日露関係に緊張感をもたらし、ロシアに対するイメージを悪くしました。

この対馬占領事件の処理に関わったゴシケーヴィチは、このとき通訳をした親朋に目をつけ、彼のロシア語能力を評価し、在箱館ロシア領事館付きの通辞として雇うことになりました。以降、親朋のキャリアはロシアと繋がっていきました。翌1862年には箱館奉行に採用され、ロシア関連の仕事で忙しく立ち回るかたわら、奉行所で通訳養成のためにロシア語も教え始めました。日本初の日本人ロシア語講師です。

その後、親朋は中央政界の外交分野に引き立てられて活躍します。1866~67年小出秀実の遣露使節団に参加し、1872年にはアレクセイ・アレクサンドロヴィチ大公と明治天皇との会談を通訳しました。また、初代駐露公使榎本武揚《えのもとたけあき》(1836-1908)随《つ》きの外務三等書記官としてロシアに派遣され、千島樺太交換条約(1875)をめぐる交渉に積極的に参加しました。ロシアに行った際には正教徒となり、洗礼名Алекса́ндр《アレクサンドル》を受けました。ロシア研究者の檜山真一によると、親朋の洗礼時にはアレクセイ大公が代父となったそうです。これは、ロシア皇室と日本人外交官の間にあった深い絆を象徴するようなエピソードと言えましょう。

親朋は、1877年以降に外務省を辞して長崎に帰郷しています。地元ではロシア通の名士として知られ、県会議員などを務め、長崎支部長として日露協会の運営に携わったりしました。日露戦争のときは自宅をロシア人捕虜の収容に充てたそうです。晩年、親朋は従六位に叙せられ、ロシア皇帝からも勲章を贈られました。1916年に他界した志賀親朋について、歴史家の沢田和彦は「幕末という時代の縦糸と長崎稲佐という風土の横糸によって織りあげられた人物」と評しています。

親朋は、幕末期にロシアに関する情報の流れをうまく摑み、日露間の人の流れの先頭に立ちました。自力でロシア語を修め、幕末～明治初期の日露関係史上の出来事にほぼ例外なく登場した親朋は、両国にとってまさしく「縁の下の力持ち」でした。しかし彼は、青年期にロシア留学を熱望したもののその夢が叶わなかったという挫折を経験していました。耕斎との面識もありましたが、晩年の回想録では耕斎について厳しい言葉も残しています。例えば、若いころは「女郎買ひはする酒は飲む博奕は打つと云ふ三拍子揃った厄介者」だったと述べ、ロシアにあって「一向露語が出来な」かったと批判するのです。それは、同じように外交交渉の舞台に立つ身でありながら、片やロシアでの生活を経験できた耕斎に対する複雑な感情の表れでもあったのでしょう。

親朋には叶わなかったロシア留学という夢。しかし幕末期には、日本人として初めてその夢を実現した若者たちがいました。

第26回 ロシアを目指す日本人(2)
——初めての「留学生」、市川文吉の活躍

幕末期
〜
明治初期

1865年9月16日、箱館からヨーロッパに向けて、ロシア軍艦「ボガティーリ号」(«Богатырь»)が出港しました。船上には、まだあどけなさの残る日本人の若者たちがいました。彼らは、日本から初めて正式にロシアに派遣される留学生でした。ロシアを目指した青年たちの心は、きっと好奇心と不安でいっぱいだったことでしょう。彼らの冒険を通して、日露交流に関わった若者たちの希望と挫折が見えてきます。

初めての留学生

ロシア留学を初めて提起したのは、前回紹介した日本で初のロシア語プロ通訳となった、志賀親朋《しがちかとも》だったとされています。1862年に江戸幕府が榎本武揚《えのもとたけあき》をオランダに派遣したことに刺激された親朋は、1865年に在箱館ロシア領事に留学生の派遣を立案し、ゴシケーヴィチはそれを全面的に支持します。当時のロシア領事館は箱館奉行に負債を負っ

ていたため、留学生のロシア滞在費を負担することで相殺する狙いもあったと考えられますが、むろん、優秀な生徒を受け入れることによるメリットも期待していたに違いありません。当初、幕府はこれに消極的でしたが、箱館奉行からの進言やゴシケーヴィチの度重なる提案もあり、ついに留学生の派遣が決まりました。最初の留学生のリストには親朋も入っていましたが、直前になって取り消されてしまいます。仕事で多忙だったことに加え、金銭トラブルもあったからだと言われていますが、ともかく、プロのロシア語通訳であった彼の留学は叶わぬ夢となりました。箱館奉行からは支配調役並《しはいしらべやくなみ》の山内作左衛門《やまうちさくざえもん》（29歳）が推薦されました。

ほかに選ばれたのは、1862年に幕府が設立した洋学教育機関「開成所《かいせいじょ》」の生徒、緒《お》方城次郎《がたじょうじろう》（21歳）、大築彦五郎《おおつきひこごろう》（15歳）、田中次郎《たなかじろう》（14歳）、小沢清次郎《おざわせいじろう》（12歳）と市川文吉《いちかわぶんきち》（18歳）でした。文吉を推薦したのは、開成所で次席の地位にあった父市川兼恭《かねのり》（1818-1899）教授でした。実はオランダ語もできた兼恭は、1853年のロシア使節の長崎来航時からプチャーチンと面識があり、ロシアに関心を寄せていました。また、当時開成所の学科目には「魯西亜《ろしあ》学」が入っていたものの、教員がいなかったため、息子がのちにこのポストに就くことも期待していたようです。

留学生は6人とも幕臣の子弟で、外国語を勉強していましたが、専攻はバラバラで年齢差も大きく、山内以外はロシア語を学んだ経験は全くありませんでした。しかも、年齢差も大きく、最小年の学生たちは漢字もよく知らなかったと言われています。また、家格《かかく》の

ロシア留学生一行［内藤遂『幕末ロシア留学記』より］

高さから組頭《くみがしら》には市川が任命されましたが、留学生取締役には最年長の山内が就いたため、のちに2人の間で主導権争いが起こる原因にもなりました。

　ロシアへの旅は、214日に及びました。一行は長崎、香港、シンガポール、バタビア（現在のインドネシア・ジャカルタ）、喜望峰、イギリスなどを経由し、フランスのシェルブールに上陸します。そこで汽車に乗り換え、ベルギーやドイツを経て、1866年4月1日にサンクトペテルブルクに辿り着きました。道中の風景を楽しみ、鉄道や劇場など西洋文明の粋《すい》に触れたとはいえ、船酔いや慣れない洋食などに苦労する場面も多々あったようです。

留学生たちの挫折

　留学期間は5年間の予定で、ゆくゆくは大学での受講も見込まれていましたが、最初の課題はロシア語の学習でした。留学生らはすでに、航海中にロシア語に着手していました。

第26回
ロシアを目指す日本人 (2)

ロシアでは当初、外務省に勤めていた橘《たちばな》耕斎《こうさい》、ゴシケーヴィチ、そしてのちにサンクトペテルブルク大学東洋語学部長となる中国研究者ワシーリエフ（В.П. Васильев, 1818-1900）教授が教師役を務めました。ゴシケーヴィチは、留学生が「みんな熱心に勉強しており」ほぼ全員が「才能のある青年たち」だったと記しています。その後各自は専門科目も選ぶようになりました。市川は鉱山学、緒方は精密科学（化学という説もあり）、小沢は機械学、大築は医学、田中は海軍学（または鉱山学）、山内は法学など複数の科目を専修することが決まりました。大学入学の準備をしている日本人留学生についての記事がロシアの新聞に出て、ロシア以外の国からも注目されました。

ところが、物事は思い通りに進みません。橘は親身に学生らの世話をしましたが、ロシア語教師としての能力は不十分であり、不定期に留学生らのもとを訪れていたゴシケーヴィチも最適な教師とはいえませんでした。山内らは彼らのサポートに不満を持ち、日本人が同じ借家で共同生活を送る状況もロシア語の学習環境としてあまりよくないと考えていました。

新学期の始まった9月になっても、まだ大学への入学ができません。大学で授業を受けられるほどのロシア語能力は、まだ取得できていないと判断されたようです。当時のロシアにはこうした留学生を受け入れる制度がまだ整っておらず、ロシア語を外国語として体系的に教育させる体制も構築されていませんでした。留学生らのもとを訪れた森有礼《もりありのり》が、『航魯紀行《こうろ》』（1866）の中で「魯国之国語ハ欧羅巴《ようろっぱ》ニおひて学ふニ最も六ヶ敷《むつかしき》と聞けり」と証言したように、苦労する彼らの声が聞こえてくるようです。

山内の手紙には、他の西洋列強に比べれば後進国だったロシアに対する失望が徐々ににじむようになり、森も「幕生衆も魯渡の事を甚た悔めり」と書いています。1867年3月、山内は健康上の理由で帰国します。翌1868年には徳川幕府が倒れ、諸外国にいた留学生に対して引き揚げの指令が出ました。それを受けた留学生のうち4人が、同年7月にヨーロッパ経由で日本に戻りました。結局ロシア滞在は2年あまり、与えられたチャンスを生かせないまま、最初の留学は残念な結果に終わりました。

山内は維新の激動期を経て実業家になり、現在の大手化粧品メーカー資生堂の基盤を築き上げたと言われています。しかし、和露辞典の編著に関わった緒方以外、このとき帰国した留学生たちはその後ロシアとあまり関わりを持つことがなく、初の遣露留学は実を結ばなかったとも言われています。ところが、単身ロシアに残った1人の学生が、のちの日露交流において大事な役割を果たすようになるのです。

市川文吉の活躍

その学生の名は市川文吉でした。山内と違ってロシアに親しみを持ち、ロシア貴族の間で使われていたフランス語も勉強した彼は、ロシアでの暮らしに馴染んでいきました。現地に頼れる存在がいたことも大きな支えになりました。国費留学生の資格は失ったものの、父の知人だったプチャーチンの家に移り、この親日家の提督から厚遇を受けたのです。

市川は何人かの教師からロシア語や歴史、数学を勉強することになります。そのうちの1人が、最初のプチャーチン使節に参加した作家ゴンチャロフ（第18回参照）でした。市川のロシア語は上達し、文化的な知識も深まり、ロシアの上流社会に出入りするようになりました。そして、1869年には明治政府から外務省留学生として認められました。その後、プチャーチン宅を出て、ロシア人女性「シユヴヰロフ」（Шевелёва《シェヴェリョワ》?）と恋に落ちて同棲し、1870年ごろに息子アレクサンドルに恵まれました。この息子はのちにロシアの外交官となり、中東方面で領事を務めたと言われています。

1873年3月末、岩倉具視使節団が来露します。市川は随行者となり、皇帝アレクサンドル2世への謁見の際に通訳を務めるという大役を任せられました。そして同年9月、同使節団とともに単身で帰国することになりました。愛人と息子はロシアに残されました。それからおよそ半世紀後の「東京日日新聞」は、その別れをメロドラマのごとく描写しています。「雪の降る夜、ストーブの前で、愛する女と、愛する児のためにその金髪を撫でて、再会の日を約して互に終夜を泣き明かした」。

市川文吉［前掲書より］

日本に戻った市川は売れっ子になります。最初は文部省、その後は外務省に入り、東京外国語学校（現在の東京外国語大学）のロシア語科教員も務めました。彼の教えを受けた生徒はたくさんいましたが、その中に、ゴンチャロフなどのロシア文学を紹介し、日本近代文学に大きな影響を与えた二葉亭四迷《ふたばていしめい》（1864-1909）がいたことが特に注目に値します。なお、長くロシアに滞在した市川は、日本語がよくできなかったという回想を残した生徒もいました。

外交という舞台での活躍ぶりにも触れておくべきでしょう。１８７４年、初代駐露公使の榎本武揚一行に加わってロシアに派遣され、千島樺太交換条約をめぐる交渉では志賀親朋とともに通訳の役目を果たしました。その後、１８７８年までロシアに滞在し、榎本と一緒にシベリア経由で帰国。１８８６年には、2年後に第2代内閣総理大臣となる黒田《くろだ》清隆《きよたか》（1840-1900）に随行してロシアを訪れ、皇帝アレクサンドル3世（Алекса́ндр III, 1845-1894）謁見時の通訳も務めます。帰国後は、文部省が出版した日本初の活字のロシア語辞典の編集に加わりました。

市川は私生活もダイナミックでした。日本に帰国して間もなく結婚し、のちに2女をもうけました。一方で、ロシアに残った息子アレクサンドルのことも忘れず、仕送りを続けます。息子は１９１４年に来日し、感動に満ちた親子の再会が実現しています。40代からすでに隠棲《いんせい》生活を始めていた市川が息子と二度目に会ったのは１９２７年。その約１か月後、伊豆の伊東《いとう》にて81歳で他界しました。

＊＊＊

第26回
ロシアを目指す日本人(2)

日本人による初のロシア留学を通じて、当時の日本人、特に知識人のロシアに対するイメージのいくつかのパターンが見えてきます。西洋の一部でありながら謎に包まれた国ロシア。習得しづらい言葉と複雑な社会事情。それに挫折する人もいれば、逆に暖かい人間関係などに憧れ、熱意を持ってロシアと付き合い、日露間の架け橋になった人もいる……。後者の道を選んだ日本人の人生を、引き続き辿ってみましょう。

第27回

ロシアを目指す日本人(3)
——嵯峨寿安の「シベリア横断」

明治時代

幕末~明治初期にロシアに渡った日本人は、通常船でインド洋を通って大西洋まで行き、ヨーロッパから入国していました。ところが、明治維新直後に1人の男が大胆にも船旅に比べはるかに苦難に満ちた陸路を選び、シベリア横断に挑戦しています。彼の名は嵯峨《さが》寿安《じゅあん》。江戸時代、漂流民たちはやむなくシベリアを渡っていきましたが、明治維新直後、寿安こそが自発的にユーラシア大陸横断を単身で成し遂げた初の日本人となったのです。

才気煥発《かんぱつ》な青年時代

嵯峨寿安(1840-1898)は加賀藩(現在の石川県金沢市)の眼科医の次男として生まれました。優秀な少年で、15歳から著名な蘭学医黒川良安《くろかわまさやす》(1817-1890)について医学や蘭学を学び、1857年に江戸に出ました。そこで日本陸軍の祖である村田蔵六《むらたぞうろく》(=大村益次郎《おおむらますじろう》、1825-1869)が開塾した鳩居堂《きゅうきょどう》に入り、寝食を忘れて勉学に没頭し、第2代塾頭《じゅくとう》にも抜擢されました。1861年に金沢に戻ったあとも西洋学を学び続け、兵学《へいがく》に力を入れていました。

幕末期、特に兵法を学んだ知識人の多くが、ロシアをまず北方からのしかかる脅威と見なしていました。また、寿安が日本海側の出身だったことも、彼のロシアに対する関心とこの国を研究しようという気持ちに影響を与えたと考えられます。ところが、寿安のロシア観には、次第にもう1つの重要な側面が表れるようになります。そこには、日露交流史上特に偉大な存在だった宣教師ニコライ（第23～24回参照）の影がありました。

向上心に燃えていた寿安は、1866年、ロシア艦船に乗船しようと箱館に姿を現します。その計画は失敗しますが、そこでのニコライとの運命的な出会いが、彼の人生における大きな転換点となりました。4歳差と年齢も近かった2人は意気投合し、お互いにロシア語と日本語を教え合いながら、様々な問題について意見を交わすようになりました。

嵯峨寿安（1871年函館で撮影）
[犬島肇氏提供]

1860年代のロシアでは、農奴解放を含む大規模な改革（「大改革」＝Великие реформы）が行われており、市井《しせい》の人々が盛んに政治的な議論をしていた時代でした。こうした母国ロシアの事情もあり、才気縦横に政治にも精通していたニコライは、親日的とはいえ日本の政治情勢を批評する場面もありました。それを日本への批判と受け止めた寿安が腹を立てる一幕もあったようです。しかし、親身に世話をしてくれるニコライの人格に魅了され、2人の交友関係が崩れることはありませんでした。その関係は寿安が箱館に滞在した2年以上の間続き、ロシア側の歴史学では、沢辺琢磨《さわべたくま》（第23回参照）のように洗礼を受けて正教徒になったと言われています。ニコライと親交を持った以上、正教は避けては通れない話題だったと思われますが、寿安はどうやら正教とはある種の距離感を保っていたようです。

ニコライとの交換教授で、寿安のロシア語能力はかなりのレベルまで上達しました。その証拠の1つとも言えるのは、1867年に箱館で製作された『魯話和訳』でした。この本は日本初の本格的なロシア語教科書兼日常的会話集とされ、著者はニコライでしたが、寿安はほかのニコライ門下生（仙台の小野寺魯一《おのでらろいち》〈1822-1881〉、江戸の三輪魯鈍《みわろどん》〈生没年不明〉）とともに翻訳に携わっています。

希望なき留学

ニコライは、こうした寿安の努力を高く評価し、ロシア留学を薦めていました。1868年の箱館戦争に際して寿安は金沢に戻り、ニコライも翌1869年には一時帰国することになりますが、寿安のことを気にかけ、日本出国前に加賀藩に推薦状を書きました。そこで寿安の勤勉ぶりを激賞しながら、彼を日本の殖産振興に必要な技術官僚、いわばテクノクラートになるべき人物と評しています。それには本人の希望もあったと言われています。しかしながら、技術士の育成という点では、ロシアよりもアメリカやほかの西欧列強のほうが最前線に立っていました。やがてその現実が、寿安を動揺させるようになります。

1869年5月、寿安をロシアに派遣するとの藩命が出て、彼はパスポートを手に入れます（新政府が発行したパスポートとしては第2号でした）。しかし、明治維新という激変期だったため、ロシアに渡る準備が整うまでに2年間ほどかかりました。この間に欧米の情報が大量に流入し、日本国内では近代化のモデルとしてのロシアの地位が低下していきます。当然、寿安のロシア観にも変化が表れます。歴史家の左近毅は、出国直前に寿安が弟に宛てた手紙は「ロシアへ赴く希望と期待の念が全く感じられないばかりか、諦観的なトーンが主調を成して」いるほどだったと指摘しました。ここで寿安は「不帰の旅立ちを予感」し、アメリカとプロイセンについてばかり論及し、学ぶなら公法学にすべきだと述べています。自分が歩む道に対する強い疑問が感じられるのです。それでも彼は、拝命を受けた以上はそれに従う姿勢を貫きました。1871年5月、複雑な気持ちを抱きながら、函館でロシア軍艦「イェルマーク号」（«Ермáк»）に乗船し、その数年前に築かれたロシア極東の海港ウラジオストクに向けて旅立ちました。

寿安が陸路を選んだのは渡航費不足が第一の理由だったとされますが、師ニコライの影響も少なくなかったと考えられます。ニコライはシベリア経由で来日しており、その冒険譚《たん》を聞いた寿安が心を躍らせたこともあったのでしょう。ちなみに、「イェルマーク」とは16世紀の探検家であり、シビル・ハン国を征服したとされるコサック隊の頭領の名です。逆の方向からではありますが、イェルマーク（1532?-1585）と同じくシベリアを目指した寿安がその名を冠する船に乗ったことは、偶然とはいえ象徴的です。

寿安はウラジオストクから汽船でウスリー川とアムール川をさかのぼり、馬車で未開拓の大地を走り、汽車に乗って、ロシアの東の端から西の端までの約1万キロを旅しました。ハバロフスク、イルクーツク、トムスク、エカテリンブルク、カザン、モスクワなどを経て、首都サンクトペテルブルクに着いたのは翌1872年初めのことでした。

残念ながら、彼のロシア滞在に関する資料はあまり残されていません。ただ、はるか極東から西端の都まで、ロシアの各地を見て様々な勉強を重ねた寿安が、ほかの留学生にはないユニークな知見を得たことは間違いありません。1873年春、岩倉使節団が訪露した際、伊藤博文《いとうひろぶみ》（1841-1909）や木戸孝允《きどたかよし》（1833-1877）などと面談した寿安は、1874年にロシア留学に区切りをつけて帰国することにしました。廃藩置県により加賀藩は姿を消しましたが、明治政府に開拓使御用掛《ごようがかり》として採用され、ロシアで得た知識を活用するのに最適ともいえる北海道に派遣されます。また、函館でロシア語を教えることもありました。しかしながらキャリアは安定せず、転々と職を変えていきます。

不安定なキャリア

寿安は1876年に開拓使を退任し、東京外語学校の教官となります。1877年8月、のちに日本最初の活字露語辞典となる『露和字彙《ろわじい》』（1887）の編纂を文部省から依頼されますが、1か月後の9月には外語学校を退官してしまいます。1882年ごろには親戚がいた富山県の東岩瀬《ひがしいわせ》に行って医院を開業しますが、どうもうまくいきません。そこで1887年にまた上京し、1893年まで内閣官報局で勤務することになります。1896年ごろには樺太（サハリン）コルサコフ（大泊《おおどまり》）の領事館に勤務、その後は参謀本部の命によって広島でロシア語の教授にあたっています。このころ日露関係は緊迫していたため、寿安のような人物が必要になったということでしょう。ところが1898年末、波乱万丈だった彼の人生は幕を閉じてしまいます。遺体は広島市八丁堀《はっちょうぼり》の超覚寺《ちょうかくじ》に葬られました。

　嵯峨寿安はロシア留学の経験を十分に活かせなかったと言われることが多く、彼を「失敗者」と位置付ける同時代人さえいました。従来はその理由として、明治政府がロシアへ留学した学生に価値を認めず重要な役職をあまり与えなかったからだとされてきました。実際、寿安が留学した時期、ロシアは大規模な改革を進めていましたが、政治体制などの面では他の列強に遅れをとっており、彼がもともと関心を示した技術の分野においてもむしろ後進国でした。

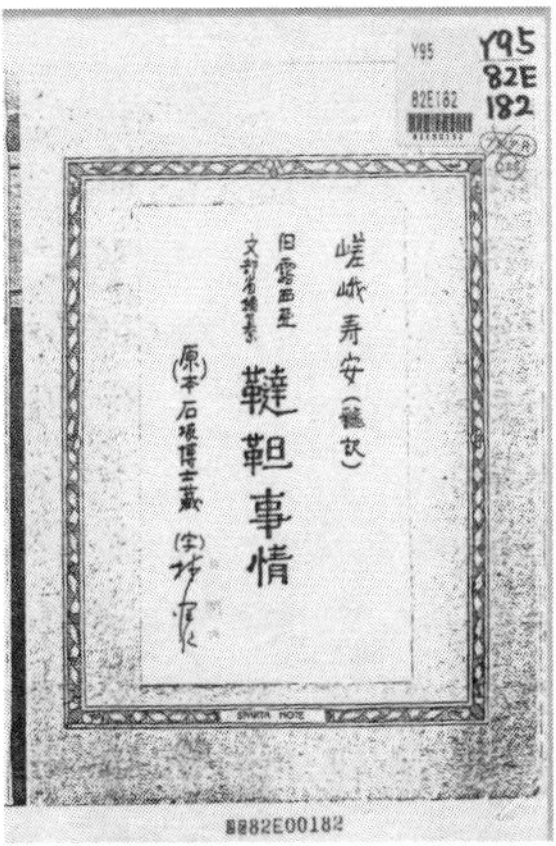

嵯峨寿安が翻訳したロシア文部省編纂『韃靼事情』の表紙［国立国会図書館デジタルコレクション、Y95-82E182より抜粋］

　しかしながら、明治期にはサンクトペテルブルクやモスクワ、キエフ、カザン、ウラジオストクへ留学した日本人の中から、様々な分野で成功した者が出てきたことも確かです。サンクトペテルブルク大学で法学を学び、のちに衆議院議員や検事、富山・千葉・長崎・新潟の県知事を歴任し、政界で活躍した安藤謙介《あんどうけんすけ》（1854-1924）。教育の分野で日露の架け橋となり、両国で多くの門下生を育成した黒野義文《くろのよしぶみ》（18??-1917）。サンクトペテルブルク大学に留学したあと優れた外交官としてキャリアを積んだ西徳二郎《にしとくじろう》（1847-1912）。ロシア留学中に文豪トルストイと交遊し、その作品を日本に紹介した小西増太郎《こにしますたろう》。ロシアで著名な作曲家ニコライ・リムスキー＝コルサコフ（Н.А. Ри́мский-Ко́рсаков, 1844-1908）などに師事し、日本帰国後には演奏家として活動し、慶應義塾大学の初の校歌（旧塾歌、1904年完成）などを作曲した金須嘉之進《きすよしのしん》（1867-1951）。ほかにも数え上げればきりがありません。ロシア留学は、決して「当たりのない空くじ」だったわけではありません。

恐らく、寿安が大成しなかったのは、当時の社会情勢のみならず、廃校などのやむを得ない職場の事情があったこと、すでに若くはなかった年齢と複雑な性格など、様々な不運が重なったからだと思われます。寿安自身がそれを誰よりもよくわかっていたことでしょう。晩年に進行したアルコール依存症が、彼の懊悩《おうのう》の深さを物語っています。

ともあれ、日露両国を自らの足で歩き回り、豊富な知識と経験を持った寿安は、多様なモザイクから成る日露交流史の一角に英傑として名を残しています。大きな挑戦を恐れず、未開拓の陸路で、ロシアという大地へ新たな窓を開いたものとして、嵯峨寿安の名は簡単に忘れ去られるべきではありません。

第28回

最後の平和的な国境画定
——榎本武揚と樺太千島交換条約

明治時代

1869年5月半ば、旧幕府軍と新政府軍の最後の戦いとなった箱館戦争が、いよいよ終結に近づいていました。前年に蝦夷地を支配下に置いた旧幕府軍の拠点は次々と陥落し、五稜郭《ごりょうかく》に立てこもった幹部らは暗澹《あんたん》たる気持ちで望みのない戦いを続け、反乱軍を率いた榎本武揚《えのもとたけあき》は死を覚悟していました。しかし、榎本には敗戦後、本人も全く予想していなかった運命が開けていきます。彼こそがのちに初の駐露特命全権公使となり、日露両国が長年にわたって抱えてきた領土問題の解決に大きく貢献することになるのです。

サハリン（樺太）問題と榎本武揚の抜擢

幕末～明治初期、ロシアは英仏のように佐幕・倒幕の争いになるべく関与することなく、あくまで中立の立場を貫こうとしました。その一方で、日露両国は外交的に大きな外交上の問題を抱えていました。サハリン（樺太）における国境画定問題です。日露和親条約

(1855)により、クリル(千島)列島はエトロフ島とウルップ島の間で分割され境界線が確定しましたが、サハリンは両国民が混住する雑居地となりました。日露双方は自らの所有権を確かなものにしたいと、同島の開拓と植民地化を急ぎ、実効支配を競うようになりました。当然それが緊張を呼び起こし、ときには現地で小規模な衝突も起こり、死傷者が出るケースもありました。サハリン問題は、日露間において最大の争いの種でした。

幕末期、この問題の処理のため、竹内保徳《たけうちやすのり》使節団(1862)と小出秀実《こいでほずみ》使節団(1867)がサンクトペテルブルクを訪問します。一定の合意をみて、協定が調印されたものの、国境画定の交渉は決着がつきませんでした。明治維新後も、対露関係では相変わらずサハリン問題の解決が新政府の最重要課題でした。

基本的にロシアは、サハリン全島の領有にこだわり、宗谷海峡(ラ・ペルーズ海峡)で国境線を引くと主張しました。一番の理由は、安全保障上の問題でした。ロシア以外の国、日本またはイギリスなどの第三国がサハリン全島または一部を占領すれば、ロシア沿海州の安全性が常時脅かされることになる、と考えていたのです。そこでロシア指導部は、日本の主要な関心は経済問題、とりわけ漁業権であると考え、サハリン全島にロシアの主権を認める代償に、日本人がそこで漁業できる権利を保障すると提案していました。また、クリル列島(ウルップ島以北)の一部を日本に譲歩する考えも示しました。

これに対し日本側は、あくまで樺太の南半分を保有したいという立場を取っていましたが、その一方で金銭による決着も検討され、朝鮮半島へ出兵した場合にロシアに中立の立場を取ってもらうことなどを条件にしようと主張する征韓《せいかん》論者もいました。このように、明治政府ではサハリン問題の処理方法に対する意見が分かれていたのです。ロシアへの譲歩は日本国内で不満を招くと危惧する要人もいれば、日本の国力を考慮し、樺太を放棄して北海道開拓に集中すべきであるという勢力もいました。

この樺太放棄論を代表していた人物が、箱館戦争で新政府軍を指揮した黒田清隆《くろだきよたか》です。そして、彼は先の戦いで降伏させた榎本武揚の才能を大きく買っていました。明治政府に榎本の才能が必要だと考えた黒田は、投獄されていた彼の助命のために尽力し、釈放に成功するのです。

北海道やロシア問題への対処のため、かつて仇敵《きゅうてき》として戦った黒田と榎本の連携が始まりました。開拓使に入った黒田は「北方開拓」を担い、出獄した榎本を開拓使から北海道の調査などに回します。そして、樺太視察の結果、黒田はサハリン問題の先行きが日本にとって極めて厳しいと考えるようになっていました。そのようなとき、ロシアに派遣されるはずだった元外務卿（外相）澤宣嘉《さわのぶよし》（1836-1873）の急死を受けて、新たな対露交渉の日本側代表として榎本を強く推薦します。榎本の任命が正式に決まったのは1874年1月でした。このとき日本の代表は、樺太を放棄する覚悟で対露交渉に臨んだのです。なお、近年の研究では、榎本は政治家・官僚北垣国道《きたがきくにみち》（1836-1916）らと一緒に北海道開拓事業に従事しながら土地も所有してその経営に力を入れていたことが明らかになっています。つまり、榎本の樺太放棄・北海道重視論には利害関係の側面もあったかもしれません。いずれにせよ、元反乱軍の将が、かつて戦った相手の政府を代表してよその国の特命全権公使になるという異例の人事でした。榎本は、最大の外交問題をめぐる極めて重要な交渉を担うという大役を任せられることになり、彼に対する明治政府の期待感もうかがえます。

ロシア駐在の榎本武揚［国会図書館デジタルコレクション、榎本武揚関係文書17-5より抜粋］

榎本は初の駐露公使になるのとほぼ同時に、日本初の海軍中将にも任命されています。海軍は難色を示しましたが、伊藤博文は立場上榎本には箔をつけてもらわなければならないと強調し、反対派を納得させています。しかし、当時の日本ではその地位にふさわしい軍服を仕立てる職人がおらず、途中で立ち寄るパリで礼服を作ってもらうことになりました。国際舞台でのアピールに力を注いだ明治政府は、かくも外交儀礼に気を遣っていたのです。

マリア・ルス号事件

実は榎本には、「マリア・ルス号事件」の解決というもう1つの重要な任務が課されていました。この事件は、当時の日本と国際社会にとって非常に大きな意義を持っていました。

1872年夏のある日、マカオからペルーへ向かう途中のペルー籍船マリア・ルス号（"Maria Luz"）が、嵐で破損した船体の修理のために横浜に入港しました。そして、停泊中の船から苦力《クーリー》と呼ばれた清国人の下層労働者がイギリス軍艦に逃げ込んだことで、マリア・ルス号にいた230人ほどの苦力がまるで奴隷のように扱われていたという事情が明らかになったのです。外務卿副島種臣《そえじまたねおみ》は日本の管轄権（裁判を行う権限）を認め、本格的な調査が始まりました。そのとき岩倉具視使節団は、ちょうどが欧米訪問中でした。日本はペルーとは何らの条約も結んでいない状態で、火種を残しそうな厄介な国際紛争に巻き込まれていきます。

最初の裁判により清国人全員が解放されマリア・ルス号の出航許可が出ますが、これに対しペルー側が抗議。船長は苦力の移民契約不履行の訴訟を起こしました。しかし、船上における清国人虐待の事実が認定され、第二の裁判で当の契約は人身売買であるとして無効であるとの判決が下されて、清国人は本国に引き渡されます。清国政府は日本側に感謝の意を表明しました。

ところが、事件はこれで収まりません。ペルー側が全権代表として海軍大臣を日本に送り、裁判の不当性・不法性を訴え、謝罪と損害賠償を要求してきたのです。また、ペルー側の弁護士となったイギリス人フレデリック・ディキンズ（Frederick Dickins, 1838-1915）は、日本にある娼妓《しょうぎ》のような制度は実際には人身売買に当たるとして、そんな国が奴隷売買を批判できるのか、と厳しい指摘をしてきました。事件は膠着《こうちゃく》状態に陥り、ポルトガル、ドイツ、オランダなどの領事のように、日本が他国間の関係・契約に干渉したと不満を表す人々もいました。当事国の1つであるイギリスは、この事件で日本に近い立場を取り、奴隷売買に対して批判的でありながらペルーとの関係も保ちたい米国は、曖昧な態度を見せました。副島種臣と比較的密接な関係を持っていた駐日ロシア代理公使（兼在横浜領事）ビュツォフは、日本側の人道的な姿勢に共感を示しつつ、慎重に対応するよう呼びかけました。

この事態を打開するために、日本とペルーは国際仲裁裁判に訴えることに合意しました。広く今後の国際貿易や国際関係に関わる裁判だったため、仲裁者の責任は極めて重いものでした。そして両国が仲裁を依頼したのが、この事件において利害関係がないロシア皇帝アレクサンドル2世だったのです。

初の平等条約、初の国際裁判勝訴

榎本はサハリン問題とマリア・ルス号事件という2つの重い任務を背負って、1874年6月、ロシアに入国します。

日露条約をめぐる交渉の詳細は紙幅の都合から割愛しますが、どうしてもサハリンを保有したいうえに、ヨーロッパ方面で非常に複雑な情勢を抱えて多忙になったロシアは、所有するクリル列島を放棄するという結論に至ります。1875年5月7日、日本名では

「樺太千島交換条約」として知られる条約がサンクトペテルブルクで締結されました。日本は樺太全島を放棄する代わりに占守島《しゅむしゅとう》までの千島列島全島を獲得、日露国境は全線にわたって確定しました。これが開国後の日本にとって事実上初の平等条約となったという評価は、日本、ロシア、アメリカの歴史学では定説になっています。この条約は、20世紀初頭まで30年ほど守られることになりますが、現時点では、これが最後の平和的な国境画定となりました。日露戦争以降には、日露間の国境は戦争によって書き換えられるパターンが繰り返されることになります。

もう1つの任務、マリア・ルス号事件はどうなったのでしょうか。1875年6月13日、アレクサンドル2世は、日本側の措置は妥当であるとして日本勝訴の判決を下します。「日本は初の国際仲裁裁判に勝利し、日本国内の法的措置の正当性を世界に知らしめることができた」と、日露関係史が専門の醍醐龍馬は指摘します。

サンクトペテルブルク条約（樺太千島交換条約）による日露国境線

2つの重大な任務を果たした榎本は、シベリア経由で帰国することにしました。その際、各地の軍需施設や地域産業などを観察し、大地の風景や民俗に関して興味深い記録を残しました（『シベリア日記』として刊行されています）。また妻への手紙で、「日本人はむやみにロシアを恐れ、今にも北海道へ襲ってくるような心配をしている」と述べ、その不安を晴らす必要性を説いています。ロシアとの直接の交渉を経験し、その内情を深く知った榎本は、日露双方は貿易を増進し関係を深めるべきだと考えていました。

樺太千島交換条約（サンクトペテルブルク条約）について、双方には不満の声もありましたが、国境画定とともに日露関係は比較的平穏な状態がしばらく続きます。情報・モノ・ヒトの流れはますます拡大し、人的交流もあらゆる社会階層で活発化していきました。両国の皇室も例外ではありませんでしたし、逆に専制君主体制や自国政府に反対するロシアのインテリゲンツィア（＝知識人、интеллигéнция）の間でも、日本に対して並々ならぬ関心を抱く者が少なからずいました。次回からは異なる社会層における交流の諸相について考察していきましょう。

第**29**回

宮廷外交(1)
――アジアを外遊するロシア人皇子たち

明治時代

専制君主国家のロシア帝国。帝国への道を走り出した明治日本。伝統、歴史的背景、地位、政策への関与の仕方は異なるものの、どちらの君主も最高指導者であり特別な存在だったという点は共通していました。このため、皇室・宮廷貴族の間の交流は格別な意義を持ちました。日露の外交関係が軌道に乗った1870年代以降、両国の皇族は定期的に会談を重ねるようになっていきました。こうした宮廷外交はヨーロッパで長い歴史を持ち、ロシアでは政治体制上、特に重視されていたものです。近代化を促進する日本でも、皇室は西洋列強との重要なパイプ役を担っていました。

また、ロシアを含むヨーロッパの君主国では、皇族が軍務に就くのが慣例であり、日本でも皇族が軍籍を持った例は少なくありません。このため両国の皇室交流は、しばしば軍人間の交流でもありました。若いロシア皇族の多くは海軍士官の地位にあり、アジアや太平洋地域の歴遊の一部として訪日するのが通例だったため、彼らはほかの士官と同じように長崎から日本に入りました。当然、初めて耳にする日本語として、長崎弁が彼らを迎えたのです。

ロマノフ家の初来日

1871〜72年、プチャーチン使節団にも参加したポシエット海将（第18回参照）率いる艦隊が、初の米国親善訪問をしたあと世界一周に挑み、東アジアの海域に姿を現しました。そのうちの軍艦「スヴェトラーナ号」（«Светлáна»）には、ポシエット自身が輔導《ほどう》の任に当たっていた特別な将校が乗っていました。第24〜25回にも登場した、皇帝アレクサンドル2世の4男アレクセイ・アレクサンドロヴィチ大公です。ロシア皇族としては初めて、欧州の皇族としては2番目の訪日となりました（1番目は1869年に英国エディンバラ公による訪日でした）。

1872年10月、スヴェトラーナ号は長崎で投錨します。日本側は、有栖川宮熾仁親王《ありすがわのみやたるひと》（1835-1895）を中心に、5月からすでに歓迎の準備に取りかかっていました。明治天皇への謁見も計画されていたため、スヴェトラーナ号は神戸と大阪を訪れたあと、横浜へ針路を取ります。横浜でロシアの皇子は開通したばかりの日本初の鉄道に乗り込み、東京まで移動しました。ちなみに、日本で初めて試験公開された汽車はプチャーチン使節団が持ってきた模型のものでしたが（第20回参照）、欧州の皇族で初めて日本の鉄道に乗った人物もロシア人でした。アレクセイ大公は、横浜と東京では有栖川宮熾仁親王などの要人に出迎えられます。そのときに通訳として活躍したのは志賀親朋《しがちかとも》(第25回参照)でした。

アレクセイ大公は、明治天皇が初めて交流したロシア人だと考えられます。2人はほぼ同世代の青年でした(大公は22歳で、天皇より2歳上)。彼らの面会はお座なりの1回に限らず、日比谷操練場《ひびやそうれんじょう》(現在の東京都・日比谷公園)での近衛兵《このえへい》行軍式の天覧《てんらん》も一緒に行い、横浜までの帰路も同じ列車で天皇が同行したのです。横浜では皇子と明治天皇は海軍を天覧し、ともに日本海軍旗艦「龍驤《りゅうじょう》」の甲板に上がり、その後にスヴェトラーナ号に転乗しています。恐らく明治天皇は、このとき初めて西洋の旗艦に乗船したことでしょう。

両国の皇族の初の顔合わせは順調に終了し、ロシア側は深謝の意を日本側に伝えました。ロシアの皇子は函館に寄港してウラジオストクへ向かい、シベリアを横断して首都に帰っていきました。彼は見たことのない動物の剝製などの珍品を日本から持ち帰り、親族などによく見せていたと言います。このコレクションを見た人々の中には、ロシア帝国最後の皇帝となった彼の甥、ニコライ2世もいました。

アレクセイ・アレクサンドロヴィチ大公(1873年ごろ)

アレクセイ大公は、ロマノフ王家では初めて世界を周航した人物で、アメリカや日本、清国などの国々、そして極東の軍港ウラジオストクを訪問しました。勇気ある行動を取っ

アレクサンドル・ミハイロヴィチ大公
［アメリカ議会図書館所蔵］

たこともあり、カリスマ性のある若者でしたが、１８８１年に海軍の最高責任者となってからのキャリアはぱっとしませんでした。最終的には日露戦争での対馬海戦（日本海海戦）における惨敗の責任を取り、退任しました。日本の土を踏んで明治天皇と親しく交わったときは、まさか自分のキャリアがこの国との衝突で終わるとは思いもよらなかったに違いありません。

長崎のアレクサンドル大公

ロシア皇族として次に日本を訪れたのは、ニコライ1世の孫、ニコライ2世の従叔父《いとこおじ》に当たるアレクサンドル・ミハイロヴィチ大公（Алекса́ндр Миха́йлович, 1866-1933）でした。同じく海軍士官だった彼は、20歳になって軍艦「ルィンダ号」（«Ры́нда»）で長期旅行に出て、やがて国際都市長崎に到着します。すでに述べた通り、長らく長崎は、極東海域におけるロシア艦船の最良の停泊地でした（第22回参照）。同艦は2年間にわたって長崎の稲《いな》佐《さ》を拠点地にしながら、フィリピンやフィジー、オーストラリアやセイロンなどを視察するため、約3か月ごとに太平洋とインド洋に出かけていくという日程を組んでいたのです。

アレクサンドル大公はこの間アジアに長期滞在し、多くの国々を見聞する機会がありました。皇子はこの航海により、熱心にアジアを研修する機会が与えられたのです。

賢才だったと言われるアレクサンドル大公は日本に特に関心を持ち、この国に「輝かしい未来」があることは「疑う余地はない」と考えていたそうです。そして、ロシアの「皇室の誰かが日出ずる国（＝日本）の言葉で話せたら有益」だと考え、自ら日本語の勉強に力を入れることにしたのです。

軍艦ルィンダ号

ただし、このころ若き士官に日本語を教えていたのは、なんと「洋妾《ラシャメン》」と呼ばれた、稲佐の遊女でした。長崎に長期滞在した各国の海軍士官の多くは、遊女らと契約を結び、形式上の「結婚」で陸上の「家」と「妻」をもらっていたのです。こうした一時的な「結婚」は半ば慣習化し、悲恋物語がいくつも伝えられています。フランス人士官ピエール・ロチ（P. Loti）の『お菊さん』（1887）、アメリカ人ジョン・ルーサー・ロング（J.L. Long）の『蝶々夫人』（1898）、そしてロシア人ヴァレンティン・ピークリ（В.С. Пи́куль）の『オキヌさんの物語』（«Три во́зраста Оки́ни-сан», 1981）のようなベストセラーの題材にもなり、世界中の読者の注目を集めました。しかし、これらの作品はオリエンタリズムの視点、つまり「東洋」に対する人種差別的な表象も含まれており、「長崎娘」の貧困など、女性たちの抱えた困難を軽視する側面もありました。

アレクサンドル大公も、周囲の勧めで期限付きの「妻」を見つけ、日本滞在についての回想録の中で、長崎での「結婚生活」のことも述べています（先のアレクセイ大公も似たような経験を持っていたようですが、彼は日本に関する記述を残していません）。これによると、大公はこうした「妻」の指導のもと、簡単な日本語の会話ができるようになっていきました。そして、彼が習ったこの簡単な「日本語」が、のちに正式な外交の舞台においてちょっとした事件を起こします。

「楽しい晩餐会」

1887年夏、皇帝アレクサンドル3世の指示により、大公は明治天皇に謁見することが決まりました。長崎はもちろん、両国の外交筋はその準備で大わらわになりました。ロシア側の公使は、日本語しか話さない明治天皇とのコミュニケーションがうまくいくかどうかを心配していましたが、アレクサンドル大公は、自分はある程度日本語の知識を持っていると自信満々で、余裕の笑みさえ浮かべたと言います。

言うまでもなく、日本側のもてなしは贅《ぜい》を尽くしたものでした。横浜から東京まで天皇の専用列車で移動したアレクサンドル大公は、伊藤博文総理大臣を始めとする要人に迎えられ、1週間ほどパレードや観光を満喫しました。この間ロシアの皇子は、日本語で皆をあっと驚かせる機会をうかがっていました。そして、いよいよ晩餐会の際、皇后の右手の席にいた大公は、「度胸をすえ［…］日本語で喋った」のです。しかし、それを聞いた皇后は、一瞬驚いたのち、笑い出しました。これに戸惑ったアレクサンドル大公はもっと喋ろうとして、周りにさらなる爆笑を巻き起こしてしまったといいます。そのとき口にした場違いな〝方言〟から、日本語を習った背景を悟られてしまったのです。

彼の回想録によると、周囲に「長崎滞在は長いですか」などと聞かれ、先生（＝彼女）の名前を尋ねたときの伊藤博文からは、「稲佐弁のすばらしい教授法に天皇陛下から感謝を表したい」と冗談まじりにコメントされたとあります。大公はその場では戸惑いを隠せなかったそうですが、周囲は好意的な雰囲気だったようです。帰り際、天皇と大公はお互いの写真に署名して交換しました。

この「東洋」での滞在経験は、若き皇子に深い印象を与えました。この回想録は訪日から数十年後に書かれているため、ある種の昔話みたいなところもあり、事実関係について断言するのは難しいですが、アレクサンドル大公は日本で過ごした楽しい時間を満足そうに描写しています。中には、「日本は立派な兵士の国」であるという認識を示し、日本の軍事力にはやや危惧の念を抱いたかのように読める箇所もありますが、少なくとも、彼が来日したときの雰囲気が友好的なものだったことは、ほぼ間違いありません。日露関係に暗雲が立ち込めるのは、まだ先のことです。19世紀の両国の皇室は、盛んに交流を広げていきました。

第**30**回

宮廷外交(2)
——「ツァーリ」の国、「ミカド」の国

明治時代
〜
大正時代

日露両国の皇室は、1870年代から直接に交流するようになりました。それに伴い、これまでの「タイクン（＝将軍）」の国との付き合いから、同じく君主（皇帝・天皇＝«импера́тор»）が君臨する国を相手にしていると、ロシア側の意識も変わっていきました。いわば宮廷外交は、「ツァーリ」（царь）の国ロシアと「ミカド」（мика́до）の国日本の交流の象徴の1つでした。また、大陸の大国ロシアから日本を訪れた皇族がほとんど海軍士官だったのに対して、海洋国家日本からロシアを訪れた親王の多くは陸軍でキャリアを積んだ人たちだったというのも興味深い点です。

日本の皇族の訪露

日本の皇族で初めてロシアを訪ねたのは、小松宮彰仁《こまつのみやあきひと》親王（1846-1903）です。彼の訪問は一度きりにとどまらず、3人の皇帝の時代のロシアを目にすることになりました。

イギリスで留学を終えて1873年に帰国する際、途中でロシアを訪問してアレクサンドル2世に謁見したのが最初です。ロシアの皇帝は、息子アレクセイ大公の訪日の際（前回参照）、日本側が手厚いもてなしをしてくれたことに感謝の言葉を贈りました。2回目は1886年、軍事視察のために陸軍中将として欧米に派遣された際に再びロシアを訪れ、次の皇帝アレクサンドル3世に謁見しています。3回目は1902年、イギリス国王の戴冠式に出席するためにヨーロッパを訪問したあとに行われました。ロシアに入国してから、親王のために特別に用意された、ニコライ2世（最後の皇帝）の専用列車に乗り、シベリアを横断して帰国しました。総理大臣桂《かつら》太郎《たろう》（1848-1913）によれば、小松宮彰仁親王は、ロシアの「帝室より極めて御鄭重なる御好遇（＝丁重な厚遇）」を受けたそうです。1903年、日本政府は感謝の気持ちとして、各地でこの訪問に関わったロシア人ら77人を叙勲することを決定しました。皇族の訪問にあたり叙勲を行うことはよくあることでしたが、日露関係が不安定だった当時の状況下でこれだけ多くの勲章を授与したのは、異例のことだったと言えましょう。

アレクセイ大公訪日の際にホスト役だった有栖《ありす》川宮《がわのみや》熾仁《たるひと》親王も、1882年9月に公式に訪露します。もともと明治天皇の代理としてアレクサンドル3世の戴冠式に列席するためで、新皇帝は亡父の忌服《きぶく》のために即位式を1883年まで引き延ばしました（アレクサンドル2世は1881年3月13日に、革命グループ「人民の意志（«Наро́дная во́ля»）」のメンバーに暗殺されました）。しかし、親王が国賓として待遇されたことに変わりはありません

有栖川宮威仁親王（1896年）［国際日本文化研究センター所蔵］

でした。有栖川宮親王はペテルブルクの冬《ふゆ》宮殿（Зи́мний дворе́ц）に宿泊したり、名所を見学したり、離宮であるペテルゴフの宮殿で皇室の人々と面談したりしました。食卓では皇帝と皇后の間に席を占めるという厚遇ぶりでした。そして様々なイベントに参加したあと、戴冠式が開催される予定だったモスクワに向かいました。

有栖川宮熾仁親王の訪露の際、ロシアの日本学にとって極めて重要な出来事がありました。当時、駐露日本公使館に勤務し、サンクトペテルブルク大学で法学を勉強しながら日本語を教えていた安藤謙介（第27回参照）は、同大学で日本語教育が行われているが、日本語の文献は不足していることを親王に伝えたのです。それを聞いた彼は、３５００冊ほどの教科書などを寄贈しました。これらの日本語書籍はロシアばかりでなく世界的にも有名になる日本研究者の育成に貢献することになります。感謝の意として、サンクトペテルブルク大学教授会は、親王を同学の名誉会員としました。

１８８９年春、有栖川宮熾仁親王の異母弟で、ヨーロッパ訪問中だった有栖川宮威仁《たけひと》親王（1862-1913）がロシアを訪れることになりました。このころ、日本では明治憲法が公布され（同年2月11日）、立憲国家になる方針が公式に示されました。一方、皇帝の暗殺に衝撃を受けたロシア指導部は、逆に専制君主体制は不動であるという保守的な立場をとりました。両国は「帝国」でありながらも、異なる体制を目指すようになったのです。

その年の4月末、威仁親王が家庭の事情で訪問の時期を繰り上げるという急な知らせが伝えられ、ロシア側は慌てた様子でしたが、訪問自体は順調に行われました。5月初め、親王らはロシアの都を代表するイサアク大聖堂（Исаа́киевский собо́р）やペトロパヴロフスキー大聖堂（Петропа́вловский собо́р）、マリインスキー劇場（Мари́инский теа́тр）、バルチック艦隊の主要基地クロンシュタットなどの名所を訪れます。そして、ガッチナ（Га́тчина）宮殿でアレクサンドル3世の謁見を賜《たま》わり、皇帝・皇后と皇太子ニコライ（のちのニコライ2世）などが臨席した午餐《ごさん》会が開催されました。その後、親王はモスクワ経由で、慰子《やすこ》妃がいたパリに向かいました。しかし、親王とロシアの縁はこれで終わったわけではありませんでした。

日露戦争前後の宮廷外交

19世紀末、日本とロシアは深刻な対立を迎えつつありました。1898年3月、ロシアは清国から遼東《りょうとう》半島関東州の租借《そしゃく》権を獲得し、不凍港の旅順《りょじゅん》（Порт-Арту́р）で新たな海軍基地を築くことにしました（詳しくは第34回で紹介）。旅順への上陸に参加した巡洋艦「ロシア号」（«Росси́я»）には、皇帝ニコライ2世の従兄弟にあたるキリル・ウラジーミロヴィチ大公（Кири́лл Влади́мирович, 1876-1938）がいました。若手の海軍士官だった彼は、一度

キリル・ウラジーミロヴィチ大公（1905年以降）［サンクトペテルブルク、ロシア国立図書館所蔵］

ならず日本を訪れることになります。

ロシア号は旅順から日本に針路を取り、長崎に入港しました。長崎は依然としてロシア船の重要な停泊地でした。キリル大公によれば、日露の緊迫した関係にもかかわらず、長崎では一切敵意を感じなかったと言います。逆に、「おとぎ話」の世界に入り込んだかのように、日本や「その好意的で、教養のある礼儀正しい住民に魅了された」と記しています。実際のところ、当時の日本ではロシアに対する反感が広まっていたのですが、長崎では海軍士官でさえそれを感じなかったとすれば、そこが長年ロシア人と共存共栄してきた町であったためでしょう。

このときのキリル大公の長崎滞在は短いもので、すぐにロシア極東に移動し、ウラジオストクとハバロフスクに足を運びます。ところが、また突然に日本に派遣されることになります。今度はロシアの皇室を代表して、明治天皇に謁見する使命が大公に託されたのです。

1898年夏、ロシア号は横浜で投錨しました。明治天皇への謁見は極めて友好的な雰囲気のもとで行われ、日本側の大がかりな受け入れ態勢に21歳の大公は好感を覚えました。花火が印象的であったことや、日本の「いちばんの見所」はかわいい子どもであることな

訪日中のキリル大公（前列左から8人目、その右は有栖川宮威仁親王）[『画報 近代百年史第6集（1888-1897）』より]

ど、数十年後に出版された回想録は、そんな温かい記述にあふれています。ちなみに、付き添い役兼通訳は、万里小路正秀《までのこうじまさひで》（1858-1914）でした。1871年に明治政府からロシアに派遣され、10年間の留学を経てロシア語が堪能になった彼は公卿《くぎょう》出身でしたが、洗礼を受けて正教徒になり、ロシア人女性との結婚の経験もありました。

キリル大公は、日本の皇室と親密な関係を結ぶことができたと思われます。1902年、巡洋艦「ナヒモフ提督号」（«Адмирал Нахи́мов»）で再び日本を訪れたとき、有栖川宮威仁親王の邸宅を訪れ、慰子妃が主催した茶の湯を楽しんだそうです。この訪日は非公式のものでしたが、明治天皇との謁見も行われています。

日露戦争およびその前後の日露関係は次回以降に紹介しますが、キリル大公は日露戦争に海軍将校として従軍しました。1904年4月、彼の乗っていた戦艦「ペトロパヴロフスク号」(«Петропа́вловск»)が日本の機雷に接触して沈没してしまいます。一命は取り留めたものの、それ以上の参戦はできなくなり、ロシアに送還されました。しかし、先の回想録では、日露戦争への参加とそこでの負傷という苦い経験を経ても、日本に対する彼の好印象は消えなかったと主張しています。ロシアの皇室の中で最も頻繁に日本を訪れ、日本に好意的だったキリル大公が、ロマノフ家で唯一の日露戦争の負傷者となったことは、大きな皮肉と言えるでしょう。

日本とロシアの皇室交流は、激変する世界情勢および日露関係を鏡のように反映するものでした。日露戦争後、両国関係は急激に改善し、わずか10年後の1916年には日露同盟が誕生しています。これと同時に、皇族間の相互訪問も復活しました。同年1月、以前にも来日したことのあるアレクサンドル大公の兄ゲオルギー・ミハイロヴィチ大公(Гео́ргий Миха́йлович, 1863-1919)が正式に訪日し、9月には閑院宮《かんいんのみや》載仁《ことひと》親王(1865-1945)が訪露します。両国の皇室にとって久しぶりとなる交流は、かつてない日露接近の象徴にもなりました。しかし、翌1917年にロシア革命が起きるとロシア帝国は崩壊し、日露宮廷外交の歴史も幕を閉じることになります。

＊＊＊

宮廷外交にはどちらかというと儀式的な性格があったものの、皇族の海外訪問ということで双方に非常に慎重な対応が求められ、小さなミスが国家間の大事に繋がる可能性がありました。実際、日露の宮廷外交も常に順調だったわけではありません。19世紀末には、両国の関係を破滅させかねないような大事件が起きることになります。

第31回

大津事件
――ニコライ皇太子来日と襲撃の衝撃

19世紀末

うららかに晴れた1891年春のある日、琵琶湖《びわ》に沿って広がる滋賀県大津《おおつ》市を進んでいく長い人力車の列がありました。車上には3つの国の王子たちがいました。日本の有《あり》栖川宮威仁親王《すがわのみやたけひと》、ロシア皇太子ニコライ（のちのニコライ2世）、そしてニコライの従兄弟でギリシャ王子ゲオルギオス（愛称ジョージ。Γεώργιος, 1869-1957）です。街や湖を遊覧したのち昼食を取った3人は、穏やかな気持ちで京都に帰るところでした。ところがそのとき、街道沿いで警護に当たっていた巡査の1人が、皇太子ニコライを乗せた人力車に向かって突進してきたのです……。

皇太子の来日と襲撃事件

1890年11月、皇太子ニコライが乗った艦隊が東洋に向けて出港しました。まだ22歳だった皇太子は、アジア各地を訪れ、ウラジオストクでシベリア横断鉄道の起工式に参列する予定でした。これからのロシア帝国を担っていく指導者として、視野を広げ内外の政治への理解を深めるための外遊でした。これに際し、日本政府は駐露公使西徳二郎の発案にしたがって皇太子を日本に招待します。日本は最後の海外訪問地でしたが、ニコライは1か月ほど滞在し、九州から東北まで国を縦断するという大規模な旅行をする予定でした。日本側は、ロシア帝室と面識があった有栖川宮威仁親王を接伴《せっぱん》役とし、歓迎の準備で大わらわとなりました。これがヨーロッパ王室の皇太子による初来日という歴史的な出来事になったからです。

しかしながら、日本政府の熱心さとは裏腹に、実はニコライ来日の本当の目的は軍事視察であり、ロシアは日本占領を考えているのではないか、などの勝手な臆測が飛び交います。さらに、西南戦争で没したはずの西郷隆盛《さいごうたかもり》（1828-1877）が生き残って密かにロシアに渡っており、今回皇太子と一緒に帰国するといった根も葉もない噂（今で言うところのフェイクニュース）もささやかれました（口絵㉘参照）。１８９０年には日本人によるロシア公使館への投石事件もあったばかりでした。そのため、駐日ロシア公使ドミトリー・シェーヴィチ（Д.Е. Ше́вич, 1839-1906）らが心配したのも無理のないことでした。こうして日本国内が不穏な空気と興奮に包まれてきたころ、１８９１年4月末、お召艦《めしかん》の「パーミャチ・アゾーヴァ号」（«Па́мять Азова»）が率いるロシア艦隊が長崎に入港したのです。

若きニコライは日本を満喫しようとしました。長崎ではお忍びであちこちへ行ったり、買い物したり写真を撮ったりしました。さらに稲佐《いなさ》では芸妓と遊び、竜の刺青《いれずみ》も彫りました。1891年5月1日付の東京朝日新聞が「露国皇太子殿下［…］左右の臂に刺繍を為し居らる」と報道したときは、多くの日本人が驚いたに違いありません。

長崎訪問のあとロシア艦隊は二手に分かれ、数隻は神戸に向かいました。一方、皇太子はお召艦ほか2隻で鹿児島に寄港しました。このときには、「やはり西郷が生還するんだ！」といったデマが再燃したと言われます。しかし、皇太子らの実際の目的は、日本の西洋化の先頭を走った薩摩を視察することでした。鹿児島では元藩主島津忠義《しまづただよし》（1840-1897）らと会談し、非常に豪華なおもてなしを受け、次の寄港地である神戸でほかの艦と合流しました。日本訪問は順調に進み、皇太子も上機嫌でした。

長崎訪問中のニコライ皇太子［長崎歴史文化博物館所蔵］

神戸では湊川《みなとがわ》神社で天皇への忠義を貫いた楠木正成《くすのきまさしげ》（1294-1336）の話を聞き、宮司から日本刀を献呈されました。この贈り物にニコライは感動したと伝えられています。日本側も、滞在中に礼儀正しく振る舞った皇太子に好感を持ったようです。

同日、皇室の特別列車で京都に移動し、改装されたばかりの常盤《ときわ》ホテルに来館。京都を観光し、滋賀で琵琶湖の景色を楽しんだのちに、東京に移動する予定でした。

5月11日、3か国の王子と随行者らは好天のもと大津市に向かい、三井寺《みいでら》を訪問、遊覧船で琵琶湖を楽しみ、滋賀県知事主催の宴会に出席しました。しかし、京都への帰路についたときに、事件が起こります。作家の吉村昭はこの瞬間を次のように描写しています。「皇太子の車がその前を通りすぎようとした時、挙手の手をおろした巡査が、急にサーベルをひきぬき、進む人力車の右側一尺ほどに走り寄った。刀身が陽光を反射してひらめき、その刃先が、鼠色の山高帽をかぶった皇太子ニコライの頭に打ち下ろされた」。さらに2発目を受けた皇太子は路上に飛び降りて、出血した傷を手で押さえ、叫びながら走り出します。犯人の巡査はサーベルを構えて追いかけようとしましたが、幸いゲオルギオス王子と2人の人力車夫が巡査を取り押さえ、最悪の事態には至らずに済んだのです。これが大津事件の概要です。

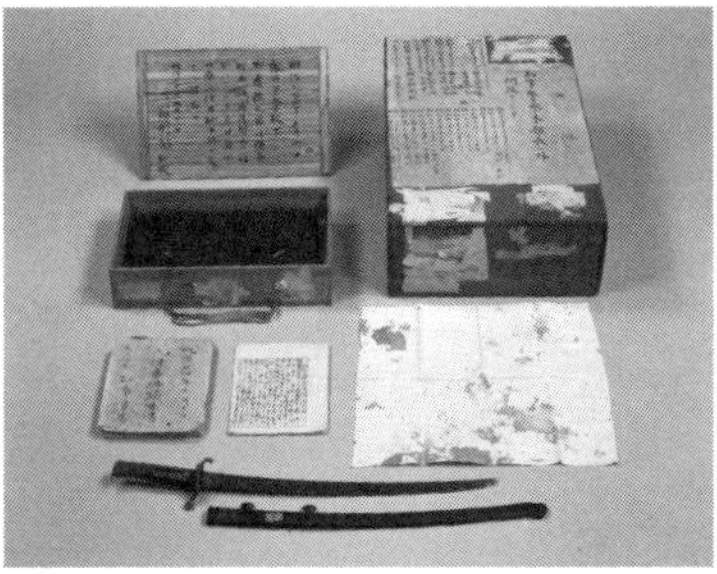

大津事件関係資料（凶器のサーベル、ニコライの血染めのハンカチなど）［滋賀県立琵琶湖文化館所蔵］

動揺する日本社会

犯人の巡査は、元軍人の津田三蔵《つださんぞう》（1855-1891）でした。犯行の動機としては、西南戦争に参加し勲章も受けた彼が、西郷隆盛がロシア艦隊で日本に帰国するという風説を信じて、自分の功績が失われ勲章も取り上げられてしまうことを恐れた、という説があります。取り調べに対し津田は様々な動機について示唆しましたが、どうやら彼の不安定な精神状態が事件を起こしたと考えられます。

政府をはじめ、日本社会の各層がこの事件に驚き動揺しました。当時の日本は文明化を掲げ、西洋と肩を並べることを目標としていました。ヨーロッパの皇太子を歓迎することはその象徴だとして、これだけの力を入れたにもかかわらず、厳戒態勢が敷かれるなか、国賓を守るはずの警護官が暗殺を企《くわだ》てたという事態は、国家の威信を大きく傷つけるものでした。後難《こうなん》は計り知れないものになる、ロシアは賠償金や領土割譲を要求するだろう、いや、武力報復をしてくるかもしれないと、行く末を憂慮する声が日本国中に広まりました。ニコライ皇太子に同情すると同時に、深刻な事態を招いた津田の無礼極まる行為に怒りを抱いた日本人もたくさんいました。事件発生後、日本各地の寺社、経済界や行政府などから送られたお見舞いの電報や贈り物が、駐日ロシア公使館や神戸停泊中のロシア艦隊に殺到しました。さらには、ショックを受けて極端な行動に出る者もいました。畠山勇子《はたけやまゆうこ》（1865-1891）という平民の女性が、ニコライへの謝罪の遺書をしたためて京都府庁の前で自殺を図り、亡くなったのです。このように、大津事件をめぐり日本中が騒然となりました。

日本の首脳部も全力を挙げてこの重大な危機を打開しようと動きます。明治天皇が自ら京都に足を運び、ほかの皇族とともにニコライを慰問し、謝意を表明しました。貴族院議長伊藤博文、外相青木周蔵《あおきしゅうぞう》（1844-1914）などの高官は、ロシア公使ほか関係者と接触し、ロシア側の意向に沿うよう努めました。政府は世論を抑えるために新聞雑誌の検閲や言論統制を行い、事態の解決策を探りました。

外相などの閣僚は、津田の犯行は大逆《たいぎゃく》罪で死刑に当たるという見解を示しました。一方で、大審院長児島惟謙《こじまこれかた》（1837-1908）は、大逆罪は外国の皇室には当てはまらないので津田の罪は無期徒刑に当たると反論し、政府の干渉に抵抗しました。結局、大審院の主張が通って司法権の独立が守られたというのが定説です。津田は無期徒刑の判決を受け、のちに北海道で獄死しました。

事件の解決

ロシア側も皇族をはじめ、社会全体がこの事件にショックを受けました。しかし、当のニコライ自身が冷静に反応し、日本の旅を続けることを希望しました。皇帝アレクサンドル3世も迅速な平和的解決を望み、日本側の対応に衷心《ちゅうしん》から感謝を表しました。しかし、息子の安全に対する皇帝一家の心配は大きく、早期にロシア極東に向かわせるという決断が下されました。ニコライは東京への旅を断念し、神戸からウラジオストクに向けて出港しました。

ちなみに、前回冒頭で触れたように、ロシア語では「天皇」も「皇帝」も、同じく「импера́тор《インペラトル》」と言います。そのため、ロシアでは津田を当然死刑にすべきだという関係者もいましたが、最終的に日本側の説明に納得しました。日本政府高官の中でも、反発したロシアは戦争も辞さないかもしれないと、強く危惧する声はありました。が、予想に反

大津事件の現場（記念碑「此附近露国皇太子遭難之地」）［滋賀県大津市京町通、著者撮影］

して、ロシア皇帝らの反応は穏健でした。日本の首脳部はこれでホッと胸をなでおろしたことでしょう。

大津事件で浮き彫りになったのは、日露両国における相互認識のギャップだと言えます。「対露脅威論」の伝統があった日本にとって、ロシアは強力な陸海軍を持ち、領土拡張を続けてきた巨大な列強でした。武力行使も辞さないというイメージも強く、日本社会に潜在していた「恐露《きょうろ》病」が発現し、過度な心配に繋がったのです。一方、当時のロシアでは日本を脅威として見なす伝統も敵対心もなく、日露関係は安定していると見られていました。皇帝らは事件そのものには衝撃を受けたものの、領土割譲や日本占領の意図は最初からなかったのです。

ニコライを救ったゲオルギオス王子と人力車夫（向畑《むかいはた》治三郎《じさぶろう》〈1854?-1928〉と北賀市《きたがいち》市太郎《いちたろう》〈1859-1914〉）は謝礼を受けました。低い身分の者としては極めて異例なことに、治三郎と市太郎は日露両政府から勲章ももらっています。年金も与えられ、特にロシア政府から与えられた報奨金と終身年金は非常に高額でした。しかし、のちに日露関係が悪化すると、この2人はロシアとの縁のために苦労する場面もありました。

サンクトペテルブルクでは皇太子の救命を祈って教会が建てられました。ニコライはほぼ毎年、この事件の日に家族と一緒に祈禱《きとう》するようになりました。両国の首脳部が賢明な態度をとった結果、直接の日露関係の悪化には繋がらず、事件は無事に解決しました。

しかしながら、日本とロシアは、遠からぬ将来に敵国になる道を歩むことになり、1890年代後半から激しい地政学的な競争に突入していきます。これまで見てきたように、大津事件がそのきっかけとなったわけではありませんが、のちに起こる衝突の前震のように見えるかもしれません。

第32回

メンデレーエフ家の謎 ——ロシアの偉大な科学者と、日本人の子孫

明治時代

化学元素の周期表は、理科が苦手だった方の記憶にも、きっと残っていることでしょう。世界中の学校で教えられている元素の周期律を１８６９年に発見したのは、偉大な化学者にして発明家、歩く百科事典とも言えるドミートリー・メンデレーエフ（Д.И. Менделе́ев, 1834-1907）でした。ロシアではこの周期表を一般的に「メンデレーエフ表」（табли́ца Менделе́ева）と呼ぶため、メンデレーエフの名前を知らないロシア人や旧ソ連人はいないと言えます。しかしながら、ロシアはもちろん国外の名門校でも名誉教授となった、ロシアの科学界を代表するこの学者と日本との間に意外な縁があったという事実は、あまり知られていません。

長崎へやってきた長男

メンデレーエフは天才学者として優れた功績を残しましたが、彼の私生活は決して穏や

かなものではありませんでした。1862年に6歳年上の女性（メンデレーエフの先生で、童話『せむしの小馬』〈«Конёк-горбуно́к»〉という名作を書いた詩人ピョートル・エルショーフ〈П.П. Ершо́в, 1815-1869〉の養女）と結婚し子をもうけましたが、夫婦関係はうまくいかず、1881年、大学教員としての給料の全額を養育費として払うという厳しい条件でようやく離婚しました。次に、26歳年下の若い女性と恋に落ちて再婚しましたが、やはり今度もうまくいかなかったようです。

しかし、結婚生活で安定した幸せを得られなかった彼は、その分、子や孫を溺愛しました。彼は1回目の結婚で3人、2回目の結婚で4人、計7人の子どもに恵まれ、1863年に生まれて6か月に満たず亡くなった長女以外、全員成人しました。

ドミートリー・メンデレーエフ

長男ウラディーミル（В.Д. Менделе́ев, 1865-1898）との関係は特に深かったと言われています。海軍士官学校を卒業したウラディーミルは、1884年に海軍に入りました。しかし、その後失恋を経験して落ち込んでいたようです。それを心配した父の後押しで、1890年に東洋に向かう予定だった艦隊のうち「パーミャチ・アゾーヴァ号」に士官として配属されました。前回紹介した

ウラディーミル・メンデレーエフ

ように、1891年4月末にこの軍艦はお召艦として日本に来航します。つまり、科学者メンデレーエフの長男は、皇太子ニコライとともに来日し、長崎や鹿児島、神戸などを回ったのです。父から写真術を教わり写真愛好家でもあったウラディーミルは、撮影の腕をめきめきと上げ、この訪日中に写真家としても活躍しました。大津事件の現場やロシア戦艦の撮影をはじめ、一行が撮った写真の多くは、実はウラディーミルの手によるものでした。

前回紹介したように、皇太子の日本旅行は大津事件によって中断され、ニコライが再び来日することはありませんでした。しかし、ウラディーミルと日本との繋がりはこれで切れなかったどころか、意外な方向に流れていきました。

大科学者の初孫

サンクトペテルブルク国立大学付属メンデレーエフ博物館文書館には、長崎から送られた2通のロシア語の手紙が保管されています。1通目（1893年4月18日付）はウラディーミル・メンデレーエフに宛てられたもので、2通目（1894年7月18日付）はドミートリー・メンデレーエフに宛てられていますが、後者の手紙には赤ちゃんと若き日本人女性の写真が同封されています。差出人の名前は「Така《タカ》」。この人物は誰なのでしょうか。

パーミャチ・アゾーヴァ号は1892年10月末までロシア太平洋艦隊に所属しており、大津事件のあとも定期的に長崎に寄港していました。ウラディーミルは乗組員としてこの期間内に何回か長崎を訪問することになりました。そして、多くの士官のように、いわゆる「結婚契約」に署名し、期限付きの「妻」と結ばれたのです。この女性の名はヒデシマ・タカといいました。2人が初めて出会ったのがいつなのかは不明ですが、1892年4～5月にパーミャチ・アゾーヴァ号が日本海軍の大演習参観のために長崎に来航し、1か月ほど滞在したとき、タカが妊娠したと見られます。そして、1893年1月には娘が生まれました。世界的に有名な科学者メンデレーエフの初孫は日本で生まれ、日本人の血を引いていたのです。

娘は富士山にちなんで「おフジ（Офу́дзи）」と名付けられました。このころ、ウラジーミルはすでにロシアへの帰路についたところでしたが、タカとの文通は続いていました。文書館に保管された1通目の手紙からは、タカの肉声が聞こえてくるようです。「親愛なる私のヴォロージャ（Воло́дя=Влади́мирの愛称）！・其方の手紙を一日千秋の思いで待っていました。やっと手紙を受け取ったときには、歓天喜地に手紙に飛びつかみました」。当時長崎に停泊したロシア艦船の士官たちは、生まれたばかりの子どもを見に行き、祝いの品やお金を贈りました。タカにとって特にうれしかったのは、「私達の可愛いおフジを見

タカとおフジ［サンクトペテルブルグ国立大学付属メンデレーエフ博物館文書館所蔵］

て、旦那衆は、おフジが其方によく似ていて、まるで『瓜二つ』だと口々に申していた」ことでした。ロシア語には「瓜二つ」（＝「瓜を二つに割りし如し」）に類似する慣用句「水の二滴の如し」（«как две капли воды»）があるため、ウラディーミルにもタカが言わんとすることが伝わったに違いありません。彼がまだ長崎にいたころには、「契約妻」だったタカの妊娠をめぐって、子どもの父が本当にウラディーミルなのかと疑問視する「暗い噂」も飛び交ったようです。だからこそ、娘がウラディーミルに似ていたことで、タカは「すっかり安心した」のです。

しかし、タカの生活は相当に大変でした。自分の母が亡くなり、たった1人で娘を育てることになった彼女は手紙で貞節を誓い、ウラディーミルの援助を求めていました。彼は仕送りをしましたが、連絡は次第に不規則になりました。そしていつの間にか、タカはウラディーミルの父ドミートリーと手紙を交わすようになっていったのです。このテーマを徹底的に調べた科学史研究者の梶雅範は、2通目のドミートリー宛ての手紙と母娘の写真を発掘しました。そのおかげで、偉大な科学者と若い日本人女性との繋がりに光が当たることになりました。

文通、仕送り、そして……

ドミートリー・メンデレーエフは、おフジを自分の孫として認め、あれこれと気を遣っていたようです。タカは、とても丁寧に書かれた手紙の中で、おフジが歩き出したと近況を知らせ、娘との写真を送りました。一方、「私の大事なヴォロージャ」から何の連絡もないことについて「非常に心配している」とも書いていました。

残念ながら、ウラディーミルがタカに宛てた手紙は見つかっておらず、彼の本心は確認できません。しかし彼は、日本を離れたあとにこのロマンスから距離を置くようになったのでしょう。1896年には、ロシアで有名な画家キリル・レーモフ（K.B. Лемох, 1841-1910）の娘と結婚しています。しかし、天道《てんどう》測《はか》る可《べ》からず。ウラディーミルが幸せな人生を送ることはありませんでした。長男（祖父と同じくドミートリーと名付けられました）は幼なくして亡くなります。また、ウラディーミル自身も、1898年に33歳で海軍を退役して、大蔵省付属の航海視学官となり前途有望な専門家とされましたが、同年末にインフルエンザで急死しました。愛する長男を失った父ドミートリーの傷心は計り知れないものでした。

ドミートリーの娘（ウラディーミルの妹）オリガの回想録によると、父は月々孫のために日本に送金をしていたそうです。実は、彼自身も結婚する前にドイツに留学しており、そこで現地の女優と恋に落ちて、子どもを授かっています。自分の子どもかどうか自信がな

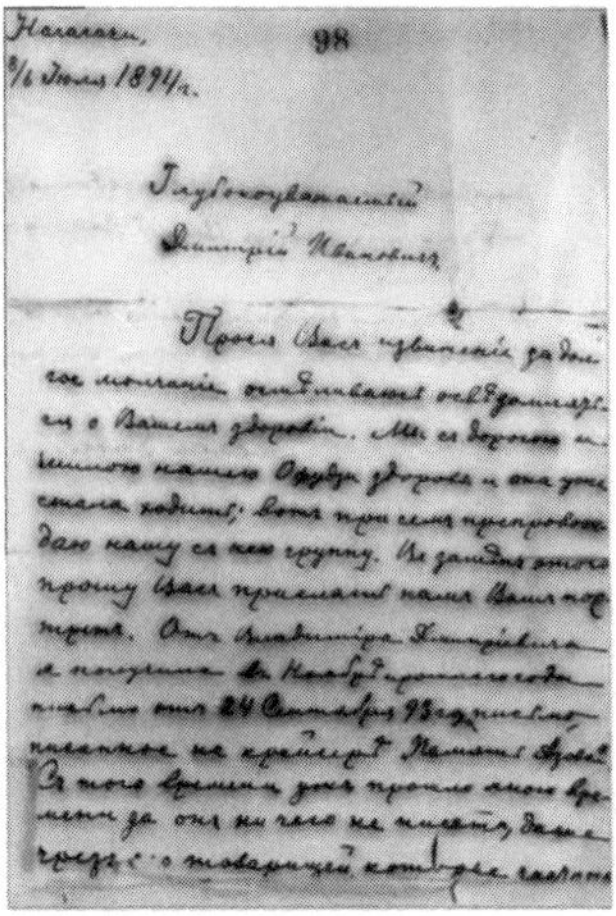

ドミートリー・メンデレーエフ宛のタカの手紙（長崎、1894年7月）［サンクトペテルブルグ国立大学付属メンデレーエフ博物館文書館所蔵］

いと口にしていたドミートリーですが、帰国後18年間にわたって仕送りを続けたのです。息子が似たようないきさつで外国に子どもをもうけたことを、彼はどのように思ったのでしょうか。子どもが大好きで、かわいい孫と遊ぶことを何より楽しみにしていたメンデレーエフですが、実は孫はあまりいませんでした。彼にとって、はるか遠く日本にいた初孫のおフジは、若くして亡くなった息子を思い出させる存在でもあったのかもしれません。

残念ながら、タカとおフジのその後の消息ははっきりしません。オリガは回想録に、2人は「東京での地震のときに亡くなった」と書いているのですが、それを裏付ける正確な資料もありません。ともあれ、日露戦争などがあり、ドミートリーも他界したことで、メンデレーエフ家とタカ親子との関係は動乱の波に飲み込まれ、連絡は途絶えていくことになりました。世界に名を響かせた偉大な科学者の子孫がまだ日本のどこかにいるのかどうかは、謎のままです。

ちなみに、タカの手紙を日本語からロシア語に翻訳したのは、志《し》賀《が》親朋《ちかとも》（第25回参照）

でした。メンデレーエフ家からの送金も志賀経由で行われたのです。このタカの手紙は、実際には志賀の自筆だと思われます。このころ、外務省を辞職して長崎に帰郷していた彼は、その後も日露の架け橋としての役目を果たし続けたのです。

＊＊＊

ロシアでは、「長崎からの少女」（«Де́вушка из Нагаса́ки»）という歌がよく知られています。1910～20年代に作られたこの曲は、ソ連時代末期を代表する歌手ウラディーミル・ヴィソツキー（В.С. Высо́цкий, 1938-1980）やその他たくさんの有名歌手によって歌い継がれています。歌詞は何度も変わったようですが、盤根錯節《ばんこんさくせつ》の人生を歩んだ少女の心情が歌われています。タカのような長崎出身の少女の夢と挫折の物語への同情は、ロシアの日本認識の一部になっていると言っても良いかもしれません。

第33回

革命運動家と明治日本
――ノーベル賞学者メーチニコフの「兄」の功績

明治時代

学者イリヤ・メーチニコフ（И.И. Ме́чников, 1845-1916）――いつかどこかで、きっと一度は聞いたことのある名前ではないでしょうか。免疫系や白血球に関する画期的な研究で近代医学に大きく貢献し、1908年にノーベル生理学・医学賞を受賞した偉大な微生物学者です。医学の世界でメーチニコフの権威は極めて高く、ヨーグルトの普及者としても功績があり、ロシアでは彼の名前を知らない人はほとんどいないはずです。ところが、そのメーチニコフの実兄レフが日本のロシア研究、およびヨーロッパにおける対日観に多大な影響を与えた人物だということを知る人は、日露ともにあまりいません。

革命家レフ・メーチニコフ

レフ・メーチニコフ（Л.И. Ме́чников, 1838-1888）は、まるで歴史小説の主人公のような波瀾万丈の生涯を送りました。彼の生き様を通して、19世紀後半のロシア社会の激変や流動する国際情勢、さらにはロシア知識人らの対日観や日本へ寄せた期待を垣間見ることができます。彼は感情的で御し難く、反骨心あふれる性格でした。その一方、フットワークが軽く様々な分野に秀でた天才で、成功と挫折を何度も経験しました。１８５０年代後半には向学心に燃えて大学で医学や東洋語、芸術を学びましたが、学生運動に参加したことなどにより卒業できず退学。ヨーロッパの主な言語に加えてトルコ語、アラビア語、ペルシア語を修得し、文字通りの多言語話者《マルチリンガル》になって中東に移ります。しかし、キャリアは安定せず、職場を転々としました。ロシアの政治体制に極めて批判的だった彼は、それ以降帰国することなく、そのまま亡命生活を送ることになります。

１８６０年、ヴェネツィアに移住して画家を目指しますが、同年にガリバルディ（Garibaldi, 1807-1882）のイタリア統一運動に加わり、戦場で負傷しました。その後、ヨーロッパ各地を転々としながら、自由思想家のアレクサンドル・ゲルツェン（А.И. Гéрцен, 1812-1870）、ナロードニキ運動の始祖の1人ニコライ・チェルヌィシェフスキー（Н.Г. Чернышéвский, 1828-1889）、アナーキストの革命家ミハイル・バクーニン（М.А. Баку́нин, 1814-1876）などと知り合いました。１８６４年にスイスに移住すると、今度は国際労働者協会（第1インターナショナル）に参加したり、スペインの革命運動やパリ・コミューン（1871）への援助に関わったりしながら、評論家として腕を上げていきました。このときの彼は、すっかり革命家になったかのようでした。

しかし、ヨーロッパの革命運動はうまくいかず、念願の社会改革が実現されなかったことで、メーチニコフは落胆してしまいます。そんな彼に感銘を与えたのが、明治維新でした。彼の目に日本の維新は世界で最もラディカルな革命と映り、東洋からの光明のように受け止められたのです。こうして、日本研究者としての彼の新たな挑戦が始まりました。

日本研究者への道

メーチニコフはパリ大学日本語学科で日本語の勉強を始めました。しかし、実際に日本語を使わない限り修得まで非常に時間がかかると考え、スイスに駐在しているある日本人宛の推薦状を先生からもらい、ジュネーブに渡りました。しかし、その日本人はすでに引っ越してしまっていました。その代わり、メーチニコフが訪れた先では、彼自身のみならず日本におけるロシア研究にも大きな影響を及ぼした、運命的な出会いが待ち受けていたのです。

実は、彼が辿り着いたアパートには、ヨーロッパ留学中の大山巌《おおやまいわお》（1842-1916）が逗留《とうりゅう》していました。大山はのちに陸軍元帥、日露戦争で満州《まんしゅう》軍総司令官になる人物です。このときは、突然姿を現したロシアの革命運動家メーチニコフと親しくなり、お互いに日仏語の交換授業を行うことになりました。

さらにちょうどそのころ、岩倉使節団の一行がジュネーブにやってきます。大山の紹介で、メーチニコフは岩倉具視や木戸孝允、そして使節団の随員らと知り合いました。明治日本を担った政治家とロシアの革命家が親交を結んだのです。のちに発表された回想録でメーチニコフは、特に岩倉が「ピョートル大帝の熱烈なファン」であり、ロシアに関係するものに非常に関心を持っていたと証言しています（当時の日本から見たピョートル大帝については第17回参照）。

新たな知り合いたちから来日を勧められたとき、メーチニコフに迷いはありませんでした。それは、あの西郷隆盛の招聘《しょうへい》で、薩摩藩子弟のための学校の開設に参加するというものでした。大きな関心を寄せていた国で、その社会の激変を実際に目撃することほど、メーチニコフにとって魅力的な体験はなかったことでしょう。

同じころ、ロシアではナロードニキ（**наро́дники**）運動が盛んになっていました。インテリ出身の多くの革命運動家が「ヴ・ナロード」（**«в наро́д»**＝「人民の中へ」）というスローガンのもとに都市を出て農村へ向かい、民衆に向けて啓発・宣伝活動を繰り広げるようになりました。ロシア文学者の渡辺雅司が指摘するように、メーチニコフにとっての渡日は、（日本の）民衆と接近するという意味で「ヴ・ナロード」に相当するものだったのでしょう。さらに彼は、当時の欧米を覆っていたアジア蔑視の優越感に批判的であり〝後進国〟を相手にするという態度ではなく、むしろ民衆の側に立って日本を理解しようとしたのです。

1874年5月、メーチニコフは横浜に上陸しました。そのころには西郷隆盛は失脚し、薩摩藩の学校開設計画は棚上げにされました。そこで、木戸孝允の斡旋で東京外国語学校（現在の東京外国語大学）に教師として赴任できました。学校では、ロシア語のみならず歴史や数学も教え、代数学や幾何学の教科書も作成しています。

サムライ姿のメーチニコフ
[渡辺雅司氏提供]

　彼は積極的に携わるかたわら、熱心に日本についての考察に努めます。維新までの日本史を俯瞰的に見て、大改革を可能にした内外の要因を指摘し、内政事情や日本人の日常生活および習慣にまで着目し、包括的に論じました。これまでの外国の日本研究者と異なり、日本語を理解したうえで日本に接したメーチニコフは、ひときわ鋭い観察力を持っていました。攘夷運動や新聞雑誌に対する政府の規制といった問題点を指摘しながらも、日本の文化や新しい知識を吸収する能力などについては高く評価したのです。のちに発表された彼の著書は、客観的でありながらも温情にも満ちた筆致で、激変する当時の日本社会が生々しく描写されています。

　興味深いのは、メーチニコフが、当時の日本人にとってはアメリカや西欧諸国よりロシアのほうが日本の風紀と人情に「遥かに近い国」、と指摘していることです。また、日露両国に大きな争点はなく、むしろ日本が沿海州やサハリン島に物資を供給しているように、協力できる分野はたくさんあると前向きな考えを示しました。日本で活躍する諸外国語の学習者の中で、ロシア語通訳のレベルが特に高いと証言しているのも注目に値します。

メーチニコフは「生徒の間で絶大な信頼と人気を博し」ました。彼にとって、日本での滞在は会心の一撃であり、大改革が進行中だった当時の日本の雰囲気からは大きな活力を得ていたことでしょう。サムライ姿に扮《ふん》して撮った写真も残っています。青年時代から足が不自由だったにもかかわらず、馬に乗って学校に通っていたとも言われています。しかし、もともとひどい貧血症を患っており、病状悪化のために1875年末に日本を離れることになりました。たった1年半ほどの日本滞在でしたが、その功績は実り豊かなものでした。

日本を去ったあと、メーチニコフは日本をテーマにした講演を行い、才筆をふるって次々と優れた著書を発表し、才筆をふるいました。フランス語で労作『日本帝国』(L'empire japonais, 1878) を著し、のちにロシアの雑誌で「日本における2年間の勤務の思い出」を連載。1876年にはスイスとフランスの地理学協会に入会し、1880年代に大学で教鞭をとることになった彼は、世界の日本研究のみならず、文明論や比較地理学にも貢献することになりました。世界を駆け回った国際人にして革命家メーチニコフは、このころには優秀な研究者へと華麗なる転身を遂げていました。

メーチニコフの後継者たち

メーチニコフのあとを継いで、ロシアからの複数の政治亡命者が東京外国語学校の教壇に立つことになったのは、彼のカリスマ性と功績があったからこそでしょう。彼が去った

東京外国語学校在学中の二葉亭四迷［早稲田大学図書館、イ04 02090 0076 0001より抜粋］

あとも、ナロードニキの精神は東京外国語学校に深く根を下ろしていました。1878～84年に同学校に勤務したアンドレイ・コレンコ（А.А. Коле́нко,1849-?）は、特に自由主義的な側面に重点を置きながら、ロシア文学の紹介に努めました。1884～85年にロシア語教師だった元ナロードニキのニコライ・グレイ（本名はН.В. Чайко́вский《チャイコフスキー》,1850-1926）も、朗読などの手法を用いたロシア文学の授業で学生たちを魅了しました。ほかにも数名の名前を挙げることができます。

彼らは、その後日本においてロシア学を担い、日本人にロシア文学を紹介していくことになる日本人の弟子たちの育成もしました。文豪ツルゲーネフ（И.С. Тургенев, 1818-1883）やゴンチャロフを和訳し、ロシア文学の紹介で重大な役割を果たした二葉亭四迷は、特にグレイのことを尊敬していたと言われています。なお、二葉亭四迷の直接の師とも言える黒野義文《くろのよしぶみ》は、メーチニコフの弟子でした。

メーチニコフらの影響は、日本のロシア研究を進め、ロシア文学を普及させたことにとどまりません。1880年代の日本では、ナロードニキ運動の影響を受けた政治小説が出版され、ロシアのニヒリストの思想は自由民権運動にも影響を及ぼしたとされています。

自由民権運動に積極的に関わった村松愛蔵《むらまつあいぞう》（1857-1939）が、メーチニコフの学生だったことも注目されます。

なお、日本とナロードニキについて語る際に、メーチニコフの弟子だったわけではないのですが、避けては通れない人物がいます。ロシア貴族出身の社会主義運動家、ニコライ・ラッセル（Nicholas Russel, 1850-1930、本名はН.К. Судзиловский《スジローフスキー》）です。

ロシアから政治亡命し、西欧各地、さらに東欧のブルガリアやルーマニアで活動し、アメリカのハワイ州上院議長にもなった彼は、日露戦争の際に来日しました。そして、ロシア人捕虜を対象に、長崎や神戸などで幾つかの新聞（«Во́ля»《ヴォーリャ》〈＝『意志』〉、«Япо́ния и《イポーニア イ》 Росси́я»《ラッシャ》〈＝『日本とロシア』〉など）を刊行し、社会主義の宣伝をします。日本人の妻と子どもがいましたが、1910年に日本出国を余儀なくされ、フィリピンに移り、晩年は中国で暮し、そのまま死去。「中国革命の父」たる孫文《そんぶん》（1866-1925）と交流を持ち、文豪レフ・トルストイやプロレタリア作家マクシム・ゴリキー（М. Го́рький, 1868-1936、本名はА.М. Пешко́в《ペシコフ》）とも文通するなど、目まぐるしい人生を送ったラッセルは、グローバルなスケール観をもった革命家だったという点において、メーチニコフに似ていたと言えましょう。

ニコライ・ラッセル（＝スジローフスキー）

話を今回の主役に戻しましょう。日本滞在は極めて短かったにもかかわらず、明治日本におけるロシア研究の発展、ロシアの文化や文学の紹介、新たなロシア観の形成において、メーチニコフの存在は極めて重要なものでした。ヨーロッパにおける対日理解にも少なからぬ影響を及ぼした彼は、早くも1888年には他界してします。しかし、彼の人生は、激動の時代にあった日露間の交流の重要な一面を熱く物語ってくれるのです。

第34回

日露戦争
——「第0次世界大戦」

明治末期

日本とロシアは様々な分野において交流を進め、その関係は次第に多層的かつ多面的なものになりました。ところが、帝国の道を歩んだ両国は、19世紀末から深刻な地政学的対立の時期に入り、やがて干戈《かんか》を交えることになりました。

戦争前夜

1880年代、ロシアでは大規模な鉄道建設と工業化が進みました。東アジアの市場に関心を寄せていた首脳部は、人口密度の低い極東の領土の経営と安全保障に危惧の念を抱き、1891年からシベリア横断鉄道を建設するようになりました。積極的な極東政策の中心人物となったのは、特に清国への経済進出を掲げ、1892年に蔵相となったセルゲイ・ヴィッテ（С.Ю. Ви́тте, 1849-1915）でした。

他方、急激な近代化を進める日本は、西洋列強と同様に拡張路線に立ち、台湾や朝鮮半島の獲得に意欲を示しました。樺太千島交換条約により日露国境線は一応確定しましたが、清国の弱体化などによって東アジアの国際情勢が激動するなか、日本とロシアは対立するようになります。元老山縣有朋《やまがたありとも》(1838-1922)らは、大陸進出を目指す日本は西洋列強、まずはロシアとの競争を念頭に置かなければならないと考えました。

一方、1890年代半ばまで、ロシアでは日本に対するライバル意識はほとんどありませんでした。1892年秋、ロシア外務省は、日本との対立を招く根本的な要素はないとの認識を示す訓令を、駐日ロシア公使に送っていました。ところが、日清戦争(1894-1895)の結果がロシアに大きな衝撃を与え、日本は強力なライバルとして見なされるようになりました。1895年4月、日本は清国との間で下関条約を締結し、(1)朝鮮の独立(1897年には国号が「大韓帝国」に変更、1910年の日本の韓国併合まで使われました)、(2)遼東半島・台湾・澎湖《ほうこ》諸島の日本への譲渡、(3)清国側の賠償金の支払いが決められます。しかし、翌1895年にはロシアが先導して、フランス・ドイツとともに「三国干渉《さんごくかんしょう》」を行い、遼東《りょうとう》半島を清国へ返還させます。さらに、1896年には、日本を仮想敵国とする露清密約を締結し、満州を横断する東清《とうしん》鉄道(のちに「中東鉄道《ちゅうとうてつどう》」)の敷設権を獲得。そして、1898年に遼東半島・旅順《りょじゅん》の租借権を得て、後者をПорт-Артур《ポートアルトゥール》と名付け、海軍基地の構築に着手したのです。ほんの3年前に日本から清国に返還させたこの領土を、今度はロシア自ら奪ったかのように見えたため、日本国内に非常に強い反発を招きました。こうしたロシアの圧力に対し、将来的な反撃を期して今は耐え忍ぶ時期だとする「臥薪嘗胆《がしんしょうたん》」

というスローガンが、政界や軍部のみならず社会の各層に浸透していきます。

しかし、それ以上に日露関係において最大の争いの種となったのは、朝鮮問題でした。日本は朝鮮半島こそが最重要戦略地域であるとし、その支配権を国家の存亡に関わる問題として位置付けていました。こうしたなか、親露的な姿勢をとり、ロシアによる保護国化まで提案した朝鮮・大韓帝国（以下「韓国」）の皇帝高宗《こうそう》（고종《コジョン》、1852-1919）の動向が懸念材料でした。1895年10月8日、駐朝日本公使三浦梧楼《みうらごろう》（1847-1926）も関わった乙未《いつび》事変が起こり、親露路線をとった王妃閔妃《ミンビ》（민비《ミンビ》、1851-1895）が殺害。それを受けて高宗は、密かに駐朝ロシア公使館に逃亡し、1年間ほどそこを避難所として使い、韓国の政治を執り行うことになりました（露館播遷《ろかんはせん》）。一方、ロシアの対韓政策は曖昧であり、利権を取得し不凍港を求める議論もあったものの、韓国を支配下に置くという具体的な計画はなく、高宗による保護国化の提案も拒否しました。しかし、朝鮮半島での日本の優位を認めないとするロシアは、日本から安全保障上の最大の脅威とされるようになります。

清国内では、列強の侵略により困窮した民衆の支持を得た「義和団《ぎわだん》」による排外運動が活発化し、義和団事件（1899-1901）が起こります。状況はさらに複雑化しました。ロシアは東清鉄道や哈爾濱《ハルビン》などの租借地・権益を保護するとして満州を占領。最終的には、日露を始め8か国の連合軍が北京を占拠し、清国を降伏させます。しかし、ロシアは事件の収束後も撤兵せず、むしろ満洲での立場を固めようと強硬姿勢をとり（東清鉄道の権益保護が名目でした）、イギリスやアメリカなど列強の不満を招きました。対露不信を強めた日本は、英米を味方にしようとします。

こうしたなか、ロシアは高宗の希望を考慮に入れて韓国の中立化を提案しましたが、日本はそれを拒否し、朝鮮問題を満州問題と結び付けました。1901年、対露提携論者の伊藤博文（当時は元老）がロシアを訪れましたが、すでに満州で優位をとっていたロシアは、これから韓国を支配下に置きたいという日本の「満韓交換」案に消極的であり、交渉は失敗。1902年1月には、ロシアへの対抗を目的とする日英同盟が成立し、日露の和解は一段と困難になりました。

同年春、ロシアは清国との協定に基づき満州撤兵を開始します。しかし、東清鉄道の保護や国境防衛といった安全問題を掲げ、韓国北部の林業会社を日本への対抗拠点にしようとするアレクサンドル・ベゾブラゾフ（A.M. Безобразов,1853-1931）ら強硬派の声が強まり、皇帝ニコライ2世を動揺させます。1903年4月には撤兵自体が見合わせとなり、ロシアは新たな対清要求を提示。国際舞台ではロシアに対する批判が沸き上がり、日本でも開戦論が一層強まりました。

開戦から講和へ

1903年8月に本格的な日露交渉が始まりますが、いずれの国でも強硬派の影響力が増していました。日本では、伊藤は枢密院議長となり、強硬論者の外相小村壽太郎《こむらじゅたろう》（1855-1911）と首相桂太郎《かつらたろう》（1848-1913）が対露交渉の主導権を握るようになりました。一方のロシアでは、満州撤兵と韓国譲渡を主張したヴィッテ蔵相が失脚し、穏健派のウラディーミル・ラムスドルフ（В.Н. Ламсдорф, 1845-1907）外相の影響力が低下。強硬派のエフゲーニイ・アレクセーエフ（Е.И. Алексе́ев, 1843-1917）提督を長とする極東太守府が旅順に新設され、日本との交渉を含む極東外交政策全体を管轄するようになったのです。この異例の動きは対日交渉の政策決定過程を混乱させ、ロシアが戦争準備のため時間稼ぎを狙っているのではないかという日本の猜疑心を深めました。ロシア研究者の横手慎二は、この時期の日本とロシアは、一方が自国の安全を増大させようとすると、他方はそれに不安を感じて、同じく自国の安全の増大を図るという「セキュリティ・ジレンマ」に陥っていたと説明しています。

実際のところ、ロシアの指導部では、あくまで対日戦争を主張する声は少数でした。満州で築いた特別な地歩にこだわりつつ朝鮮半島が日本の対露戦略に利用されないようにし、韓国で日本が望むほどの優位を認めないことが重要である、そして日本は対露戦争には踏み切らないだろう、という見方が有力でした。一方、シベリア横断鉄道が完成すればロシアの戦略的立場がより強くなると危惧した日本首脳部は、早期に韓国を支配下に置く姿勢を固めると同時に、ロシアと交渉での合意はできないと結論し、開戦を決定します。こうして1904年2月、日本は宣戦布告をせずに旅順を奇襲しました。

日露戦争は、ロシアにとって極めて不利に展開しました。陸の戦場においては、日本軍は早期に朝鮮半島を占領し、遼東半島を孤立させて旅順を包囲すると同時に、遼陽《りょうよう》会戦

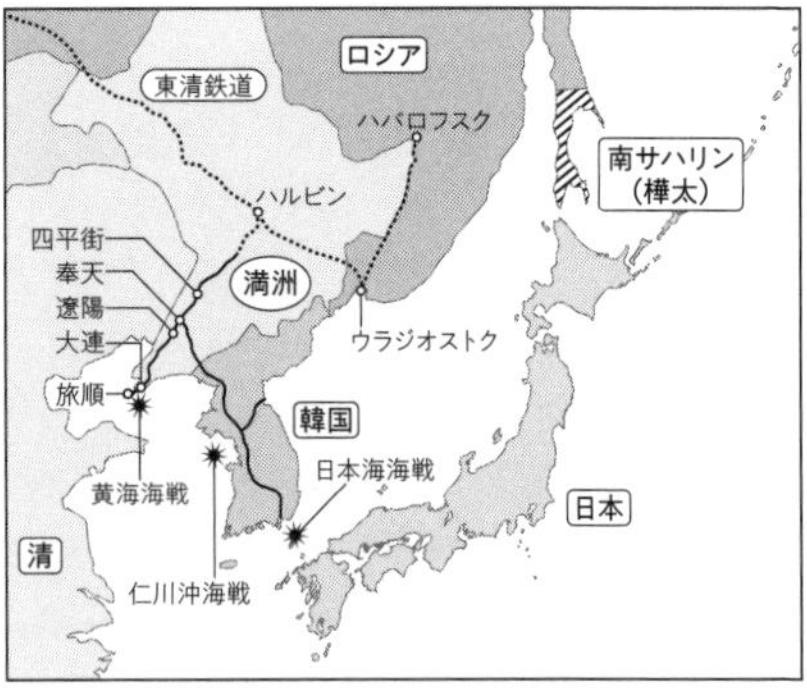

日露戦争の戦場（陸上・海上）

に勝って沙河《シャカ》まで北進しました。海の戦場では、分離されたロシア太平洋艦隊の連合を防ぎ、仁川沖《インチョンおき》海戦や黄海《こうかい》海戦で勝利し、ウラジオストク巡洋艦隊の行動を最低限に抑えることができました。後退を繰り返したロシアは、鉄道でヨーロッパから兵力を輸送して大軍を集結するとともに、バルチック艦隊を極東に派遣することで戦局打開を狙います。しかし、1905年1月に旅順が陥落し、戦局はさらに悪化。3月の奉天《ほうてん》会戦で敗北したロシア陸軍は、四平街《しへいがい》まで後退しました。

この状況下でロシアの内政は動揺します。どこか遠くで行われているうえに失敗が相次ぐこの戦争は何のためなのか、多くのロシア人は理解に苦しみました。これまでたまっていた政治体制に対する不満が高まり、日露戦争がそれを爆発させる導火線となりました。1905年1月、首都サンクトペテルブルクで「血の日曜日事件」が起こります。これをきっかけに第一ロシア革命が勃発し、各地の工場や鉄道でストライキが広がりました。混乱が広がりを見せるなか、運に見放された戦争を続けることは極めて難しくなりました。

一方の日本にとっても、財源などで国力の限界に達した戦争の負担は過重となっていました。政府は講和会議の斡旋を米国大統領セオドア・ルーズヴェルト（Theodore Roosevelt, 1858-1919）に依頼します。ところが、ロシアは内乱に苦しみながらもまだ十分な兵力を持ち、戦況を変える期待をなかなか捨てませんでした。転機となったのが5月27～28日の日本海海戦（対馬海戦）です。ここで日本の艦隊がバルチック艦隊を打ち破ったことはロシア社会に大きな衝撃を与え、「ツシマ」（«цусúма»）という単語は「惨敗」の同義語としてロシア語に加わったほどでした。制海権を失ったロシアが日本に勝つことはもはや不可能となり、戦争の帰趨《きすう》が決まったのです。海軍がほぼ全滅し、最後の希望を失ったロシアは、講和会議の提案を承諾せざるを得ませんでした。

日露講和会議は、1905年8月に米国のポーツマスで開かれました。ロシアの復讐を警戒する日本側は、特に安全問題を重視し、絶対的な条件として、韓国における日本の自由な行動の承認、日露両国による満州撤兵、遼東半島・東清鉄道南方支線の租借権の譲渡を要求しました。ロシア側は譲渡する鉄道の区間を日本軍の占領地域に限定し、韓国と清国に関わる問題に関しては、双方の政府の承諾が必要であるという修正を加えてみましたが、日本側の絶対的な条件を比較的容易に受け入れ、またロシア太平洋水域における日本側の漁業権も約束しました。特に論争になったのは、比較的必要な条件として示された賠償金問題およびサハリン（樺太）の割譲でした。ニコライ2世らは、賠償金の支払いおよび領土の割譲は一切認めないと明言しましたが、早期の講和を主張したロシア全権ヴィッテは賠償金問題のほうが重要であると考え、サハリンについては柔軟に考えました。こう

ポーツマス会議の日露米の代表ら（大統領専用ヨット「メイフラワー号」にて）。左からヴィッテ全権、ローゼン駐米ロシア大使、ルーズヴェルト大統領、小村壽太郎全権（外相）、高平小五郎駐米日本公使

して9月、ポーツマス講和条約が成立し、サハリン南部は日本領土の樺太となります。これは、かつて平和的に画定した日露国境線が、戦争によって変更される最初の悪例となりました。

　日露戦争は、東アジア・極東地域だけでなく、グローバルな舞台でも非常に大きな波紋を起こしました。西洋列強の敗北を目にしたアジア諸国では、民族解放運動やナショナリズムが台頭します。また、主な戦場となったのが韓国と清国だったこともあり、日露間の戦いに巻き込まれて亡くなった朝鮮人と中国人はどれだけいたことでしょう。一方、韓国と清国がターゲットとなり、交戦当事国の日本とロシアに加えて英仏米独などの主な列強が間接的に関わったことなどから、日露戦争は「第0次世界大戦」とも言われています。しかしこの戦争には、「最後の紳士的戦争」と呼ばれた一面もあります。一部の例外を除き、日露両国が捕虜に対して基本的に人道的な待遇を貫いたためです。

　ついに激突した日本とロシア。その後の両国関係には、いったいどんな展開が訪れるのでしょうか。

第35回

日露同盟の興亡
——日露協約、第一次世界大戦、ロシア革命

1905〜1917

日露戦争は、東アジアにおける地政学的情勢《パワーバランス》を大きく変えました。軍事力が弱まったうえに内乱に苦しむロシアは内政改革に力を入れるようになり、外交面ではヨーロッパ方面を優先し、極東地域では消極的な姿勢を見せるようになりました。これに対し、東アジア海域における支配権と大陸における戦略的拠点を獲得した日本は、積極的な外交政策によってリーダーシップを取り始めます。国際情勢が激変するなか、日露の関係にも驚くべき変化が起こります。

対立から提携へ

戦争直後の日露関係は不安定でした。満州からの撤兵は無事に進みましたが、朝鮮半島をめぐる争いは終わりません。ロシアはなんとかして韓国が日本の支配下に入ることを防ごうとしますが、日本は力ずくで韓国の保護国化（第2次日韓協約、1905年）を強行し

極東における日露両国の勢力圏（1907-1910）

ます。それを国際問題にして阻止しようとしたロシアですが、日本は事前にイギリスとアメリカの了承を得ていたうえ、フランスとドイツもあまり関心を示しませんでした。力もなく国際的に孤立したロシアは、対日融和を優先し、朝鮮半島の中立化を断念せざるを得なくなります。これで朝鮮半島における日本の優位が確実なものになりました。韓国が日露の調整の犠牲となったのです。

　しかし、これだけで日露関係が安定するわけではありません。ロシア領の海域で漁業権を獲得したい日本に対し、ロシアはその交渉に極めて消極的でした。また両者の間では、それ以上に安全保障問題が浮き彫りになりました。日本の指導部、特に軍部は、ロシアが復讐戦を仕掛けてくることを危惧し、戦後の財政難に苦しみながらも陸海軍の増強に努めました。一方、海軍をほぼ完全に失い、満州からも撤兵したロシアは、日本の軍拡に対して強い危機感を覚えます。特に不安を募らせたのは、防御が極めて手薄になったロシア極東地域でした。プリアムール（沿アムール地方）総督パヴェル・ウンテルベルゲル（П.Ф. Унтербергер, 1842-1921）は日本の脅威について訴え続け、ロシア社会にもそれに共鳴する声は少なくありませんでした。日本がまた攻めてくるかもしれない、第二次日露戦争が起こるのではないか。そんな危惧がロシア極東で強まっていました。

　ところが、日露両国とも新たな戦争どころか、もはや敵対関係を維持する力さえ不足していました。新たに獲得した植民地の経営に取り組む日本は、財政難への対処などに集中したいと考え、他方、軍部を含むロシアの指導部は、とにかく内政を重視し、しばらくの間は平和を維持しなければならないと確信していました。

　また、日露双方はともに、満州やその周辺地域でお互いの地政学的利害は調整可能だと考えるようになりました。言い換えれば、北満州と東清鉄道を保持したいロシアと、南満州と南満州鉄道（通称「満鉄《まんてつ》」）を手放したくない日本の利益が一致したのです。1906年春から新たに外相に任命され、ロシアの対外政策で主導的な役割を果たすようになったアレクサンドル・イズヴォリスキー（A.П. Извóльский, 1856-1919）は、極東では対日融和、ヨーロッパでは対英調整を積極的に推進しました。ヨーロッパ情勢が急激に変わったことも影響しました。伸長するドイツを抑えるためにロシアの力を借りたい英仏両国は、日露の接近を後押しするようになりました。

　こうして1907年7月末、日露両国は双

対日警戒論を主張したウンテルベルゲル総督

日露提携を促進したイズヴォリスキー外相

方の地政学的利益を考慮した新たな通商条約と、経済関係において日本が特に関心を持つ漁業に関する協定に調印します。そして7月30日、第1回日露協約が締結されます。これには外モンゴル（現在のモンゴル国）と北満州をロシアの勢力圏とし、朝鮮半島と南満州を日本の勢力圏とする、という秘密項目が盛り込まれました。敵対していた両帝国が接近する基盤が出現したのです。

加速する日露の提携

両国の首脳部は接近を歓迎しました。日本では、以前から対露協調政策の重要性を主張した伊藤博文に加え、もともとロシアに対して厳しい姿勢を取っていた桂太郎や小村壽太郎、山県有朋までこの提携を評価しました。また、満鉄初代総裁となった後藤新平《ごとうしんぺい》（1857-1929）も、日露関係の発展に大きく貢献します。ロシアでは、対外政策を主導してきた外務省に加え、皇帝と政府も対日関係の改善を喜び、極東における緊張緩和に期待をかけました。

しかしながら、双方の社会には、エリート層とりわけ軍部を中心に、接近の実現性を疑問視する声が根強く残りました。特に、日露戦争敗戦に打ちのめされたロシア軍部と無防備な極東地域の指導者は、日本からの攻撃を強く危惧しました。対日提携を歓迎したロシアの首脳部にとっても、日本の軍拡・増強、立場の強化は不安を抱かせる要素でした。ようするに、日露間の「セキュリティ・ジレンマ」(前回参照)が完全に解消されたわけではなかったのです。

とはいえ、満州・中国をめぐる列強の競争の激化が、日露の接近をさらに促していきます。大きなきっかけとなったのは、アメリカの介入でした。1909年、アメリカ政府は利権の国際化を名目として満州の鉄道を買い上げる案を日露双方に押し付けようとし、満鉄を手放したくない日本の反感を買います。ロシアは一時的に東清鉄道の売却を検討しましたが、結局は日本と連携する道を選びます。

日露接近に特に貢献した後藤新平
[国会図書館デジタルコレクション、427-53より抜粋]

そして1910年、日露両国は、中国における双方の特別な利権をお互い認め合うだけではなく、第三者(とりわけアメリカ)から守ろうという、第2回日露協約に調印しました。これにより、両帝国の提携は積極的な性格を持つようになります。

一方で、日米関係は移民問題などによりさらに悪化します(1880年代以降、中国人をはじめアジア系移民が制限され、20世紀にアメリカ西海岸を中心に日本人移民の数が激増すると、白人労働者を中心に反発が強まっていました）。日米対立に巻き込まれたくないイギリスは、1911年に日英同盟の見直しを促し、日本国内で不満の声が上がりました。さらに、同年には、辛亥《しんがい》革命により清国が崩壊します。それを受けて、日露両国は1912年に新たな勢力圏を設定し、第3回日露協約を締結。興味深いことに、日本は同盟国イギリスに秘密項目を見られないように、ロシアと別の覚書を定めることに合意しました。日英同盟は依然として日本外交の要《かなめ》でしたが、それが次第に弱体化するなかで、ロシアとの提携が重要性を増すようになります。ロシアの極東政策においても、日本との提携こそが基本路線となりました。ロシア首脳部は、この状態は長期的に続くと確信していました。

日露同盟の誕生と崩壊

第1次世界大戦（1914-1918）が始まると、日露関係はさらなる進展を見せます。両国は共通の敵国ドイツと戦うことになりました。1914年末、日本軍がドイツの租借地青《チン》島《タオ》を奪取したというニュースはロシア社会で歓迎され、首都ペトログラード（Петроград、大戦勃発後にサンクトペテルブルクより改名）やハバロフスクでは、日本語で「バンザイ！」と叫ぶ市民のデモが行われたほどです。

極東の領土の安全保障の面において日本に期待をかけ、ロシアはプリアムール軍管区の軍隊をヨーロッパ戦線に派遣します。日本海軍が極東海域における航行の安全を保障していたおかげで、ウラジオストクとの連絡が確保されました。ウラジオストクは、大戦によりヨーロッパ方面の港が閉ざされたことからその重要性が高まっていました。また、日本はロシアに対し武器や軍需品などの大規模な供給を行います。ヨーロッパ戦線で戦ったロシア兵の多くは、日本の有坂銃《ありさかじゅう》を使っていました。

このように、日露戦争からたったの10年で両国の関係は著しく深まり、協力し合うまでになったのです。そして、1916年7月3日に締結された第4回日露協約により、日露同盟が正式に誕生しました。双方とも国内では様々な勢力が強い不信感を抱き続け、「同盟国」観と「仮想敵国」観が交錯してきました。しかし、公式には、この同盟は400年にわたる日露交流史の中で、両国の外交関係の頂点として位置付けることができます。

ところが、日露同盟は極めて短期間で失われます。1917年にロシア革命が起こったためです。3月に発足した臨時政府は、それまでの条約や同盟の有効性を確認しましたが、ロシア国内で内乱が広がるなか、日露の提携も動揺します。そして、同年11月に樹立したソヴィエト政権は、帝政期に締結されたすべての条約を無効とし、「帝国主義的」な秘密条項を含む全文を公開しました。これをもって、日露同盟もあっけなく崩壊したのです。

1910年以降、日本の外交方針としてはロシアとの提携が重要性を増していましたが、ロシア革命が起きた1917年以降になると、ロシア方面をはじめとして、大陸における新たな戦略を考え直すという課題に直面することになりました。

ロシアにできた新政権も、対日・極東政策を白紙から構築せざるを得なくなりました。

しかし、間もなく日本はロシアの内戦に積極的に干渉するようになり、シベリアと極東地域に7万人を超える軍隊を派遣し、「シベリア出兵」と呼ばれる戦争状態が始まりました。日露同盟は動乱の時代の波に飲み込まれ、両国は新たな対立構造に突入していきます。

＊＊＊

日露戦争では、陸と海で激戦を交わした日本とロシア。しかし戦争が終わると、両国は相互不信を抱えながらも、国際舞台における連携と二国間関係の強化に動き出し、わずか10年で敵国から同盟国までの道を走り抜け、再び対立関係へと入っていきます。これほどの転身は世界史上でも珍しいです。

ひるがえって、100年以上の時を経た現在、日露関係は厳しい状況に置かれています。ここまで駆け足で辿ってきたおよそ300年にわたる交流史を貴重な教訓としつつ、日本とロシアが（もちろんその他の隣国とともに）地に足のついた友好関係を構築できるように願ってやみません。

第36回

日本研究の勃興——東のスパルヴィン、西のポズドネーエフ

明治時代

日露戦争とその後の接近は、両国の社会に極めて大きな波紋を投げかけました。日本では、ロシアという西洋列強への勝利は明治期の改革の成功を意味し、国民の自尊心やプライドの向上に繋がる一方、軍部の政治的影響力も強めました。ロシアでは、敗戦により体制の権威が下がり、大規模な改革が急務であると意識されるようになりました。1905年10月には憲法が発布され、ロシアは立憲国家の道を歩み始めたのです。

一方、興味深いことに、敗戦で苦しい思いをしたロシアでは、日本への関心が急激に高まり、日本を研究しようとする若者などが増えました。その中から、のちにロシアだけではなく、世界の日本研究を牽引する優秀な学者が次々と輩出されるようになりました。本書もいよいよ終盤ですが、最後の2回では、近代ロシアにおける日本学とその黄金時代について紹介しましょう。

日本学の再開

ここまで見てきたように、ロシアの日本研究は長い歴史を持ち、日本語教育の点では一時期ヨーロッパで先頭を走ったこともありました。しかし、1816年にイルクーツクの日本語学校が廃校となって（第3回参照）以来、日本学の授業を行う教育機関はしばらくありませんでした。1855年にはサンクトペテルブルク大学にアジア研究を行う東洋学部が創立されましたが、日本語が教えられるようになったのは1870年秋からでした。しかも、独立した「日本学科」があったわけではなく、中国・モンゴル学科の一科目でした。とはいえ、パリとウィーンに次いで、日本語の授業が大学で行われた都市としてはヨーロッパで3番目という早さでした。

初めての教師を務めたのは、ロシア外務省職員の橘《たちばな》耕斎《こうさい》でした（第25回参照）。日本に帰国する1874年5月まで、週2回のペースで教鞭を執っていました。その後はロシア留学中の日本人や駐露日本公使館の職員が中心となり、1874～76年には、のちに駐露公使や外相を歴任した西徳二郎《にしとくじろう》、1881～84年には、のちに日本各地で知事や市長を務めた安藤謙介《あんどうけんすけ》が教えていました。1888～1916年に日本語の教官だったのは、黒野義文《くろのよしぶみ》でした。彼は東京外国語学校でレフ・メーチニコフ（第33回参照）からロシア語を教わって、二葉亭四迷を教え、日本初の活字露語辞典『露和字彙《ろわじい》』の編纂に携わった人物です。彼は日本研究を志す多くのロシア人を教え、ロシアにおける日本語教育に重要な貢献をしました。

しかし、ロシア人の講師はしばらくいませんでした。当時、日本研究を志した者は、専ら実務に当たった人たちだったためです。世界一周して清国や日本を訪れ、1869年に『日本概要』（«Очерки Япóнии»）、1871年に『日本列島の概観——その現状』という優れた著作を執筆し、日本研究の最前線に立ったミハイル・ヴェニュコフ（М.И. Венюкóв, 1832-1901）は軍人の地理学者でした。1888年に、ロシア初の日本史専門書となる『日本史概要』（«Очерк истóрии Япóнии»）を刊行し、のちに『ロシアと日本の戦争に関連して——日本国民史』（1904）と『露和会話辞典』（1914）という貴重な著書を残したワシーリー・コスティリョフ（В.Я. Костылёв, 1848-1918）は、1907～08年に東洋学部で教官を務めましたが、本業は外交官でした（在長崎領事）。

ウラジオストクの東洋学院［極東連邦大学ウェブサイトより］

日本学初のプロフェッショナル

19世紀末、ロシアの東洋学・日本学に大きな変化が生じました。1898年、サンクトペテルブルク大学東洋学部に日本語学科が開設されました（しかし、独立したものではなく、依然として中国研究学科の傘下に入っていました）。そして、1899年秋、ウラジオストク

エフゲーニー・スパルヴィン［極東連邦大学ウェブサイトより］

に東洋学院（Восто́чный институ́т）が創立され、極東で初めての、しかも最も重要な東洋学研究の拠点となりました。ここでは一般の学生だけでなく聴講生（слу́шатели）としてプリアムール軍管区の将校たちも受講しており、特殊な性格を持ったものの、東洋学の最先端機関として注目を集めました。

東洋学部の側もロシア人の日本語専任教員を育成しようと、エフゲーニー・スパルヴィン（Е.Г. Спа́львин, 1872-1933）を日本で研修させることに決めました。彼は1899年4月に初のロシア人留学生の1人として来日しました。それまでにも日本語の勉強をし、漢字の読み書きはできたはずですが、長崎に着いたスパルヴィンは同級生と一緒に市内に出て2人で迷ってしまい、行きたい場所までの道を尋ねることすらできなかったようです。当時の彼の日本語のレベルの低さが推し量れるエピソードですが、これに奮起した彼は、非常に熱心に学習に打ち込みました。また、日本滞在中、日本語を勉強するかたわら、1900年4月から東京外国語学校でロシア語を教えるようになりました。そこでは、二葉亭四迷などの重要な人々と知り合い、その後も長年続く親交を結びました。

当初、スパルヴィンは帰国後に母校のサンクトペテルブルク大学に就職する予定でした。

しかし、東洋学院の初代院長となった著名な東洋学研究者アレクセイ・ポズドネーエフ（А.М. Позднéев, 1851-1920）は、優秀な人材を確保しようと、スパルヴィンをウラジオストクに誘います。彼はこの誘いを受けて、１９００年夏から都ではなく東洋学院の教授となったのです。そして、ロシア初のプロ日本学者となり、およそ25年間にわたって教壇に立ち続けました。訪日も重ね、ロシア極東に住む日本人とも積極的に交流して多数の本や教科書を著し、のちに日ソ文化交流などの分野においても存在感を示すことになります。彼は、その後のロシア日本学の隆盛の基礎を築いた重要な学者でした。

実践日本学の泰斗《たいと》

19世紀末、日本研究の舞台にもう１人優秀な人物が登場します。東洋学院の初代院長アレクセイの実弟にあたる、ドミトリー・ポズドネーエフ（Д.М. Позднéев, 1865-1937）です。１８９３年、優秀な成績でサンクトペテルブルク大学東洋学部中国・モンゴル・満州学科を卒業し、東洋学の学習環境を調査するためにヨーロッパ（ロンドン、ベルリン、パリ）に派遣されました。１８９４年に帰国後、東洋史修士号を取得し、１８９６年から母校に専任教員として就職しました。ただ、このときは主に中国史や経済地理学を教えていました。

ちょうどロシアの極東政策が活発化していた時期で、政府機関は東洋専門家が足りないなかで研究者を積極的に採用しようとしました。そして、１８９５年から大蔵省にも所属していたポズドネーエフが、１８９８年から特別任務役員として露清銀行北京支部で勤務

ドミトリー・ポズドネーエフ［極東連邦大学ウェブサイトより］

することになりました。彼は義和団事件を目撃し、現地調査や清国側との交渉に関わるなどして1904年5月まで勤めましたが、その後再び学問の世界に戻ります。兄アレクセイの代わりに東洋学院の院長になり、ウラジオストクに赴任したのです。これをきっかけに日本研究により深く携わるようになります。

新たな任務と日本研究に没頭した彼ですが、院長としてのキャリアは長くありませんでした。まず、1905年の2月から9月までの間、日露戦争によって東洋学院がヴェルフネウディンスク（現在のУлáн-Удэ《ウラン・ウデ》）に疎開させられました。そして彼も1905年11月に休暇を取って日本へ研修に行き、病気を理由に院長を退職することになりました。以降、日露戦争で「戦勝国」となった「謎の隣国」日本に対して、ロシアの知識が極めて不十分であると痛感したポズドネーエフは、さらに日本研究に力を入れます。

当初4か月を予定していた日本での滞在は、4年間も続きました。鋭い観察眼を武器に、日本語から歴史・経済まで、包括的な日本研究に取り組み、調査は日露関係を含む対外関係にも及びました。例えば、ロシアではフヴォストフらによる襲撃（第11回参照）は越権行為として裁かれ、すでに裁判も終わっているため軽視されがちでしたが、日本側の文献を徹底的に調べたポズドネーエフは、この事件が日本人にどれだけの衝撃を与え、そのロシア観に悪影響を与えたかを実証しました。

日本にいる間に刊行した著作は『日本——地理・統計概説』、『和露漢字辞典』、『手紙の文集』など多岐にわたり、日本学に大きく貢献しました。また、日本に駐在するジャーナリストとして活躍しながら、駐日ロシア外交官や武官の相談役も務めました。

1910年に帰国したポズドネーエフは、帝国東洋学協会付属の実践東洋アカデミー(Практи́ческая восто́чная акаде́мия)で教えるようになります。このころのサンクトペテルブルク大学東洋学部では、日本語の授業はありましたが、決してレベルが高いとは言えませんでした。このため、日本側の先行研究を取り入れながら、理論だけではなく口語も重視したポズドネーエフの授業は非常に人気があり、東洋学部の日本学専攻の学生らのほとんどが受講したと言われています。ロシアの都では、ポズドネーエフが日本学の泰斗でした。彼なくしては、その後訪れる輝かしい「ロシア日本学の黄金時代」はなかったかもしれません。

1917年のロシア革命後、ポズドネーエフはロシアに残り、今度はソ連で日本研究と教育活動を熱心に続けます。ところが、1930年代末期のソ連は非常に厳しい時代でした。1929年からヨシフ・スターリン(本名И.В. Джугашви́ли《ジュガシヴィリ》, 1878-1953)の独裁体制が構築され、政敵を対象とした弾圧は規模を拡大し、やがて「大粛清」と呼ばれた国家テロル(大テロル)にまで発展し、1937〜38年にピークに達しました。ポズドネーエフも、多くの犠牲者と同じように、不当な「裁判」にかけられ、命を落としました。ロシアと世界の東洋学は大きな打撃を受けました。

＊＊＊

20世紀初頭、ロシア帝国の東端と西端で、日本学に大きく寄与した学者が教壇に立ちました。ウラジオストクではスパルヴィン、サンクトペテルブルクではポズドネーエフが中心となり、のちにロシアだけでなく世界の東洋学・日本学を担っていく多くの若手の研究者が、彼らに自らの夢を託すことになりました。ここからロシアの東洋学・日本学は新しい段階に入り、のちに世界を感嘆させる天才研究者たちを生み出していきます。

最終回

ロシア日本学の黄金時代
——粛清、亡命、波乱の時代を生きた天才たち

明治時代〜昭和時代

20世紀前半、ロシアの日本学は飛躍的に発展して、新しい段階に入りました。特に1910年代前半、日本研究の舞台には多くの若手学者が登場し、輝かしい業績を残していくことになります。まさに「ロシア日本学の黄金時代」でした。

ソヴィエト日本学の大黒柱

サンクトペテルブルク大学東洋学部（前回参照）で日本研究を専攻した優秀な研究者は複数いましたが、ニコライ・コンラド（Н.И. Ко́нрад, 1891-1970）が特筆に値します。

コンラドの学問的好奇心は広範囲に及びました。土地制度から教育体制まで、古典文学から近代文学まで、言語学から文化人類学まで、様々な角度から日本を研究しました。また、「東洋のルネサンス」のようなコンセプトの提唱者でもあり、『東洋と西洋』（«Запад и Восто́к», 1966）という労作を著しました。日本学の枠を超え、世界の東洋学・歴史文化

ニコライ・コンラド

論に刺激を与え、その発展に努めたのです。

一方、コンラドの人生は栄華と労苦の両極を極めたものとなりました。1917年の革命後もロシアにとどまり、1920年代には学問的探究に没頭しながら文化活動にも携わりました。1928年に歌舞伎が初の海外公演でソ連を訪問すると、その解説を発表するなど、社会的にも大いに活躍しました。二代目市川《いちかわ》左団次《さだんじ》（1880-1940）や世界的に有名な映画監督セルゲイ・エイゼンシュテイン（C.M. Эйзенштейн, 1898-1948）とも交流し、日ソ文化交流の最前線に立つ人物となったのです。しかし、まもなく時代は一転し、1930年代末には「日本のスパイ」として逮捕。シベリア奥地の森林での労働を命じられ、除雪などをさせられました。

1941年に釈放され、のちに学界に復帰できたのは、当時の知識人としては幸運でした。ロシア科学アカデミー正会員となったコンラドは、多数の名著を残して数多《あまた》の東洋学者を育成した、ソ連の日本学者にとって〝家長〟のような存在でした。彼の業績は日本でも高く評価され、1969年に勲二等旭日重光章《きょくじつじゅうこうしょう》を授与されました。日露間の情報と人の流れに大きく貢献したコンラドのおかげで、多くの人々が日本文化に触れられるようになりました。

言語学の偉才

1914年5月、ウラジオストクから長崎に向かった船に、少し不思議な風貌の若い男性がいました。痩身長躯《そうしんちょうく》で左手首から先がなく、よく響く低音で話し、なれなれしい印象さえ与えました。それはまだ23歳になったばかりのペテルブルク大学東洋学部の日本語教員で、前途を嘱望《しょくぼう》された若手研究者エフゲーニー・ポリヴァーノフ（Е.Д. Полива́нов, 1891-1938）でした。彼はちょうど初来日するところでした。

ロシアや旧ソ連圏の日本語学習者で、彼の名前を知らない人はいないでしょう。彼が作った日本語のキリル文字表記法は、今でも標準的なものとして使われているからです。ただ、実はポリヴァーノフはマルチリンガルではありましたが、最初から日本学専攻だったわけでなく、東洋学部の学生でもありませんでした。同大学の歴史言語学部に籍を置いた彼は日本語に大きな関心を持ち、実践東洋アカデミーでポズドネーエフ（前回参照）のもとで学びました。そして異例なことに、東洋学部長の招待を受けて、他学部から日本語教官として就職したのです。

日本在中のエフゲーニー・ポリヴァーノフ（1916年）

その後は、天才言語学者として輝かしい活動を見せ、シナ・チベット語族やチュルク諸語などの語学研究を大きく前進させます。比較言語学への彼の貢献は計り知れないものがあり、世界的にも言語学界の大御所だったと言っても過言ではありません。

日本語研究では特に、音声学と方言学に力を入れました。日本各地を自分の足で歩き、京都弁や土佐弁、琉球諸語や方言などを徹底的に調べ、その一部を史上初めて学問的に紹介したのです。さらに、日本語のアクセント研究の分野を開拓し、言語進化論にも貢献しました。日本人学者に先行する研究成果さえあり、日本の学界にも影響を与えました。

ポリヴァーノフは色々な意味で怪傑でしたが、実際に奇人として知られていたようです。世界各地を調査する際に襤褸《ぼろ》などを着て完全に地元の人になりすましたり、講義をする教室まで雨樋《あまどい》を伝って登ったりする奇行家であり、さらには麻薬常習者でもあり、まさに神秘のヴェールに包まれていました。彼の人生そのものが、激動の20世紀を反映した一篇の小説のようなものだと言えます。

1914年以降、ロシア軍部から依頼を受け、日本で学術調査を行う際には、日本の陸海軍が支援していた政治思想団体の活動についても調べました（このとき、コンラドも朝鮮半島情勢について調べる依頼を受けました）。1917年に革命が起こるとそれを歓迎し、数少ない東洋学者としてボリシェヴィキ（большевики）政権に積極的に協力するようになりました。初期ソヴィエト政権の中心人物、外務人民委員（＝外相）だったレフ・トロツキー（Л.Д. Троцкий, 1879-1940）の元で外務次官となり、東洋方面と対独関係を管轄します。

日露協約を含む密約公開の陰にも、実はポリヴァーノフの存在がありました。ところが、外務次官になってまもなく、トロツキーと揉めて、1918年1月に退職します。一方、その後も革命の宣伝に力を入れ、中国人から成る赤軍部隊の編成に当たったり、新疆《しんきょう》で蜂起したりして、一時的に政治の世界でも活動しました。一方で畢生《ひっせい》の業《ぎょう》である言語学も続け、1921年以降は次第にこの本業に戻り、ソ連各地で仕事をして大活躍しました。

ところが、スターリン時代になると、ポリヴァーノフは弾圧を受けることになります。1920年代末、ソ連の言語学における支配的学説を痛烈に批判したため、身の危険を感じて中央アジアに移ります。そしてついに、1938年に「日本のスパイ」として銃殺刑に処されます。在世中に伝説となった傑物は、多くの東洋学者と同じく大テロルの炎の中で姿を消しました。しかし、言語学・日本語研究への彼の貢献は忘れられることなく、今でも生かされています。

日本留学中のセルゲイ・エリセーエフ [@Collection Elisseeff]

欧米日本学の泰斗

ペテルブルクとモスクワの目抜き通りには、帝政期から現在に至るまで、高級食料品店として盛《せい》名《めい》を馳せるデパートがあります。この「エリセーエフ商店」の最後のオーナーの一人息子、セルゲイ・エリセーエフ（С.Г. Елисéев, 1889-1975）は、実は世界を股にかけて日本学を広めた著名な学者です。

　子どものころから東洋に関心を持っていた彼は、日露戦争に衝撃を受け、日本について勉強することを決意。ベルリンで日本学を専攻し始め、１９０８年には「英利世夫《エリセエフ》」という名前で、欧米人としては初めて東京帝国大学に入学しました。留学中、のちに総理大臣となった芦田《あしだ》均《ひとし》（1887-1959）や犬養《いぬかい》毅《つよし》（1855-1932）と知り合い、夏目漱石（1867-1916）や芥川《あくたがわ》龍之介《りゅうのすけ》（1892-1927）とも親交しました。家が裕福でお金に困ることがあまりなかったので、日本舞踊や歌舞伎を楽しむなど、日本生活を満喫していました。一方で学習面でも秀才ぶりを発揮し、１９１２年に優秀な成績で卒業しました。卒業式に臨席した明治天皇は、ヨーロッパ人のエリセーエフを目にしてとても驚いたそうです。

　１９１４年に帰国し、翌年にはポリヴァーノフと同じく東洋学部の教員になりました。しかし、１９１７年の革命で人生は一変します。豪商の息子ということで逮捕・監禁されたりと、不安にさいなまれる日々が続きました。このため１９２０年、一家は命がけで国外に脱出し、フランスで亡命生活を送ることになりました。

　パリでは、芦田均の紹介を受けて日本大使館で通訳をするかたわら、日本芸術などの分野において優れた研究成果を次々と発表し、教壇にも立ちました。しかし、パリでの生活は不安定で、ハーヴァード大学からの招待に望みを託したのでしょう。１９３２年に渡米すると、同大学の燕京《イエンチン》研究所所長などとして25年間にわたって目覚ましい活動を続け、

左：ニコライ・ネフスキー（1910年代）／右：「宮古研究之先駆者ニコライ・A.ネフスキー之碑」（沖縄県宮古島、著者撮影）

アメリカにおける東洋学の土台を据えたのです。彼の最も有名な弟子に、のちに駐日大使などを歴任した学者ライシャワー（Edwin Reischauer, 1910-1990）がいます。彼はエリセーエフを、アメリカの「日本学の父」であるばかりでなく、極東研究の元祖でもあると称しました。実際、これだけの世界規模で活躍する大物の東洋学者は、もう現れないかもしれません。

20世紀初頭には、そのほかにも複数の明《みょう》星《じょう》が出現しました。天才言語学者・民俗学者のニコライ・ネフスキー（Н.А. Не́вский, 1892-1937）は、アイヌ語や台湾〜琉球の諸語などの研究で優れた業績を残し、沖縄県宮《みや》古島《こじま》には「宮古研究之先駆者」というネフスキーの顕彰碑があります。優秀な歴史学者であるマーティン・ラミング（М. Ра́мминг, 1889-1988）は、ロシアとドイツで活躍。それ以外にも、仏教研究者のローゼンベルグ（O.O. Ро́зенберг, 1888-1919）、歴史と文学の研究に身を捧げたオレグ・プレトネル（O.B. Пле́тнер, 1893-1929）とオレスト・プレトネル（O.B. Пле́тнер, 1892-1970）兄弟、極東・日本の政治史を重視したコンスタンティン・ハルンスキー（К.А. Ха́рнский, 1884-1938）などが挙げられます。激変の渦に巻き込まれて世界中に散らばり、大テロルで横死《おうし》を遂げた者もいましたが、ロシアおよび世界の東洋研究にかけがえのない貢献をした学者たちでした。この時期にロシア・ソ連から発信された日本学・東洋学は、波乱に富んだ時代を映す鏡であり、20世紀の日露交流のありようを生々しく物語っています。

おわりに

残された課題
——交流、そして探究の旅は続く

日露の交流が始まった17世紀から1917年のロシア革命まで、400年に及ぶその歴史のうち、およそ300年を辿ってきました。その間、日本とロシアは互いに初めての経験を多く共有してきました。ヨーロッパ初の日本語学校。ロシア皇室と日本人漂流民の定期的な謁見（他の二国間関係では考えられません）。ともに初だった世界一周……。

特に18世紀末から、日本の対外認識・政策を考えるうえで、「ロシア・ファクター」（ロシアという要素）は、極めて大きな影響を及ぼしていました（多くの場合、それは「ロシア脅威」論を意味しましたが、そればかりではありませんでした）。政治・外交以外でも、ロシアという存在は日本国内で文化・文学・思想・改革のモデルなどに関する活発な議論を呼び起こし、長年存在感を示し続けた国際的要素《インターナショナル・ファクター》でもありました。

本書では、日露の交流に関する全体像を示しながら、具体的なエピソードを多数紹介してきたつもりですが、いくつもの課題が残されています。例えば、複雑な関係を展開した日露両国の間で板挟みになってきた、先住民たち（アイヌなど）の運命。日本近代文学を理解するためには欠かせない、ロシア文学と日本文学の交流。ウラジオストクの日本人街をはじめとする、ロシア極東の日本人ディアスポラ。ロシアから来日した、民族的・宗教的背景が異なる多様な人々。あるいは、ロシア革命がその後の日露関係と東アジア全体にもたらした絶大な影響や、1917年以降の交流関係について。紙幅の都合で、いずれも本書の対象外とせざるをえませんでした。

しかし、今やほとんど顧みられなくなっている日本とロシアの交流史は、400年に及んでおり、激しい対立期もあれば蜜月時代もあり、実に多面的なものだったことが伝わったのであれば、本書の試みもある程度は達成されたと言えましょう。「はじめに」に書いた通り、本書はガイドブックのようなものであり、ここからさらに日本やロシア、それに限らず東アジア地域の近現代史など、情報・モノ・ヒトの流れに別角度から関心をもっていただき、新たな知的冒険のきっかけとなれば、著者としては望外の喜びです。そして、みなさんのその歴史的探究が、日露両国の、東アジアの、ひいては世界との関係を、遠回りではあるかもしれないけれど、きっと豊にしてくれるものと信じます。

＊＊＊

本書の執筆にあたり、多くの方々よりご教示とご協力を賜りました。

所属先の早稲田大学に加え、これまでに勤務した神戸大学や広島市立大学、共同研究などに携わった北海道大学（スラブ・ユーラシア研究センター）や東京大学（駒場・総合文化研究科）、ハーヴァード大学（デイヴィス・センター）、招待講演や非常勤講師として授業を行った諸大学、母校であるハバロフスク国立教育大学と慶應義塾大学、そして日露両国のみならず、韓国、アメリカ、イギリス、ドイツ、イスラエルなどの同僚、先生方、学生たちからたくさんの刺激を受けたことに、心より深謝を申し上げます。

また、筆者が調査を行った日本とロシアをはじめ、欧米やアジア各地の史料館・文書館のアーキヴィストたち、3年にわたり連載を担当してくださったNHK出版の小林丈洋氏、そして拙い研究・執筆の成果を一般読者に届けるために丁寧にサポートくださった柏書房の天野潤平氏。みなさんの多大なるご助力なしに本書は生まれませんでした。深謝の念に堪えません。

最後に、今この本を手に取ってくださっている読者一人ひとりに感謝の意を表しつつ、この原稿を閉じたいと思います。ありがとうございました。

資料・参考文献

主な史料館、文書館、図書館

ロシア帝国外交史料館（АВП РИ）
ロシア連邦外交史料館（АВП РФ）
ロシア連邦国立史料館（ГАРФ）
ロシア国立海軍史料館（РГА ВМФ）
ロシア国立古文書史料館（РГАДА）
ロシア科学アカデミー東洋文書研究所東洋学者史料館（Архив востоковедов ИВР РАН）
ロシア国立図書館（モスクワ）（РГБ）
ロシア国立図書館（サンクトペテルブルク）（РНБ）
ロシア中央海軍博物館（ЦВММ）
ロシア国立電子図書館（НЭБ, https://rusneb.ru/）
ロシア国立公共歴史図書館（ГПИБ, http://www.shpl.ru/）
エリツィン大統領図書館（ПБЕ, https://www.prlib.ru）
サンクトペテルブルク国立大学付属メンデレーエフ博物館文書館
Bayerische Staatsbibliothek (BSB)
Library of Congress (LOC)
外務省外交史料館
アジア歴史資料センター
国立国会図書館
国立公文書館
国際日本文化研究センター

早稲田大学図書館
慶應義塾図書館
東京大学史料編纂所
東北大学附属図書館
北海道大学附属図書館北方資料室
長崎歴史文化博物館
滋賀県立琵琶湖文化会館
函館市中央図書館
下関市立歴史博物館
福井県文書館

一次史料（日本側）

新井白石『采覧異言』早稲田大学図書館（文庫 08 A0331）
歌川芳幾『外国人物図画——魯西亜』早稲田図書館（チ 05 03922）
大槻玄沢（磐水）『環海異聞』早稲田大学図書館（文庫 08 C0006）
桂川甫周『漂民御覧之記』早稲田大学図書館（ル 02 03392）
桂川甫周『北槎聞略』国立公文書館デジタルアーカイブ（185-0579）
桂川甫周『北槎聞略附録図。衣服、什器』早稲田大学図書館（文庫 08 J0021）
桂川甫周『ロシア事情』早稲田大学図書館（文庫 08 J0023）
工藤平助『加模西葛杜加国風説考』東京大学史料編纂所（S 近藤重蔵関係資料 -2-11）
近藤重蔵（守重）『辺要分界図考』早稲田大学図書館（ル 07 03607）
西川如見『華夷通商考』早稲田大学図書館（ネ 01 04067）
西川如見『増補華夷通商考』早稲田大学図書館（イ 13 00581）
林子平『校正海国兵談』早稲田大学図書館（ケ 05 00654）

『大槻家旧蔵欧文零葉集』早稲田大学図書館（文庫08 A0262）
『俄羅斯人生捕之図』早稲田大学図書館（リ05 09315）
『嘉永六年丑七月魯西亜船四艘入津之図』早稲田大学図書館（リ05 09320）
『君沢型御船』福井県文書館松井文庫（21087）
『幸太夫と露人蝦夷ネモロ滞居之図』早稲田大学図書館（リ05 09317）
『坤輿萬國全圖』東北大学附属図書館狩野文庫（3/9389/2）
『写真・肖像画・絵葉書』（二葉亭四迷の肖像）早稲田大学図書館（イ04 02090 0076 0001）
『漂民蠻話』翠羅堂禾恵誌・石井研堂解説、東京海洋大学附属図書館越中島分館（290.9/H99/B）
『魯西亜国使節図』早稲田大学図書館（リ05 09314）
『魯西亜国ノ商館休日ニシテ小児透引シ海岸ニ遊フ図』五雲亭貞秀 画、早稲田大学図書館（チ05 03929）
『魯西亜使節応接図』早稲田大学図書館（リ05 09322）
『魯西亜使節長崎渡来図画』早稲田大学図書館（リ05 09321）

史料・資料集、回想録など

Берх В.Н. Сношения русских с Японией, или Образцы японской дипломатии // Северный архив. Т.12. Ч.22. СПб, 1826.
Болховитинов Е.А. Известия о первом российском посольстве в Японию под начальством поручика Адама Лаксмана. М., 1805.
Великий князь Александр Михайлович. Воспоминания. М., 2001.
Великий князь Кирилл Владимирович. Моя жизнь на службе России. СПб., 1996.
Вторая Камчатская экспедиция. Документы 1730-1733. Ч.1. Морские отряды. Сост.: Н. Охотина-Линд, П.У. Мёллер. М., 2001.
Вторая Камчатская экспедиция. Документы 1734-1736. Ч.2. Морские отряды. Сост.: Н. Охотина-Линд, П.У. Мёллер. СПб., 2009.
Головнин В.М. Записки флота капитана Головнина о приключениях его в плену у японцев в 1811, 1812 и 1813 гг. Ч.1-3.

СПб., 1816.

Гончаров И.А. Фрегат «Паллада». Очерки путешествия в двух томах. Л., 1986.

Давыдов Г.И. Двукратное путешествие в Америку морских офицеров Хвостова и Давыдова, писанное сим последним. Ч.1-2. СПб., 1810-1812.

Дневники св. Николая Японского. Т.1-5. / Сост. К. Накамура. СПб., 2004.

История Русской Америки (1732—1867). Т.1-3. / Под ред. Н.Н. Болховитинова. М., 1997-1999.

Исследования русских на Тихом океане в XVIII – первой половине XIX вв. Сб. документов. Т.1-5. М., 1984-2010.

Историческое обозрение образования Российско-Американской компании и действий её до настоящего времени. Сост. П.А. Тихменев. Ч.1-2. СПб., 1861-1863.

Козыревский И. Описание Апонского государства 1726 г. И. П. Козыревского / подгот. К.Е. Черевко // Проблемы Дальнего Востока. 1975. №2. С.139–142.

Корнилов А. Известия из Японии // Морской сборник. 1860. №4 (Т.46). С.99-122.

Космография 1670: Кн. глаголемая Космография сиречь Описание всего света земель и государств великих / [С предисл. Николая Чарыкова]. СПб., 1878-1881. (РГБ. НЭБ, 000199_000009_003608541).

Крузенштерн И.Ф. Путешествие вокруг света в 1803-1806 гг. на кораблях Надежде и Неве. Ч.1-3. СПб., 1809-1812.

«Лексикон» русско-японский Андрея Татаринова. Под ред. О. Петровой. М., 1962.

Литке К. Фрегат «Аскольд» в Японии // Морской сборник. 1860, №11 (октябрь). С.330-348.

Маркс А.Ф. Большой всемирный настольный атлас. СПб., 1905.

Махов В.Е. Фрегат «Диана». Путевые записки бывшего в 1854 и 1855 годах в Японии протоиерея Василия Махова. СПб., 1867.

Махов И.В. Русская азбука русского чиновника подарок японским детям. Хакодате, 1861.

Морозов А.В. Каталог моего собрания русских гравированных и литографированных портретов. Т.1-4. М., 1912-1913.

Муханов П.С. Дневник гардемарина на фрегате Аскольд, Нагасаки, 24 июня (6 июля) 1859 г., Нагасаки. // Современная летопись СПб., [1860?]. С.4-20. (РГБ. НЭБ: 000199_000009_010783162)

Невельской Г.И. Подвиги русских офицеров на Крайнем Востоке России 1849-55 гг.. СПб., 1878.

Оглоблин Н.Н. Первый японец в России, 1701-1705 гг. // Русская старина. 1891. №10. С.11-14.

Пётр I - А.А. Виниусу. 12 июня 1698 г. // Письма и бумаги императора Петра Великого. Т.1 (1688-1701). СПб., 1887 (С.253-254)

Пирлинг П.О. Исторические статьи и заметки. СПб, 1913.

Позднеев Д. Материалы по истории Северной Японии и её отношений к материку Азии и России. Т.I-II. Токио-Йокохама, 1909.

Портреты лиц, отличившихся заслугами и командовавших действующими частями в войне 1853, 1854, 1855 и 1856 годов. Т.1-4. СПб., 1857–1862.

Рейхель И., Краткая история о японском государстве, из достоверных источников собранная. М., 1773.

Ремезов С.У. Атлас Сибири Семена Ремезова (=Чертежная книга Сибири). Тобольск, 1701. // РГБ. Ф.256 [Собр. Н.П. Румянцева]. №346. (НЭБ, 000199_000009_004274925)

Ремезов С.У. Чертеж вновь камчадальские земли (1697-1701) // Служебная чертежная книга: Тексты и чертежи [1699-1734 гг.]. // РНБ. Ф.885. [Эрмитажное собрание]. №237. (НЭБ, bc000001775_0006)

Рикорд П. Записки флота капитана Рикорда о плавании его к японским берегам в 1812 и 1813 годах, и о сношениях с японцами. СПб., 1816.

Русская тихоокеанская эпопея. Сост. В.А. Дивин, К.Е. Черевко, Г.Н. Исаенко. Хабаровск, 1979.

Рюмин И. Записки канцеляриста Рюмина о приключениях его с Бениовским. Из Севернаго архива на 1822 год. СПб, 1822. (НЭБ, 000200_000018_RU_NLR_bibl_1741652)

Спафарий-Милеску Н.Г. Описание первыя части вселенныя, именуемой Азии, в ней же состоит Китайское государство, с прочими его городы и провинции (Последняя четверть XVII в.). Отдел рукописей РГБ. (НЭБ, 000199_000009_007827830)

Спафарий-Милеску Н.Г. Сибирь и Китай. Кишинев,1960.

Тилезиус В.Г. Атлас к путешествию вокруг света капитана Крузенштерна. СПб., 1813.

石井民司『日本漂流譚』第２、学齢館、１８９３年（法政大学所蔵）

榎本武揚『榎本武揚シベリア日記――現代語訳』諏訪部揚子・中村喜和（編注）、平凡社、２０１０年

大槻玄沢・志村弘強『環海異聞』池田晧（解説・訳）、丸善雄松堂、１９８９年

桂川甫周『北槎聞略――大黒屋光太夫ロシア漂流記』亀井高孝（校訂）、岩波文庫、１９９０年

ゴロウニン『日本俘虜実記』上下、徳力真太郎（訳）、講談社学術文庫、１９８４年

ゴロウニン『ロシア士官の見た徳川日本――続・日本俘虜実記』（リコルド「日本沿岸航海および対日折衝記」含む）、徳力真太郎（訳）、講談社学術文庫、１９８５年

ゴンチャロフ『日本渡航記――フレガート「パルラダ」号より』井上満（訳）、岩波文庫、１９５９年

次郎吉（口述）・憂天生（手録）『蕃談――漂流の記録１』室賀信夫・矢守一彦（編訳）、東洋文庫、平凡社、１９６５年

『大津事件関係史料集』上下、我部政男・茂野隆晴・須賀昭徳他（編）、成文堂、１９９５～１９９９年

『大黒屋光太夫史料集』第１～４巻、山下恒夫（編）、日本評論社、２００３年

『ニコライの日記――ロシア人宣教師が生きた明治日本』上中下、中村健之介（編訳）、岩波文庫、２０１１年

『林子平全集』１～２巻、山岸徳平・佐野正巳（編）、第一書房、１９７８～１９７９年

『ベニョフスキー航海記』水口志計夫・沼田次郎（訳）、東洋文庫、平凡社、１９７０年

『明治天皇紀』第２（明治二年正月－明治五年十二月）、宮内庁（編）、吉川弘文館、１９６９年

Kosta P. *Eine Russische Kosmographie aus dem 17. Jahrhundert: Sprachwissenschaftliche Analyse mit Textedition und Faksimile.* (Specimina Philologiae Slavicae; Bd. 40). München, 1982 (BSB)

The Memoirs and Travels of Mauritius Augustus Count de Benyowsky... London, 1790.

研究書など

Алпатов В.М. Языковеды, востоковеды, историки. М., 2012.

Берг Л.С. Открытие Камчатки и экспедиции Беринга (1725-1742). Л., 1935.

Виньковецкий И. Русская Америка: Заокеанская колония континентальной империи. М., 2015.

Высоков М.С. и др. История Сахалина и Курильских островов с древнейших времен до начала XXI столетия. Южно-Сахалинск, 2008.

Дыбовский А.С., Михайлова Ю.Д. Дмитрий Матвеевич Позднеев (1865-1937) как японовед. Изучение вопросов японского страноведения и российско-японских отношений.『言語文化研究』第43号、２０１７年、２０７～２３３頁

Евтеев О.А. Первые русские геодезисты на Тихом океане: экспедиция И.Евреинова и Ф.Лужина на Камчатку и Курильские острова. 1719-1722 гг. М., 1950.

Ермакова Л.М. Вести о Япан-острове в стародавней России и другое. М., 2005.

Ермакова Л.М. Российско-японские отражения: история, литература, искусство. М., 2020.

Ефимов А.В. Из истории русских географических открытий. М., 1971.

Знаменский С. В поисках Японии: из истории русских географических открытий и мореходства в Тихом океане. Хабаровск-Благовещенск, 1929.

Иванова Г.Д. Русские в Японии XIX - начало XX вв. М., 1993.

История российско-японских отношений: XVIII – начало XXI века. Под ред. С.В. Гришачева. М., 2015.

Кадзи Масанори. «Ветка сакуры в родословном древе: японская внучка Дмитрия Менделеева» // Родина. 2005. №10. С.96-98.

Климов А.В. Первые русские в Японии. Экспедиция М.П. Шпанберга / Санкт- Петербург – Япония. XVIII–XXI вв. СПб.: Европейский дом, 2012. С. 21–38.

Климова О.В. Подготовка экспедиции Хвостова на Сахалин в 1806 г. Анализ инструкций Резанова – Хвостову и Хвостова – Давыдову // Елагинские чтения. Вып.5. СПб., 2011. С.35-50.

Климова О.В. Первая экспедиция Хвостова на Сахалин в 1806 году (Первая остановка в заливе Анива) // Кюнеровский сборник: материалы восточноазиатских и юго-восточноазиатских исследований, 2008–2010. Вып.6. СПб., 2010. С.241-248.

Клосс Б.М. О происхождении названия "Россия". М., 2012

Ларцев В.Г. Евгений Дмитриевич Поливанов. Страницы жизни и деятельности. М., 1988.

Марахонова С.И. Орден Священного сокровища Сергея Елисеева. Как сын русского купца стал основателем американского японоведения. СПб., 2016.

Мещеряков А.Н. Император Мэйдзи и его Япония. М., 2009.

Накамура Ёсикадзу. Японец в Московии. Возможный источник легенды о Беловодье? // Труды Отдела древнерусской литературы. Т.50. СПб., 1996. С.400-403.

Новикова А.А. Мифические элементы в географических трудах Нисикава Дзёкэн (1648–1724) // Николай Невский: жизнь и наследие. Сост. и отв. ред. Е.С. Бакшеев и В.В. Щепкин. СПб., 2013. С.107-116.

Образ Петра Великого в странах Восточной Азии / Под ред. Н.А. Самойлова. М., 2022.

Павлов Д.Б. Русский военно-морской лазарет в Нагасаки, 1858–1906 гг. // Япония. Ежегодник. М., 2010. С.252-273.

Павлов Д.Б. Русско-японские отношения в годы Первой мировой войны (1914-1918). М., 2014.

Первый профессиональный японовед России. Опыт латвийско-российско-японского исследования жизни и деятельности Е.Г. Спальвина. Владивосток, 2007.

Подалко П.Э. Япония в судьбах россиян. М., 2004.

Пустовойт Е.В. Русские корабли на Рюкю в 1854. Владивосток, 2013.

Пути развития востоковедения на Дальнем Востоке России. Сборник статей и библиография / Сост. и отв. ред. А.С. Дыбовский. Владивосток, 2014.

Саблина Э. 150 лет Православия в Японии. История Японской Православной Церкви и её основатель Святитель Николай. М.-СПб., 2006.

Симонова-Гудзенко Е.К., Новикова А.А. Представления о западных странах в трактате Нисикава Дзёкэн (1648-1724) «Дополненные рассуждения о торговле с Китаем и варварами» // Вестник РУДН. Серия: Всеобщая история. №4. 2016. С.49-58.

Смирнов Г.В. Менделеев. Жизнь замечательных людей. М., 1974.

Суханова Н.А. История Японской Православной Церкви в XX веке: путь к автономии. СПб., 2013

Хисамутдинов А. Русская Япония. М., 2010.

Файнберг Э.Я. Русско-японские отношения в 1697-1875 гг. М., 1960.

Черевко К.Е. Зарождение русско-японских отношений XVII-XIX века. М., 1999.

Черевко К.Е. Россия на рубежах Японии, Китая и США (2-я половина XVII – начало XXI века). М., 2010.

Четыре века экспедиций в земли айнов. Под ред. В.В. Щепкина. СПб., 2022.

Шарко А.В. Топоним «Россия» в японских источниках XVIII-XIX вв. (по материалам периодов Эдо и Мэйдзи) //

История и культура традиционной Японии 8. СПб., 2015. С. 321-328
Шулатов Я.А. На пути к сотрудничеству: российско-японские отношения в 1905-1914 гг. М.-Хабаровск, 2008.
Щепкин В.В. Северный ветер. Россия и айны в Японии XVIII века. М., 2017.
赤瀬浩『長崎丸山遊廓――江戸時代のワンダーランド』講談社現代新書、２０２１年
秋月俊幸『千島列島をめぐる日本とロシア』北海道大学出版会、２０１４年
麻田雅文『中東鉄道経営史――ロシアと「満洲」１８９６－１９３５』名古屋大学出版会、２０１２年
荒野泰典『近世日本と東アジア』東京大学出版会、１９８８年
生田美智子『外交儀礼から見た幕末日露文化交流史――描かれた相互イメージ・表象』ミネルヴァ書房、２００８年
生田美智子『高田屋嘉兵衛――只天下のためを存おり候』ミネルヴァ書房、２０１２年
池田嘉郎『ロシアとは何ものか――過去が貫く現在』中公選書、２０２４年
伊藤久（編）『郷土の先達――真木和泉と田中久重』ＮＰＯ法人シニアネット久留米、２０１０年
犬島肇『嵯峨寿安、そしてウラジオストックへ』桂書房、１９９３年
岩井憲幸「いわゆる『魯語文法規範』について――その成立と書名をめぐって」『明治大学教養論集』巻２１７、１９８９年３月、13～45頁
岩崎奈緒子『〈ロシア〉が変えた江戸時代――世界認識の転換と近代の序章』吉川弘文館、２０２４年
エルマコーワ・リュドミーラ「江戸絵画における『モスクワ大公』と『ネヴァ川に臨む河岸通り』」『遥かなり、わが故郷――異郷に生きるIII』中村喜和他（編）、成文社、２００５年
大島幹雄『魯西亜から来た日本人――漂流民善六物語』廣済堂出版、１９９６年
岡部克哉『第一次世界大戦前の日露協調』博士論文、慶應義塾大学、２０２４年
梶雅範「メンデレーエフの息子と明治日本」『技術文化論叢』第2号、１９９９年2月、１～10頁
加藤九祚『初めて世界一周した日本人』新潮選書、１９９３年
亀井高孝『大黒屋光太夫』吉川弘文館、１９８７年
木崎良平『光太夫とラクスマン――幕末日露交渉史の一側面』刀水書房、１９９２年
木崎良平『日露交渉史』明玄書房、１９９３年

木崎良平『漂流民とロシア――北の黒船に揺れた幕末日本』中公新書、1991年
木村勝美『日露外交の先駆者増田甲斎』潮出版社、1993年
木村崇「境界なき空間――時代的事象としてのボロジノ」『境界研究』第2号、2011年、1～29頁
木村英明「スロヴァキア出身の冒険児モーリッツ・ベニョフスキー――鎖国日本の平安をざわめかせた異国船」『スロヴァキアを知るための64章』長與進他（編）、明石書店、2023年
熊澤徹「日魯から日露へ――ロシアの呼称」『歴史評論』457号、校倉書房、1988年、47～52頁
郡山良光『幕末日露関係史研究』国書刊行会、1980年
左近毅「嵯峨寿安とロシア」安井亮平（編）『共同研究――日本とロシア』ナウカ、1990年
左近幸村『海のロシア史――ユーラシア帝国の海運と世界経済』名古屋大学出版会、2020年
沢田和彦『日露交流都市物語』成文社、2014年
シャルコ・アンナ「ロシアの呼称・表記変遷史に見る日露関係」中村喜和他（編）『異郷に生きるVI――来日ロシア人の足跡』成文社、2016年
シュラトフ・ヤロスラフ「ポーツマスにおけるサハリン――副次的戦場から講和の中心問題へ」原暉之（編）『日露戦争とサハリン島』北海道大学出版会、2011年
シュラトフ・ヤロスラフ「日露戦争後のロシアの日本観――外務省と軍部、中央と地方（一九〇五年－一九一六年）」『ロシア史研究』第86号、2010年、47～67頁。
シュラトフ・ヤロスラブ「ロシアの日本研究者と軍部――日本研究と諜報活動」中村喜和他（編）『異郷に生きるVI――来日ロシア人の足跡』成文社、2016年
白石仁章『プチャーチン――日本人が一番好きなロシア人』新人物往来社、2010年
須藤隆仙・好川之範（編）『高田屋嘉兵衛のすべて』新人物往来社、2008年
醍醐龍馬「榎本武揚と樺太千島交換条約（一）――大久保外交における「釣合フヘキ」条約の模索」『阪大法学』第65巻2号、2015年、239～272頁
高野明『日本とロシア――両国交渉の源流』紀伊國屋新書、1971年
寺山恭輔（編）『開国以前の日露関係――東北アジア研究センターシンポジウム』東北大学東北アジア研究センター、2006年
中條直樹・宮崎千穂「ロシア人士官と稲佐のラシャメンとの〝結婚〟生活について」『言語文化論集』第23巻第1号、2001

年、109～130頁
内藤遂『幕末ロシア留学記』雄山閣、1968年
長縄光男『ニコライ堂遺聞』成文社、2007年
長縄光男『ニコライ堂の人びと――日本近代史のなかのロシア正教会』現代企画室、1989年
中村喜和「モスコーヴィヤの日本人」『スラヴ研究』26号、1980年、1～30頁
中村喜和『ロシアの風――日露交流二百年を旅する』風行社、2001年
原暉之・天野尚樹（編著）『樺太四〇年の歴史――四〇万人の故郷』全国樺太連盟、2017年
バールィシェフ・エドワルド『日露同盟の時代 1914～1917年――「例外的な友好」の真相』花書院、2007年
平岡雅英『日露交渉史話――維新前後の日本とロシア』高野明（解説）、原書房、1982年
平川新『全集 日本の歴史 第12巻――開国への道』小学館、2008年
平川新（監修）、寺山恭輔他（編）『ロシア史料にみる18～19世紀の日露関係　第5集』東北大学東北アジア研究センター叢書（第39号）、2010年
平川新・竹原万雄（編）『江戸時代の漂流記と漂流民――漂流年表と漂流記目録』東北大学東北アジア研究センター叢書（第73号）、2023年
藤田覚『近世後期政治史と対外関係』東京大学出版会、2005年
麓慎一『開国と条約締結』吉川弘文館、2014年
麓慎一「樺太・千島交換条約の締結と国際情勢」明治維新史学会（編）『明治維新とアジア』吉川弘文館、2001年
麓慎一「日魯通好条約について――日露交渉とE．B．プチャーチンへの訓令を中心に」『東京大学史料編纂所研究紀要』第17号、2007年、163～175頁
ヘダ号絆プロジェクト実行委員会製作ビデオ『幕末から明治』沼津市戸田、2014年
ポダルコ・ピョートル『白系ロシア人とニッポン』成文社、2010年
真鍋重忠『日露関係史1697～1875』吉川弘文館、1978年
宮永孝『幕末おろしや留学生』ちくまライブラリー、1991年
武藤三代平「近代小樽の都市形成と榎本武揚・北垣国道」『日本歴史』839号、2018年、45～61頁

村山七郎『クリル諸島の文献学的研究』三一書房、1987年
村山七郎『漂流民の言語——ロシアへの漂流民の方言学的貢献』吉川弘文館、1965年
メーチニコフ『回想の明治維新——ロシア人革命家の手記』渡辺雅司（訳）、岩波文庫、1987年
メーチニコフ『亡命ロシア人の見た明治維新』渡辺雅司（訳）、講談社学術文庫、1982年
保田孝一『最後のロシア皇帝ニコライ二世の日記』講談社学術文庫、2009年
横田きよ子「ロシアを示す日本独自表記の「露」出現と定着」『國文論叢』第52号、2017年3月、52〜36頁
横手慎二『日露戦争——20世紀最初の大国間戦争』中公新書、2005年
吉村昭『ニコライ遭難』岩波書店、1993年
吉村道男『日本とロシア 増補』日本経済評論社、1991年
渡辺京二『黒船前夜——ロシア・アイヌ・日本の三国志 新装版』弦書房、2023年
和田春樹『開国——日露国境交渉』NHKブックス、1991年
和田春樹『ニコライ・ラッセル——国境を越えるナロードニキ』上下、中央公論社、1973年
和田春樹『日露戦争——起源と開戦』上下、岩波書店、2009〜2010年
和田春樹「日本人のロシア観——先生・敵・ともに苦しむもの」藤原彰（編）『ロシアと日本——日ソ歴史学シンポジウム』彩流社、1985年
Keene D. *The Japanese Discovery of Europe, 1720-1830: Revised Edition.* Stanford University Press, 1969.
Lensen G.A., *The Russian push toward Japan. Russo-Japanese relations, 1697-1875*, Princeton, 1959.
Nakachi M. *The Russian Anarchist Lev Ilich Mechnikov and the Meiji Ishin.* Galesburg, 1993.
World War Zero: The Russo-Japanese War in Global Perspective. Vol.1-2. John Steinberg, David Wolff et al. eds. Brill, 2005-2007.

※本書は『ラジオ まいにちロシア語』（NHK出版）誌上で連載された「日露の400年〜その知られざる歴史」（2014年4月号〜2017年3月号）を大幅に加筆修正し、書下ろしを加えたものである。
※本文に出典が明記されていない画像は、右の参考文献（Головнин, Гончаров, Дневники св. Николая, Маркс, Портреты, Спафарий-Милеску, Тилезиус など）やパブリックドメインから抜粋したものである。

シュラトフ・ヤロスラブ

1980年生まれ。ロシア極東出身。早稲田大学 政治経済学術院 教授。歴史学博士（2005年、ハバロフスク国立教育大学）、法学博士（2010年、慶應義塾大学）。著書に『協力に向かって——1905-1914の日露関係』（ロシア語）、共著書に『日露戦争とサハリン島』（北海道大学出版会）、『ソ連と東アジアの国際政治 1919-1941』（みすず書房）、『日露関係史——パラレル・ヒストリーの挑戦』（東京大学出版会）、『ロシア革命とソ連の世紀 1 世界戦争から革命へ』（岩波書店）、『日本史』（ロシア語）など。

日本《にほん》とロシア

忘《わす》れられた交流史《こうりゅうし》

2025年5月10日　第1刷発行

著　者　シュラトフ・ヤロスラブ
発行者　富澤凡子
発行所　柏書房株式会社
東京都文京区本郷2-15-13（〒113-0033）
電話 (03)3830-1891［営業］
(03)3830-1894［編集］

ブックデザイン　藤塚尚子
口絵デザイン　髙井 愛
地図製作　株式会社アトリエ・プラン
組版　株式会社キャップス
印刷・製本　中央精版印刷株式会社

ISBN 978-4-7601-5603-0